U0690363

翻译与语言文化研究·2018

FANYI YU YUYAN WENHUA YANJIU·2018

主　编　全克林

副主编　唐渠　赵文焕

广西人民出版社

图书在版编目（CIP）数据

翻译与语言文化研究 . 2018 / 全克林主编 . — 南宁 : 广西人民出版社，2018.12
　ISBN 978-7-219-10800-0

　Ⅰ . ①翻 …　Ⅱ . ①全 …　Ⅲ . ①翻译学—文集　Ⅳ .
① H059-53

中国版本图书馆 CIP 数据核字（2019）第 014058 号

责任编辑　　王　霞
责任校对　　周月华
封面设计　　王　霞

出版发行　广西人民出版社
社　　址　广西南宁市桂春路 6 号
邮　　编　530021
印　　刷　广西雅图盛印务有限公司
开　　本　787mm×1092mm　1 / 16
印　　张　12.5
字　　数　270 千字
版　　次　2018 年 12 月　第 1 版
印　　次　2018 年 12 月　第 1 次印刷
书　　号　ISBN 978-7-219-10800-0
定　　价　30.00 元

序

2018年10月金秋时节，我在前往南宁的途中，收到了广西师范大学柏敬泽教授发给我的微信，是他的一首新作《采桑子——贺广西壮族自治区成立60周年》，诗词情真意切，韵味无穷。词云：

南疆处处英雄树，回眸广西新征路，
灿若骄阳，占尽春光。
矗立刚强，不负春光。
各族同胞斗志昂！牢记初心铸炜煌！

我回到北京没几天，又收到桂林理工大学外国语学院唐渠教授寄来的快递包裹。拆开一看，原来是全克林教授、唐渠教授与赵文焕博士受广西翻译协会（以下简称广西译协）之托而编著的一部文集，书名为《翻译与语言文化研究·2018》（以下简称《研究》）。

《研究》一书的主编全克林教授，副主编唐渠教授和赵文焕博士共同邀请我为该书作序，我感到非常荣幸。所以，我在参加了第五届翻译认知研究国际研讨会和新时代翻译技术与翻译研究融合创新研讨会活动之后，就坐在书房开始阅读《研究》。

《研究》收入了30篇论文，分别被列入《译语探讨》《翻译哲思》《文化与翻译》《译本分析》等栏目里。每篇论文内容紧扣主题、旗帜鲜明，或是翻译理论和翻译实践研究，或是语言和文化对比辨析及深入发掘调研，展示了国家民族的语言文化特色。我发现，《研究》收录的内容是经过主编精心挑选的，颇具现实意义和学术特色。

《研究》一书值得称赞的地方很多，我要特别强调的有如下几个方面。

第一，放眼世界，与时俱进。

广西壮族自治区成立60年来，特别是改革开放40年来，自治区政府高度重视文化事业与对外交流的发展，提出把广西建设为中国—东盟文化交流枢纽、中华文化融入"一带一路"建设的重要省区，把文化教育建设与经济建设、政治建设、社会建设、生态文明建设和党的建设统筹起来规划，融合推进。为适应广西社会经济发展，以及满足中国—东盟博览会、中国—东盟自由贸易区的需要，广西译协加快广西实用型外语人才培养进度，积极参与对外交流活动。2010年10月，广西译协承办了新时代语境下的中国翻译研究与教学学术研讨会，来自全国各地（含港澳台地区）的翻译名家和新加坡等国家的外语学者应邀参加了研讨会。此次研讨会对翻译学术研究产生了积极影响。现有机会让我首先读到《研究》这本好书，真是让我对广西的同行肃然起敬！

第二，名家辈出。

广西译协在全国30多个省（区、市）级译协组织中，是一个不甘落后、早就享有盛名的学术团体，其光辉的成就，不是靠夸夸其谈地说出来的，而是靠辛勤的劳动实干出来的。10多年前，广西译协就完成了重要文献《资本论》一、二、三卷的汉译壮文的翻译工作。多年来，广西译协会员在《民族翻译》等学术刊物上发表了许多优秀的翻译研究论文，为加快广西实用型翻译人才的培养作出了重要贡献。2011年11—12月，广西译协与广西高校大学外语教学研究会联合举办了广西第三届英语翻译大赛。2012年11月，广西有18人参与了中国共产党第十八次全国代表大会文件的翻译和同声传译工作。2017年，广西译协又挑选了一批外语人才，参与了中国共产党第十九次全国代表大会（以下简称党的十九大）文件的翻译工作。为适应中国—东盟自由贸易区服务的需要，广西译协还不断派人到北京参加民族翻译培训，有针对性地为国家和社会提供翻译服务。

广西外语人才实力雄厚。许多翻译名家不仅在教书育人方面堪称楷模，值得称颂，而且在著书立说方面硕果累累，值得道贺！人才的成长要靠国家和高等院校培养。自治区党委、政府培育出了一批又一批优秀外语人才，同时又吸引了一批又一批优秀的学者、翻译名家落户广西。他们在广西这块沃土上生根发芽，开花结果，说明广西的学术生态环境随着经济的发展和文化的繁荣而变得更加美好。他们在广西大学、广西民族大学、广西师范大学、桂林理工大学、广西科技大学等高等院校里爱岗敬业、辛勤耕耘，为全国翻译学术研究和发展作出的贡献，真是令人钦佩！每当看到他们与全国高校外语教师分工合作，优势互补，共同促进全国外语人才的培养和成长时，我总是难以抑制心中的自豪感和幸福感！

第三，密切联系实际，植根于本土的翻译研究，突出广西译协独特的地域优势。

全国家喻户晓的刘三姐的故事就无须多说了。《三月三》（民族语文研究专号）出版后在全国产生的积极反响，亦是有目共睹的。本《研究》中，收录了多篇反映地域文化景观和翻译特色的文章，无疑是翻译和语言文化界极感兴趣的主题。例如，以《独秀峰摩崖石刻》为例的基于奈达功能对等理论下的汉英旅游翻译策略分析、广西师范大学校歌歌词的翻译、以白话为例的广西汉语方言研究及其传承保护路径等论文主题都很吸引我，这些论文主题特色鲜明，可读性强。

中华文化源远流长，中国不但是一个翻译大国，而且正在迅速发展成为一个翻译强国。事实充分证明，翻译不是静止不动的，而是随着国家、社会的发展而迅猛发展的。无论从历史长河来看，还是从翻译作品的数量来看，"中国翻译都是世界之最"①。对于翻译学研究，中国历史上，也从来没有停止过："早就有人说过，翻译是一种科学。这是什么意思呢？这是说，从这一种文字译成另一种文字，在工作过程中，有一定的客观规律可以遵循，并不完全靠天才或灵感，如某些人所说的。这规律是客观存在的，不是某些人凭空想出来的。"②

每当我们读到一本译作或谈起译论研究主题时，就会很自然地想起前辈们对我们的谆谆教导，特别是他们认真治学的精神，激励着我们勤奋学习。今天，我们谈翻译研究，要学习和牢记的就是前辈们的家国情怀和敢于担当的勇气。依据党的十九大精神，国家明确提出要拓展实施国家重大科技项目、加快建设创新型国家、建设世界科技强国等国家战略，而这些战略的顺利实施都需要我们外语工作者积极提供服务。尤其是近年来，大数据、人工智能、机器翻译等技术迅速发展，正在逐步改变语言服务行业的面貌。科技翻译的多元化需求以及翻译技术的快速发展，也是科技翻译和教育基地发展的新机遇。因此，大力推进专业化和国际化科技人才战略，深入研究科技翻译，进行跨学科研究，积极推动翻译技术的发展，努力培养和造就一批懂翻译、懂技术、文理交融的战略型翻译人才，是我们广大翻译和外语教育工作者必须高度重视、深入思考的重要课题。也就是说，我们欣逢盛世，明白新

---

① 季羡林：《中国翻译词典》，湖北教育出版社，1997。

② 董秋斯：《论翻译理论的建设》，《翻译通报》1951年第4期。

时代中国特色社会主义的行动纲领和发展蓝图，就要理解其提出的建设网络强国、数字中国、智慧社会的重要性和必要性，就要推动互联网、大数据、人工智能和社会实体经济深度融合，发展数字经济，共享经济红利，全面贯彻新发展理念。我们要做翻译强国，需要自创的话语体系。习近平总书记指出："在解读中国实践、构建中国理论上，我们应该最有发言权。"①中国对自己民族文化的传承与发展具有自觉性，充满了自信心，像钱学森等学者一样，建立起"中国学派"，研究好中国学术面临的实际问题，是有利于同西方学术开展真正意义上的学术对话的。新时代的翻译研究，已经成为实际意义上的多学科、多层次、多角度、全方位的科学研究，虽然有些译家学者对翻译重新定义颇有微词，但是随着网络翻译、翻译工具、光学符号识别，包括智能语言识别和语言监控等技术的迅速发展，翻译研究与科学技术相结合，已是不争的事实。因此，当下如何重新定义翻译技术和进行翻译研究，使翻译学研究更有实证性和科学性，是许多学者热议的话题。这更促使我们同人之间要继续加强团结合作，积极参加国内外学术交流，携手奋进！

如前所述，广西译协拥有一批外语和民族语的翻译人才，涉及英语、法语、日语、俄语、泰语、越南语、柬埔寨语、印度尼西亚语等外语语种，以及壮语、苗语、彝语等少数民族语种，每年为迎接在南宁举行的中国—东盟博览会作出了切实的贡献。一个省（区）级的翻译协会，具有如此强大的翻译实力，是中国已经逐步迈向翻译强国的真实写照。

在读完《研究》之后，兴奋之余我还发表了一点感想：它是一部扎根于广西本土研究、做好翻译服务、很接地气的文集，本书有这样好的作者、编者实属难得。本书的出版，既有现实的社会作用，又有很好的学术意义。谨向作者和编者表示诚挚的祝贺，谨向慧眼识珠的出版社和编辑表示崇高的敬意！

是为序。

李亚舒　于中海馥园

2018 年 11 月 30 日

---

① 习近平：《在哲学社会科学工作座谈会上的讲话》，人民出版社，2016。

目　录
CONTENTS ▶

译语探讨

试译广西师范大学校歌《育才之歌》歌词及译后感

柏敬泽①

摘　要：文学翻译是各类翻译中的难点，而对于歌词的翻译应该是难上加难。笔者尝试用两个版本翻译了广西师范大学校歌，加深了对歌词翻译难度的体会。笔者认为歌词翻译是一种二度阐释，要考虑译文合节拍、易传唱等因素。最后，笔者认为诗歌翻译是一项留有"遗憾"的事业。

关键词：诗歌翻译；歌词翻译；二度阐释

嗟叹译事难

莫道翻译事寻常，炼意铸辞搜枯肠。
汲深钩沉索引难，传神达意费周章。
数月踌躇为立名，几度润色求精良。
治译甘苦寸心知，小技之论忒荒唐。

——题记

我以一首小诗作为题记，旨在说明翻译绝非雕虫小技，并非像业外人士所认为的那样——懂语法、查词典就能做翻译了。泛言之，各类翻译，如科技翻译、应用文翻译、文学翻译等，均有其令译者感到困难的地方，而文学翻译中，尤以诗歌翻译最难，译者若欲使译文臻于完美，少留下些遗憾，常常要苦思冥想、绞尽脑汁。校歌通常以诗歌的形式写成。校歌翻译自当被列入文学翻译范畴。这一点，无可争议。举凡校歌歌词的创作，无一例外，都以反映校史、彰显办学特色和学校发展为目标，以激励莘莘学子奋发向上、志存高远作为其创作原则。广西师范大学校歌《育才之歌》的歌词可爱为一例。本人不揣浅陋，对广西师范大

---

①柏敬泽：广西师范大学外国语学院教授，硕士生导师，中国翻译协会理事，研究方向为翻译理论与翻译实战。

学校歌歌词的英译做了番尝试，并写出几点译后感想。

1 译文

1.1 《育才之歌》第一节歌词译文

A 版本

独秀苍苍，岁月茫茫；

In company with the ancient Duxiu Peak,

Years have elapsed like a ne'er-to-end flowing river.

聚山水灵气，树华夏栋梁。

Imbued with the cultural essenceof Guilin's landscape,

Our institute has been fostering pillars of our nation for ever.

王城学府传古韵，灵魂工程谱新章。

In this time-honored academy we carry forward our ethos,

And in the soul-engineering project we're to write a new chapter.

图强！奋发！

Aim high! Endeavor!

奋发！图强！

Endeavor! Aim high!

图强！图强！

We work harder to be much stronger!

B 版本

独秀苍苍，岁月茫茫；

The Duxiu Peak is ancient and gray,

The years are flowing by without stay.

聚山水灵气，树华夏栋梁。

The cultural essenceof Guilin's landscape comes about in our way,

It's condensed and injected into the fostering of pillars for mighty Cathay.

王城学府传古韵，灵魂工程谱新章。

We carry forward the ethos of our time-honored institute,

And new chapters we're to write in the soul-engineering project today.

图强！奋发！

Aim high! Endeavor!

奋发！图强！

Endeavor! Aim high!

图强！图强！

We work harder to be much stronger!

1.2 《育才之歌》第二节歌词译文

A 版本

漓水悠悠，书声琅琅；

The ever flowing Li-River comes from afar,

What is heard pleasant on campus is the reading sound.

重礼智诚信，育桃李芬芳。

With values put to etiquette, wisdom, sincerity and faithfulness.

Talents educated at our institute in untold numbers are found.

大道坦荡君行健，志存高远万里翔。

The Way is broad and long offering large room for self-development,

And for one's aspiration that's to fly high and, be able and strong.

图强！奋发！

Aim high! Endeavor!

奋发！图强！

Endeavor! Aim high!

图强！图强！

We work harder to be much stronger!

B 版本

漓水悠悠，书声琅琅；

Permanently, the Lijiang River is flowing and flowing,

And the pleasant thing on campus is to hear students' loud reading.

重礼智诚信，育桃李芬芳。

Etiquette, wisdom, sincerity and faithfulness are put above everything,

To cultivate innumerable star-students is at what we're hard working.

大道坦荡君行健，志存高远万里翔。

The Great Way in front offers large room for one's aspiration and dream—

To fly high and accomplish what are known as great and eye-catching.

图强！奋发！

Aim high! Endeavor!

奋发！图强！

Endeavor! Aim high!

图强！图强！

We work harder to be much stronger!

2 译后感

第一，王佐良先生谈翻译时曾指出："译者处理的是个别的词，他面对的则是两大片文化。"我试着将《育才之歌》的歌词译为英文。在其过程中，我对王佐良先生说的这点感受颇深。翻译中无法回避的困难是中西文化差异形成的。如何克服这一困难？个人认为，在翻译中采取"直译＋注释"或"意译＋注释"可视为最可取的方法了。

第二，就汉译英而论，汉语旧体诗的翻译困难多多，如旧体诗中出现的设喻、典故、成语以及意象与具象等。而以旧体诗之诗体写成的歌词，若欲将其译成英文，更是件让译者头痛的事。"留其形式"已很难做到，"还其精神（即内涵）"也会在中西文化差异的磕磕碰碰中难求圆满，必有所失。从翻译行为实质的角度来看汉语旧体诗英译的过程，实际上经历了二度阐释：第一度阐释是用现代汉语来诠释原诗，即用现代汉语解释原诗的内容或加以翻译；第二度阐释就是以第一度阐释的结果为根据，用英语来进行阐释，即译成英文，成型的英译文是用英语阐释的结果。在第二度阐释过程中，难免会掺杂译者个人的理解和对译文效果的期待。于是，译文的质量高低也就反映了译者运用英语能力的强弱，尽管这里面存在仁者见仁、智者见智的问题，但是无论个人的水平如何，都无法向读者和批评家呈现完美无缺的译文。诗歌翻译没有"最好"，只有相对较好。

第三，《育才之歌》的歌词为集体创作，歌词简洁，用典恰当，若以之与广西其他高校的校歌做个比较，在韵味绵绵和措辞文雅方面倒也并不逊色，而且特色鲜明，彰显了广西师范大学的悠久历史和办学宗旨。我试着将歌词译成英文，是歌词的文字翻译而不是对着曲谱用来传唱的那类翻译。我以为，这首校歌若以英文传唱，会不伦不类，效果很差。对着曲谱、旨在传唱的歌词翻译又难乎其难，在我看来，几乎不可能，效果也会极差。例如，"礼智诚信""大道坦荡君行健""灵魂工程""聚山水灵气"和"育桃李芬芳"等，如何译，才能既和得上曲子的旋律节拍，又能使英语读者能听懂其中的意思，恐怕充其量所能做到的，只能是循着原歌词的内容进行一次再创作。而那样一来，会损失多少原歌词的韵味和内涵难以预料。本人的翻译是解释性的翻译。演唱这首校歌时，如果将我译的文字以字幕形式投放在银幕上，让外国人边听边看，或许他们多少能明白这首校歌的意思。解释性的翻译也就能产生这么一点效果吧。

第四，钱锺书在《论"不隔"》一文中谈到"不隔"即为"达"。但钱锺书在此文里说的"达"是指百分之百的"达"，即原作的风格、作者所表达的情感、境界或事物都要通过译文明晰地传达给读者。要做到这一点，谈何容易！尤其是诗歌翻译就更不易了。诗歌翻译往往会产生"雾里看花"的效果。"花"若为原作，"雾"则是译文。只读译文是很难了解诗歌原作的真实风貌的。客观地说，翻译本身是一项令人遗憾的事业，而在这类"遗憾"里，诗歌翻译留下的遗憾最为突出。

汉译英中的合句与断句

兰　天[①]

摘　要：汉语和英语分属于汉藏和印欧两个不同的语系，在谋篇布局方面有各自不同的特点。汉语是意合的语言，句子之间靠内部逻辑关系来隐性连贯，句子短小精悍，形散而神不散，句子结构像一根竹子；英语是形合的语言，句子之间靠连接词语或各种语法手段表示其结构关系，注重句型结构，句子结构像一棵大树。因此，在进行汉译英时，必须根据汉语和英语的句法特点组织句子。要做到这点，重要的手段就是合句和断句。本论文通过典型的例句，阐释在汉译英时应该合句和断句的情况，旨在研究如何提高汉译英的翻译质量，并为翻译实践和翻译教学提供有效的指导。

关键词：汉译英；形合；意合；合句；断句

基金项目：本文系外语教学与研究出版社有限责任公司项目"改革深化中的大学英语翻译教学实证研究"（编号 2017122501）的阶段性成果。

　　汉语和英语分属不同的语系：汉语属于汉藏语系，英语属于印欧语系。它们在发音、构词法、句法、修辞形式以及谋篇布局方面有各自的规律和特点。两者之间虽不乏相通之处，但也存在着明显的差异（冯庆华，2008：169）。

　　美国著名翻译理论家尤金·奈达（Nida，1982）曾指出，就英语和汉语而言，两者在语言上最重要的一个区别就是形合和意合的差别（Contrast between hypotaxis and parataxis）。"形合"是指句子内部的连接或句子间的连接采用语言本身语法手段（形式手段），包括句法手段（Syntactic Devices）或词汇手段（Lexical Devices）等。"意合"指句子内部的连接或句子间的连接采用语义手段（Semantic Connection），主要靠句子内部逻辑联系。

　　汉语和英语在句子层面上重要的区别就是"意合"和"形合"的差别，这同汉民族重形象思维，而英美民族重形式逻辑思维与抽象思维有关（仝益民，2009：78）。汉语重意合，句中各成分之间或句子之间的结合多依靠语义的贯通，

[①]兰天：广西大学外国语学院副教授，研究方向为翻译理论与实践、英语教学与研究。

少用连接语，句与句之间靠内部逻辑联系来隐性连贯，所以句法结构形式短小精悍，形散而神不散。因此，汉语的句子结构像一根竹子。而英语的句子是形合的句子，语句各成分的相互结合常用需要借助连接词或各种语法手段，以表示其结构关系，是"编织得很好"的句子，英语的句子结构像一棵大树。由于汉语句子的意合特点和英语句子的形合特点，在进行汉英翻译时，就有必要进行合句和断句处理，使译文符合英语形合的特征。在很多情况下，在汉译英时，对汉语的意合句子需要进行合句，以适应英语形合的特征。如果汉语的意合句较长，包含的内容较为繁杂，必须在适当的地方断句分译，使译文内容层次分明，符合英语的表达习惯。

本文拟通过对所精选的典型例句、段落的分析和阐释，说明汉译英中合句和断句的翻译技能。本文的例句出自冯庆华主编的《英汉翻译基础教程》、仝益民主编的《说词解句——英汉语言对比与翻译》。第三部分所示例句的段落出自张军主编的《四级翻译速成的秘密——3个月译出好成绩》。

1 合句

在汉译英时，必须通过英语中的各种语法手段，如使用连接词、分词、从句、介词、名词化、短语等手段，把中文的意合句连接合并。

以下例句的翻译，说明了汉译英时需要合句的情况。

例 1. 中国将努力促进国内粮食增产，在正常情况下，粮食自给率不低于95%。

译文：China endeavors to increase its grain production so that its self-sufficiency rate of grain under normal condition will be above 95 percent.

译者将译文的第一个分句和第二个分句之间通过连接短语 so that，将译文连接成一个句子。

例 2. 今晚在院子里坐着乘凉，忽然想起日日走过的荷塘，在这满月的光里，总该另有一番样子吧。（朱自清：《荷塘月色》）

译文：Tonight, when I was sitting in the yard enjoying the cool, it occurred to me that the Lotus Pond, which I pass by every day, must assume quite a different look in such a moonlight night.（朱纯深翻译）

在译文中，译者通过使用从属连词 when 引导的时间状语从句，以及which 引导的非限定性定语从句，把中文中的几个意合的分句，紧密地联系在一起。

例 3. 错误和挫折教训了我们，让我们变得更聪明，我们的事情就办得更好一些。

译文：Taught by mistakes and setbacks, we have become wiser and handle over affairs better.

中文的第一分句和第二分句、第三分句为不同的主语。译者通过运用过去分词 taught 表示被动意义，将译文分句的主语和主句中的主语都统一成 we。译文句子简洁明了，结构紧凑。

例 4. 北海公园原是辽、金、元、明、清历代封建帝王的"御花园"。总面积共有 71 公顷。

译文：Beihai Park, covering an area of 71 hectares, was the imperial garden in the Liao, Jin, Yuan, Ming and Qing dynasties.

译者通过现在分词 covering 的运用，把 an area of 71 hectares 作为插入成分，放置在主语和谓语之间，使中文中的两个句子连成一句。译文的句子结构完美，一气呵成。

例 5. 彩虹有多种颜色，外围红，内圈紫，逐次变化。

译文：The many colors of a rainbow range from red on the outside to violet on the inside.

中文句子中有四个部分，而译者通过介词 of、on 和名词 many colors 等联合运用，以及使用短语动词 range from...to...作谓语，把中文的四个意合部分串连成一个结构紧密的句子。

例 6. 他疲惫不堪，天气也越来越热。他于是下了决心，一碰到舒适的阴凉处，就坐下休息。

译文：His weariness and the increasing heat determined him to sit down in the first convenient shade.

"他疲惫不堪，天气也越来越热"此句子译者在译文中处理为名词性短语"His weariness and the increasing heat..."并作为句子的主语，译出的句子结构精干，紧凑简短。

例 7. 旧历新年快来了。这是一年中的第一件大事。除了那些负债过多的人以外，大家都热烈地欢迎这个佳节的到来。（巴金：《家》）

译文：The traditional New Year Holiday was fast approaching, the first big event of the year, and everyone, except those who owed heavy debts—which traditionally had to be paid off before the year—was enthusiastically looking forward to it.

译者用名词短语 the first big event of the year 作同位语将中文的第一、第二句连接在一起，并且用并列连词 and 把中文中的第三句连接起来，构成一个带插入语的英文长句，句型结构磅礴大气。

例 8. 这两种文明产生于不同地区，它们的发展并行不悖，互不影响。

译文：These two civilizations, which created in different areas, developed in parallel and without inter-influence.

中文有三个分句，译者通过把第一分句处理为同位语作为插入成分，巧妙地把中文的三个分句合译成一句，句子结构简洁明了。

例 9. 功夫是中国武术的俗称。中国武术的起源可以追溯到自卫的需要，狩猎活动以及古代中国的军事训练。

译文：Kung fu is the folk name of Chinese martial arts, which can be traced back to the needs of self-defense, hunting and military drill in ancient China.

译者将中文中的两个句子，合并译为一句。Chinese martial arts 出现在译文第一句结尾，刚好是第二句的主语，译者运用非限定性定语从句，将这两部分有机地连接起来，成为一个复合长句。

2 合句与断句

在汉译英的翻译实践中，合句和断句是同时进行的。合句是因为英语形合的特点而合并，断句也是根据英语形合的需要进行断句分译。有的汉语流水句包含了繁复的内容。虽然英语的复合长句容量较大，句子较长，但是如果在翻译时照搬中文句子的结构，还是会显得冗繁拖沓。这时，就必须果断采用分译法进行断句。处理断句分译的标准一般是按内容层次分译；从主语变换处分译；从关联词（如转折）处分译；在总述过渡到分述处分译；有反问句、感叹句时分译。

以下例句的翻译，阐释了汉译英时需要断句分译的情况。

例 10. 亚马孙河流域拥有世界知名的复杂生态系统，中国的科学家在 2004 年 7 月首次来到该地区，进行科学考察研究。

译文：①The Amazon Basin has a world-famous, complex ecosystem. ②Chinese scientists, for the first time, came to this region in July, 2004, to make scientific probes and studies.

中文为三个分句组成的一个句子。第一分句和第二分句内容层次不同，主语也不同。第一分句的主语是"亚马孙河流域"，第二分句的主语是"中国的科学家"，因而在译文中，分译为两个独立的句子。译文用不定式作目的状语，对中文的第二、第三分句进行合并。

例 11. 冬天是研究树木生长的最好季节，虽然树叶落了，树枝光了，但树木本身却是美的。

译文：①Winter is the best season to study the growth process of the tree. ②Although the leaves are gone and the branches are bare, the trees themselves are beautiful.

英语的形合，也体现在名词的单、复数这一语法手段上，如译文中的 leaves、branches、trees 等，而汉语没有名词单、复数之分。中文中的这句话，根据内容层次和主语的转换，在第一分句和第二分句之间进行断句，译为两个句子。中文中的第二、第三、第四分句在译文中用连词 although 连接成让步状语从句。

例 12. 中华民族繁衍生息在中国这块土地上，各民族相互融合，具有强大的凝聚力，形成了崇尚统一、维护统一的价值观念。

译文：①The Chinese people have lived and multiplied on this land, where all ethnic groups have highly integrated. ②In the process of the integration, they have forged strong cohesiveness among themselves, and have developed the values of cherishing and safeguarding unity for their country.

中文中有四个分句。译者把中文的第一、第二分句合并，第三、第四分句合并，同时这两个合并的部分又独立成句。译文中的第一分句和第二分句的连接用 where 引导的非限定性定语从句，把这两部分联系起来，成为一个句子；第三分句和第四分句是并列关系，有共同的主语 they，用并列连词 and 把两句连接起来。第一、第二分句和第三、第四分句分离后，译者增译了状语 in the process of the integration 将两部分连接，使这两个独立的句子联系更为紧密，意义更为清晰明了。

例 13. 中日两国是近邻，一衣带水，我们两国的关系已有一千多年历史。

译文：①China and Japan are close neighbors separated by just a strip of water, ②the relations between our two countries have a history of more than 1000 years.

根据英语形合的特点，译文在第一、第二分句可用定语从句或过去分词进行连接。最后一个分句因为内容层次和主语都变换了，因此独立成句。

例 14. 从这些例子可以看出传统的中国服饰乃是现代时装的基础，但是中国人也采用了许多西式的服装，例如，商务套装和牛仔。

译文：①From these examples, it can be seen that the traditional Chinese dress is the foundation of modern fashion. ②However, the Chinese have also adopted many Western styles of clothing such as business suits and jeans.

中文中第一个分句和第二个分句之间，存在转折关系。译者在转折的关联词处，将译文分译为两个独立的句子。

例 15. 既异想天开，又实事求是，这是科学工作者应有的风格，让我们在无穷的宇宙长河中去探索无穷的真理吧！

译文：①Lend wings to the imaginations while doing things in a down-to earth manner, which is the style typical of scientific workers, ②so let us explore the boundless universe in quest of never-ending truth!

中文中有四个分句，译者把中文第一、第二、第三分句通过连词 while、which 连成一句。第四分句是一个表示号召的祈使句，译者把它单独分译出来。

从以上的翻译实践可以看出，在汉译英连句时，可以运用现在分词、过去分词、不定式和各类从句等各种语法手段、句型手段，达到连句的目的；而在断句时，一般在句子的内容层次变换处、主语变换处、关联词处、总说过渡到分述处断句分译。

3 段落的合句与断句

以下这个段落和翻译来自全国大学英语四级考试翻译真题。全段由四句中文构成，但译成英文时，则必须根据内容层次断句，整段译为八句。首先，译者在下笔翻译之前，必须仔细研读原文，根据原文的意群，决定哪些部分应该合并，哪些部分应该断句分译。

例 16. "你要茶还是咖啡？"是用餐人常被问到的问题。许多西方人会选咖啡，而中国人则会选茶。相传，中国的一位帝王于五千年前发现了茶，并用来治病，在明清（the Ming and Qing Dynasties）期间，茶馆遍布全国，饮茶在 6 世纪传到日本，但直到 18 世纪才传到欧美。如今，茶是世界上最流行的饮料（beverage）之一，茶是中国的瑰宝，也是中国传统和文化的重要组成部分。

译文：① "Would you like tea or coffee?" ②This is the question that dinners are frequently asked. ③ Many westerners would like to choose coffee, while the Chinese usually prefer tea. ④There is a legend that 5000 years ago tea was found by a Chinese emperor and was used to cure illnesses. ⑤ During the Ming and Qing Dynasties, tea houses were widespread throughout the country. ⑥Tea-drinking was spread to Japan in the 6th century, but it wasn't spread to Europe and America until the 18th century. ⑦ Nowadays, tea is one of the most popular beverages in the world. ⑧ Tea is the treasure of China, and it is also an important component of the Chinese tradition and culture.

原文的第一句的"是用餐人常被问到的问题"与前面的部分断开，分为两句译，增补主语 this，译为"This is the question that dinners are frequently asked."。原文的第二句照译。原文的第三句很长，根据意义和主语的变换，分为三句来译。第一句："相传，中国的一位帝王于五千年前发现了茶，并用来治病"，用 there be 的存在句型译出，在从句中使用被动语态，主语是 tea；第二句："在明清期间，茶馆遍布全国"，主语是 tea houses；第三句："饮茶在 6 世纪传到日本，但直到 18 世纪才传到欧美"，主语是 tea-drinking。原文的最后一个句子中，虽然主语都同为"茶"，但整句所述的内容比较繁复庞杂，因此仍然需要进行断句处理，分为两句来译。第一句，"如今，茶是世界上最流行的饮料之一"，用"one of the most..."结构译出；第二句，"茶是中国的瑰宝，也是中国传统和文化的重要组成部分"，用"a component of"的句型结构译出。

在翻译实践中，合句、断句技能运用的好坏，对篇章的影响很大，直接关系到翻译质量的好坏。合句、断句这两个技能在翻译实践中，往往是同时运作、相辅相成的。因此，合句和断句是汉译英的重要技能。在翻译教学和翻译实践中，合句、断句技能的培养和运用至关重要。

参考文献：

[1] 冯庆华.英汉翻译基础教程 [M].北京：高等教育出版社，2008.

[2] Nida Eugene A. *Translating Meaning*. San Dimas, California:English Language Institute, 1982.

[3] 仝益民.说词解句：英汉语言对比与翻译 [M].大连：大连理工大学出版社，2009.

[4] 张军.四级翻译速成的秘密：3 个月译出好成绩 [M].北京：中国纺织出版社，2015.

浅析英汉翻译中句子韵律节奏的再现

王　敏① 全　峰②

摘　要：形式对等是译文追求的目标之一，节奏作为形式的重要组成部分，也应当受到译者的关注。本文根据"停延"来划分不同译本的句子节奏，通过对比分析这些句子的节奏，得出：一是在翻译过程中，中译本句子韵律节奏的再现应在不影响句义的情况下尽量与原文保持一致，从而重现原文的形式与风格；二是当翻译长句时，汉语译文多使用双音节词能使句子的形式变得更加工整、语气更加平稳。

关键词：韵律节奏；英汉翻译；停延

基金项目：本文系广西教育科学"十三五"规划项目"基于生成语言学的英语语法教学模式研究"（编号 2017C374）的阶段性成果。

1　引言

20 世纪 90 年代，冯胜利发现"核心重音"这一重要的韵律与句法间的互动关系规则，自此，国内大批学者投入到句子的韵律节奏研究中。他们试图论证：在汉语中，韵律对句法具有一定制约作用。周韧在其近年发表的论文中提出了新的疑问，即韵律、句法和语义，谁制约了谁？且不谈韵律、句法和语义，谁先于谁，谁制约了谁，韵律中的节奏作为韵律条件的重要组成部分，已经受到翻译实践者以及语言研究者们的重视。并且，目前已有许多学者从不同角度，论述了翻译中的韵律因素。例如，余东、刘士聪从散文翻译的角度探讨了节奏的重要性；张春柏、张妍琛从文学翻译的视角出发，细致剖析了韵律节奏对翻译的重要性；许渊冲先生在诗歌翻译方面还提出译诗要讲求"音美"，这间接肯定了节奏感是诗歌翻译的一个重要因素。此外，刘大櫆认为"文章最要节奏"。作为翻译实践者，因常与英汉翻译和译文赏析打交道，笔者也赞同韵律节奏对译文语境的塑造、情感的抒发以及语言的美感有着重要意义。既然说翻译是语言沟通的重要渠

---

① 王敏：桂林电子科技大学 MTI 硕士研究生，研究方向为英语笔译。
② 全峰：桂林电子科技大学外国语学院讲师，研究方向为句法学。

道，那么节奏作为语言外化的形式，应当被考虑到翻译实践中。因此，笔者从英汉翻译实践出发，通过对比意义相近但句式不同的译本，探讨句子韵律节奏的再现并分析能够再现原文韵律节奏的译本会创造出怎样的意境或形成怎样的效果。

2 语言的节奏

关于语言的节奏，学者从不同角度作出定义。端木三（2016：17）认为，"节奏是一种普遍现象，跟语言有关，又不限于语言"。朱光潜指出："节奏是宇宙自然现象的一个基本原则。"（张妍琛，2017）郭沫若认为节奏是语音语调的起伏。类似这样的定义还有许多，笔者在此不一一赘述。一般来说，语言的节奏分为广义和狭义。广义的节奏是指语言中诸多韵律特征综合运用而造成的对比性因素，是周期内交替出现的现象，包括语言中声音的高低、轻重、长短、快慢间歇等。狭义的节奏通常要以主要关照对象的韵律特征为支点，考察该语言的各级节奏单位及其组织方式（刘现强，2007：12）。那么节奏该怎么划分呢？冯胜利（1997：145）从韵律句法的角度出发，认为节奏可以以音步为单位，遵循"语素必单，音步必双"的原则。虽然有了划分节奏的单位，但研究者们仍缺乏划分节奏的工具。受到英语中重音现象的启发，王洪君（1999）尝试把重音作为划分节奏的支点，于是就有了"节律栅"理论。但单独以重音作为划分句子节奏的支点在后期的研究过程中遇到了一些瓶颈。基于前人的研究成果，刘现强（2007）在《现代汉语节奏支点初探》一文中提出节奏的支点是"停延"这一理论。他根据自然语言音节的关系亲疏来确定停延（末一音节的拖长），若组块（音步）之间没有明显停延却可以出现停顿和拖长也可以看作是一种停延，叫作"可能停延"。他认为，停顿切分语流；停顿往往跟重音配合作用（刘现强，2007：114–115）。举个例子来说明刘现强先生的这些观点，如句子"以前喜欢一个人，现在喜欢一个人"。在重音和停顿或停延的共同作用下，这个句子至少可以有两种含义：第一种含义，过去喜欢某个人，心有羁绊，但现在享受一个人的生活，不再受感情的羁绊；第二种含义，过去喜欢一个人自由自在的生活，现在喜欢上了某个人，心有羁绊。它们对应的节奏分别为（2/+2+3，2+2/+3）（2+2/+3，2/+2+3）（中间的逗号产生停顿）。在第一种语义下，当停延出现在"以前"一词之后，且同时"以前"获得重读时，为保持整个句子韵律的平衡，"喜欢一个人"就必须弱读（相对"以前"）。很显然，这时候的"喜欢"与"一个人"两词被切分在同一语流里；同理，在后半句中，当停延出现在"喜欢"一词之后时，"喜欢"同时也得到重音，"一个人"必须弱读于"现在喜欢"（"一个人"的含义就变成"某个人"），且"现在"与"喜欢"这两个双音节词在同一语流里。随着停延位置的改变，在第二种语义下，前半句的"以前喜欢"因停延而得到重音，后半句的"现在"因停延而获得重音，从而使句义与第一种区分开来。由此可见，停延是划分节奏的重要手段。因此，本研究中所涉及的中文句子节奏的划分基于这一理论之下，且句子中的音节分析需遵循"语素必单，音步必

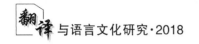

双"的原则。

3 译入语句子节奏的再现及其效果

笔者选取的以下几个例句均为翻译实践中积累的材料，所选译文来自机器翻译、笔者所译以及翻译家的作品节选。其中例1为应用文，节选自某则影评；例2为散文，节选自《再到湖上》；例3为小说，节选自《傲慢与偏见》的开篇第一句。笔者通过分析这三个例句，进而阐述句子韵律节奏的再现对译文产生的效果。

例1. This film is great.（某影评）

译文1：这部电影是伟大的。（机器翻译）

译文2：这部电影特别棒。（笔者翻译）

译文3：该影片极佳。（笔者翻译）

例1是一条常见的英文影评，句法简单，用词凝练而直白，具有高度概括性。原句句子节律应是"This film / is great."。笔者选取三种译文形式，其中译文1出自机器翻译，译文2是日常口语表达形式。根据语言的自然"停延"，译文1的句子节奏是（2+2/+1/+3），很显然，这样的节奏划分与原句有细微的差别。因为译文句子中出现的"是"造成了语言的自然停延，所以在不影响语义的情况下，作为意合性语言的汉语可以将"是"省略，句义仍然完整，从而形成了译文2和译文3的形式。考虑到原句短小精炼的句式特点，且文体性质的需要——语言宜简不宜繁，笔者将原句译为"该影片极佳"即译文3。译文3的音韵节律表现为（1+2/+2），语素少，音节少，且听（读）起来富有节奏感，与原文凝练直白的表达在形式和音律上均能保持一致，译文3最符合原文的形式与风格，因此为最佳选择。通过进一步对比，我们发现，译文2中的"这部"以及"特别"这两个双音节词分别用译文3的"该"和"极"代替了，这样的替换是合适的。不仅仅是因为语言要求凝练，还因为双音节词"这部""特别"不能与原句的this、great（单音节词）在音节、节奏上达成一致，在这一点上，显然后者更合适。因此，当原句音节少而简短时，译文的音节也处理为短小精悍的形式，这样，译文读起来能与原文的节奏达成一致，且语言也会显得更加正式，更能彰显原文本的形式与风格。

例2. I wonder how time would have marred this unique, this holy spot—the coves and streams, the hills that the sun set behind, the camps and the paths behind the camps. (E.B White *Once More to the Lake*)

译文1：我想知道如何时间会损害这个独特的，这个圣地——海湾和溪流，太阳落山后的山丘，营地和营后的小路。（机器翻译）

译文2：我想知道时光的流逝会如何毁损这个独特神圣的地方——海角和溪流、落日前面的山丘、营地和营地后面的小路。（笔者翻译）

译文3：我缅想时光的流逝会如何毁损这个独特神圣的地方——险阻的海角和潺潺的小溪，在落日掩映中的群山，露营小屋和小屋后面的小路。（冯亦代翻译，

转引自《外国散文经典 100 篇》）

例 2 原文引自爱尔温·布鲁克斯·怀特的散文名作《再到湖上》。译文 1 出自机器翻译。笔者认为其句义不够完整、句法存在问题，为了更好地进行对比研究，笔者在译文 1 的基础上将译文改为译文 2 的形式。译文 3 为冯亦代的译本。因为这是一篇叙述性的散文，所以中文译本应与英文原文在意境上尽量保持一致，选词应相对书面化，所以译文 3 要优于译文 2。对比译文 2 和译文 3，两个句子的语义近似，最大的区别在于 wonder、coves and streams 的处理。正如余东、刘士聪（2014）在《论散文翻译中的节奏》一文中所谈，散文翻译要兼顾形式和内容两方面，而形式的外化之一是句式节奏，这需要通过韵律来表现。文中强调，"音节者，神气之迹也"。节奏不仅是形式，也是内在结构，对句法结构有相当的约束（王洪君，2016：56），对风格和情感也同样有相当的约束。单音节动词的动宾结构具有口语性特点，双音节动词的动宾结构具有正式性特点。双音节词和轻重音的运用得当，对文本形成韵律节拍具有重要作用（冯胜利，2012）。因此，此处选择"缅想"这一双音节词，一是能与原文的所用词汇 wonder 一词在节奏上形成对等，读来更具节奏感；二是还能与后面的"流逝""毁损""险阻""潺潺""掩映"等双音节词形成统一，凸显文学散文措辞讲究、语言正式的特点。

例 3. It is a truth universally acknowledged that a single man in possession of a good fortune must be in want of a wife.（李明，2010：24）

译文 1：凡是有钱的单身汉，总想娶位太太，这已经成了一条举世公认的真理。（王科一翻译）

译文 2：有钱的单身汉总要娶位太太，这是一条举世公认的真理。（孙志礼翻译）

译文 3：有钱的单身汉必定想娶亲，这条真理无人不晓。（张经浩翻译）

例 3 原文引自简·奥斯汀的长篇小说《傲慢与偏见》中开篇第一句，译文分别采用了王科一、孙志礼和张经浩的译本。这三个译本，最受人们推崇的是王科一的译本。许多翻译研究者从各个角度分析了王科一译本，笔者在此不做赘述。根据英语意群和语流切分句子，原文的节奏是 "It is a truth / universally acknowledged / that a single man / in possession of / a good fortune / must be in want of / a wife."。可以看出，原文的韵律高低起伏、长短交替分布，节拍为七个，单音节词（尤指虚词）出现频率高且与双音节词、多音节词错落分布，读来很有节奏感。同样，根据"停延"理论，译文 1 的节奏是"凡是 / 有钱的单身汉 / 总想 / 娶位太太 / 这 / 已经成了一条 / 举世公认的 / 真理。"另外译文 2 的节奏是"有钱的单身汉 / 总要 / 娶位太太 / 这是一条 / 举世公认的 / 真理。"译文 3 的节奏是"有钱的单身汉 / 必定想娶亲 / 这条真理 / 无人不晓。"从句式节奏上看，译文 1 的语流长短交替，节奏错落有致，且节奏点、节拍数基本与原文一致，因此我们可以说译文 1 能受到人们的喜爱，有其韵律方面的因素；而译文 2、译文 3 与译文 1 相比较，缺失了长短句交叉带来的节奏感，句子节奏过于急促，与原文的韵味不符。从音节分布来看，译文 1 的第一个音节为双音节"凡是"，且整个句子中词汇的音节数呈（2/+3+3/+2/+2+2/+1/+2+2+2/+2+3/+2）分布，可以看到：中间的双音节词出现 7 次，且其中有 1 次单音节词作为读者听（读）时的缓冲。另外译文 1 多使用双音节词，这使得句子能像原文一样饱满，句式平稳，而随着单音节词的加入，句子韵律产生变化从而使读者听（读）起来不会过于平缓、冗长，这也是因为该单音节词产生了停延，得到了重音，使韵律节奏出现新的更替。可以说，正是双音节词与单音节词及多音节词交替出现，使得句子的韵律节奏更加丰富。此外，译文 2 和译文 3 均以一个三音节词开启，没有给读者一个缓冲，且双音节词的频率较低，因此译文 2 和译文 3 读来有一种急促的感觉，这与原文想要表现的大气庄重的语言风格是不符的。基于以上分析，笔者认为王科一的译本重现了原文句子的韵律节奏，更加恰当地表现了原文的语言风格。

4 总结

停延作为划分节奏的支点，是现代汉语节奏研究的一个重要发现。基于这一理论，综上所述，我们发现，在句义相同的情况下，句子的韵律节奏越好，其表述就越流畅越自然，句子构建下的语境也会更加清晰，语言风格也最得以彰显。因此，我们认为：好的译本（获得读者大众认可的译本）往往在句子的韵律节奏上都能与原文的节奏保持一致；在英汉翻译中，交替使用单音节、双音节词和三音节词是原文句子韵律节奏再现的重要方式；句子中的双音节词具有工整、稳定、正式的特点，起着平缓语气的作用，句子中的单音节词具有精简、急促的特点，有着断句或停延的作用。因此，英汉翻译应注重句子的韵律节奏，通过节奏的再现彰显原文的形式与风格。

参考文献：

[1] 端木三.音步和重音 [M].北京：北京语言大学出版社，2016.

[2] 冯胜利.汉语的韵律、词法与句法 [M].北京：北京大学出版社，1997.

[3] 冯胜利.论汉语的韵律结构及其对句法构造的制约 [J].语言研究，1996（1）：116–122.

[4] 冯胜利.语体语法："形式：功能对应律"的语言探索 [J].当代修辞学，2012，174（6）：3–12.

[5] 兰姆.外国散文经典 100 篇 [M].北京：人民文学出版社，2003.

[6] 李明.翻译批评与赏析 [M].武汉：武汉大学出版社，2010.

[7] 刘大櫆.论文偶记 [M].北京：人民文学出版社，1998.

[8] 刘现强.现代汉语节奏研究 [M].北京：北京语言大学出版社，2007.

[9] 刘现强.现代汉语节奏支点初探 [J].语言教学与研究，2007（3）：56–62.

[10] 王洪君.汉语的韵律词与韵律短语 [J].中国语文，2000（6）：525–536.

［11］王洪君.汉语非线性音系学：汉语的音系格局与单字音［M］.北京：北京大学出版社.2008.

［12］王伟，周卫红.论英汉翻译中的韵律因素［J］.重庆交通大学学报（社会科学版），2016，16（4）：124-127.

［13］余东，刘士聪.论散文翻译中的节奏［J］.中国翻译，2014（2）：92-96.

［14］张春柏.文学翻译中的节奏与旋律［J］.外语教学理论与实践，2012（4）：42-47.

［15］张妍琛.文学作品节奏的审美与翻译［J］.西藏科技，2017（9）：25-28.

［16］周韧.音系与句法互动关系研究综述［J］.当代语言学，2006（1）：46-59.

［17］周韧.韵律、句法和语义，谁制约了谁？［J］.语言学论丛，2017（1）：294-306.

英语句法的"刚性"
与汉语句法的"柔性"对比研究
——以杨宪益译《儒林外史》为例

叶春凤①

摘　要：英语是一种综合语，句式结构严谨，基本由主语和谓语组成，谓语是整个句子中心，其他的词或者句子成分按照语法分布，主谓分明，层次清楚，具有刚性特征。相反，汉语是一种分析语，句式复杂多样，多流水句，不受严谨的主谓结构约束，可以没有主语，也可以没有谓语，更多的是寻求一种达意，重意合不重形合，因而语法是软的，富有弹性。英语的这种"刚性"和汉语的"柔性"形成强烈对比，是大部分中国学生在翻译、写作以及文本阅读中的错误根源。本文以杨宪益先生翻译的《儒林外史》为例，试图对英语句法和汉语句法的主语和谓语的或缺、句式结构、句法规则等方面进行简单的对比分析，一方面，让读者对英语和汉语的"刚柔"差异有一个清晰的了解和认识；另一方面，能够更好地指导读者以后的翻译、写作和有关的实践活动，提高对英语和汉语之间差异的认识。

关键词：英语"刚性"；汉语"柔性"；对比研究

1　引言

"刚性"和"柔性"可以说是英语和汉语语法的一大特征：英语语法的刚性，在于英语是综合语，句式结构严谨，严格按照语法规则排列，缺乏灵活性，注重逻辑的严密，以及形态的完整；汉语语法的柔性，则在于汉语是分析语，无统一的语法结构，形态复杂多样，句式灵活，多流散句，注重传神和达意。中国语言学家、教育家、翻译家王力指出："西洋语的结构好像连环，虽然环与环都联络起来，毕竟有联络的痕迹；中国语的结构好像无缝天衣，是一块一块地硬凑，凑

---

①叶春凤：桂林理工大学硕士研究生，研究方向为教学法。

起来还不让它出痕迹。"所以西洋语是硬的，汉语是软的（秦晓梅，2012）。丹麦语言学家叶斯柏森（Otto Jespersen）也认为综合语有刚性，分析语有柔性，指出："Analysis means suppliness, and synthesis means rigidity, in analytic language you have the power of kaleidoscopically arranging and rearranging the elements that in synthetic forms are in rigid connection."。（连淑能，1993）英语是综合语，每个句子必须包含主语、谓语，句子与句子间需要有连词连接，句子各成分之间必须符合一定的规则，不可随意组合；而汉语是分析语，以达意为主，可以没有主语，句型流散，相关的句子也可以连在一起，无须任何连词，因而语法是软的。英语和汉语的这种差异构成英语和汉语语言的鲜明的特征，只有认识到这种刚性与柔性的差异，才能在涉及英语和汉语两者之间的实践（如翻译、教学、写作等）中做到有条不紊，更好地处理英语、汉语两种语言之间的转换。本文试图从英语的刚性以及汉语的柔性两个角度，以《儒林外史》为例，从语法、基本句式结构、主谓结构等方面，对英语的刚性和汉语的柔性做简要对比分析，希望能够给英语学习者一些启发和建议，减少在英语学习过程中的不必要的错误，提高对英语、汉语两种语言之间差异的认识。

2　理论回顾

2.1　英语的刚性

英语是综合语，形式受约束。英语的句子基本构成为主语 + 谓语，其中，主语、谓语构成句子的基本框架，其他成分都遵循英语语法规则以不同的形式聚集在主框架周围，层次分明（安萍、胡明亮，2010）。英语的这种特点与西方理性主义的发展密切相关，强调逻辑推理，注重完整的结构和形式，遵从规则的约束，条件的限制，因此，在某种程度上，英语是硬的，没有弹性（刘宓庆，2009）。

2.2　汉语的柔性

汉语是分析语，形式不受约束。汉语的句子结构不以主语和谓语为中心，句子构成可以没有主语，也可以没有谓语，句式呈流散型，不受形式的约束和语法的束缚，更多在于意义的表达，重意合而不重形合，因此，汉语是软的，富有弹性。如林语堂说："中国话，中国语法，显示出明显女性特征。"这种特征便是柔性。比如，"站得高，看得远""说没有就是没有""晒太阳"等，都是没有规则可言，达意便可。

3　英语句法的"刚"与汉语句法的"柔"

3.1　主语、谓语的或缺

首先，英语的主语是句子的中心，不可或缺，其他成分围绕主语、谓语按照语法规则分布。相反，汉语句子的主谓结构要复杂得多，主语形式不仅多样，而且可有可无，如王力说："中国的语法通则是，凡是主语显然可知时，以不用为常，故没有主语是常列，是隐去，不是省略。"（王力，2015）其次，汉语的谓语形式多样，可以有多个谓语，也可以没有谓语，有形容词做谓语，也有名词做谓语，可以是把字句、连动式或者兼语式，也可以没有主语，独立成句。如以下例句。

例 1. 阴气重了，故周客人中了恶。（受事主语）（吴敬梓：《儒林外史》）

译文：I suppose this place has been sut up so long that air is bad.

例 2. 茅草棚地下都坐满了。（地点主语）（吴敬梓：《儒林外史》）

译文：The neighbour went to him and tried to grab the hen.

例 3. 又道"见义不为，是为无勇"。（无主语）（吴敬梓：《儒林外史》）

译文：Knowing what is right, a man is a coward without doing it.

例 4. 那时天色尚早，并无童生交卷。（时间主语）（吴敬梓：《儒林外史》）

译文：It was still early and no candidates were coming to hand papers.

例 5. 那邻居飞奔到集市上，一地寻不见；直寻到集市东头，见范进抱着鸡，手里插个草标，一步一踱的，东张西望，在那里寻人买。（主语的变换和隐藏）（吴敬梓：《儒林外史》）

译文：The neighbors set to crash, in a manner not found, straight sets to find Tung Tau, and see Fanjin holding chickens, inserted the hands of a grass superscript, a step by step, finding someone to by something.

通过以上例句，我们可以看到，例 1 至例 4，汉语句子的主语可以是受事、地点、时间，而英语句子的主语必须是一个句子里带有生命的施动者，或者 it 为主语，如 I、the neighbors、a man 等。英语句子的主语不可以省略，是句子的重要组成，然而汉语句子却相反，汉语的句子不仅谓语可以省略，而且主语也可以省略。如例5，这段话多处省略主语，主语变换和隐藏，句式较分散；英文则有主语 the neighbors，然后用分词或者 and 衔接成句，句式结构紧密。如以下例句。

例 6. 年岁不好，柴米又贵。（形容词做谓语）（吴敬梓：《儒林外史》）

译文：Times are hard and fuel and rice are expensive.

例 7. 因秦老的儿子秦大汉拜在他名下，叫他干爷，所以时常下乡来看亲家。（连动式谓语）（吴敬梓：《儒林外史》）

译文：But since Old Chin's son was his godchild, he often came to village to visit their family.

从以上例句，我们可以发现，汉语的谓语可以是形容词，如"不好""贵"，也可以是由两个谓语构成的"连动式"，如"下乡来看""出去瞧瞧"等。但是，英语的谓语往往由动词构成，如 times are、but... he often came。所以说英语是刚性，语法是硬的，主语和谓语必不可少，是构成英文句子的基本框架；而汉语是柔性，语法是软的，主语和谓语则灵活多变，可有可无。

3.2 句式结构

英语的句式结构多为主谓结构，严谨而不流散，受语法形式约束，其主要由名词短语和动词短语构成，紧密相连，并且，英语句子主从分明、层次清楚、多层递进、前呼后应、严密规范，句子呈"聚集型"（连淑能，1992）。英语句子多以主语和谓语为中心，衍生出多种句型，复杂多变，变化多端，但是基本可以分为以下五种基本句型。

（1）主语 + 动词（SV）

例：Not all their entreaties stop him.（众人劝不住。）（吴敬梓：《儒林外史》）

（2）主语 + 动词 + 表语（SVP）

例：He must ill.（只道中了恶。）（吴敬梓：《儒林外史》）

（3）主语 + 动词 + 宾语（SVO）

例：I agree with you.（我也是这般。）（吴敬梓：《儒林外史》）

（4）主语 + 动词 + 间接宾语 + 直接宾语（SVO）

例：Commissioner gave him some encouragement.（魏好古上去又勉励了几句。）（吴敬梓：《儒林外史》）

（5）主语 + 动词 + 宾语 + 宾语补足语

例："I will hold him up" said Chin to the guild he.（"我扶着他。"金有余说道。）（吴敬梓：《儒林外史》）

除了以上五种基本句型之外，英语的其他句型都是由这五种基本句型的衍生和发展，严格按照语法规则，以主语和谓语为中心进行排列和组合。相反，汉语却不以主语和谓语为中心，句式流散多变，不受语法约束，具有多样性、复杂性。如以下例句。

例 8. 走出大门不多路，一脚踹在塘里，挣起来，头发跌散了，两手黄泥，淋漓漓一身水。（吴敬梓：《儒林外史》）

译文：A short distance away one of his feet steptted in to a pond and slipped, in struggling to get up, his hair was messed up. his hands were full of yellow dirt and his body was drippling wet with water.

例 9. 一个人飞奔去迎，走到半路，遇着胡屠户来，后面跟着一个烧汤的二汉，提着七八斤肉，四五千钱，前来道喜。（吴敬梓：《儒林外史》）

译文：One of the neighbours hurried off in search of the butchler, and presently met him on the road, followed by an assistant who was carrying seven or eight catties of meat and four or five strings of cash.

像"挣起来，头发跌散了，两手黄泥""七八斤肉，四五千钱，前来道喜"等句子都是四字格，呈流散型，而且省略主语，英文翻译却加上了主语 one of his feet，同时，英语翻译用 and、who、followed by 等词衔接，而且每个句子都必须含有主语和谓语。由此可见，英语的句子具有综合语特征，结构形式完整，受英语语法的约束，句式以主谓为中心向外延伸，呈现刚性，而汉语多四字格，流散句，不受语法约束，句式简短，复杂多变，呈现柔性。

3.3 语法规则

英语的刚性和汉语的柔性还体现在语法规则上，英语语法规则严谨，在人称、单复数、时态、介词以及连词的搭配上要求一致，而汉语没有严格意义上的语法规则，无人称变化、单复数以及时态，而这种语法规则的不同是构成英语和汉语最鲜明的特点。英语之所以呈刚性，句式流而不散，更多的在于语法规则的束缚，包括以下三个方面。一是语法一致，即谓语动词的单复数必须与主语一致（如第三人称单数加 s），例如，"He exercises every day." 和 "They exercise every day."。二是意义一致，即在意义上保持一致，当主语是单数，意义却是复数的时候，谓语依然是复数形式，当主语是复数形式，意义却是单数时，谓语动词则单数形式。例如，"I have some more silver here" said Fan Chin, "when it is spent, I will ask you for more."。三是就近原则，即英语谓语动词的人称和数往往和其最靠近的主语保持一致，如 "as well as" "either... or..." "not only... but also..." 等。

如 "I have an empty house on the main street but the east gate, which has threecourtyard with three rooms in each. Although it is not big, it is quiet clean."。（弟有空房一所，就在东门大街上，三进三间，虽不宽敞，倒也干净。）（吴敬梓：《儒林外史》）英语句子成分之间这种协调一致的原则使句子结构受到形态的约束，因而句式严谨、规范、缺乏弹性，正如 Eric Partridge（埃里克·帕特呈奇）所言："In comparison with other language, English can perhaps be classified, not only unfairly, as masculineit is, the language of a grown-up man and has very little childish or feminine about it."。和其他的语言相比，可以毫不夸张地说，英语具有"男性"特性，我们从中看不到"孩童"或者"女性"特征。相反，汉语基本不受语法规则的约束，无须遵守语法一致、意义一致和就近原则，大部分汉语句式变化多样，复杂多变，呈"流散型"。研究表明，汉语的主谓结构占 50%，话题结构占 50%，即话题（topic）+ 说明（comment）（王萌萌，2016），如以下例句。

例 10. 他这时已是将近六旬的人，一表人才，高个儿，眉清目秀，头发又多又黑，略带花白，悄好衬出他堂堂的仪表。（吴敬梓：《儒林外史》）

译文：He was at this time nearing sixty, a tall, elegant man with good features and thick dark hair only sufficiently graying to add to the distinction of his appearance.

例 11. 年岁不好，柴米又贵，这几件旧衣服和旧家伙，当的当了，卖的卖了。（吴敬梓：《儒林外史》）

译文：Times are hard, and fuel and rice are expensive. The few old clothes and furniture we have been pawned or sold.

从例 10 "一表人才，高个儿，眉清目秀，头发又多又黑，略带花白"到例 11 "年岁不好，柴米又贵"的这些表达可以看出，汉语很少用连接词，多用四字格，意思表达明确就好，可以省略主语、谓语，也可用形容词、状语做主语和谓语，所以说汉语具有柔性，语法是软的，灵活多变。

4 总结

总而言之，英语具有综合语特征，重形合，句式结构严谨，逻辑严密，严格按照语法规则，形成以主语和谓语为中心的组合句或排列句，具有严谨性，以形传神，语法结构呈现出一种刚性。相反，汉语具有分析语特性，重意合，句式结构流散，无语法约束，字词缺乏形态变化，多四字格、流散句式，以意传神，呈现出一种柔性（李笑盈，2017）。因此，本文从英语和汉语主谓语的或缺，句式结构，以及语法规则等方面，以《儒林外史》为例，简要分析了汉语、英语的刚性和柔性的不同，希望能够给读者一些启发，减少其在英语学习过程中的错误，同时能够更好地促进我国翻译事业的发展。

参考文献：

[1] 秦晓梅.从柔性和刚性角度解析英汉翻译 [J].兰州教育学院学报，2012 (8)：132-133.

[2] 连淑能.英汉对比研究 [M].北京：高等教育出版社，1993.

[3] 连淑能.论英汉句法的基本特征 [J].厦门大学学报（哲学社会科学版），1992 (3)：122-126.

[4] 安萍，胡明亮.从长句英译汉实践看"刚柔"之说对翻译教学的启示 [J].理论月刊，2010 (4)：119-121.

[5] 刘宓庆.文体与翻译 [M].北京：中国对外翻译出版公司，1998.

[6] 郝琳.现代汉语语法概述 [M].北京：金盾出版社，2009.

[7] 王萌萌.从英汉对比研究角度看《舌尖上的中国Ⅰ》解说词的英译策略 [J].科教文汇（下旬刊），2016 (4).

[8] 王力.汉语语法纲要 [M].北京：中华书局，2015.

[9] 李笑盈.形合意合对比及其在商务英语翻译中的运用 [J].浙江树人大学学报（人文社会科学版），2007 (5)：120-124.

从功能信息对等视角
实现科技英语汉译的准确性

宋友开①

摘　要：科技英语是一类专业性非常强的英语文体，其意义的翻译非常"坚硬"，在翻译时，译者创作的余地不大。从功能对等理论视角看，科技英语译文要求主要是功能信息的准确。本文结合实践案例，运用功能对等理论对科技英语的翻译进行分析探讨，认为科技英语的翻译应该遵循"功能对等"原则，实现译文的准确性。

关键词：功能对等；科技英语；翻译；准确

1　功能对等与科技英语翻译

功能对等理论由美国著名翻译理论家尤金·奈达提出。1964 年，他在《翻译科学初探》中提出了"形式对等"和"动态对等"两个概念。形式对等是指目的语中信息与源语中的不同成分尽可能保持一致；动态对等是指从语义到语体，在目的语中用最贴切的自认对等语再现源语的信息。尤金·奈达认为，翻译就是在目的语种用最贴切的而又自然的对等与再现源语的信息。所以，功能对等理论重视文本信息的传递，对此，译者在进行科技翻译的时候，应当准确地传递源语的信息功能。尤金·奈达翻译定义中的"信息"一词包括源语传达的各种信息：语义、文体、文学形象、情景和心理效果等方面，也包括作品本身成功的或不成功的信息。同时，这一定义也提出了翻译的四个标准：一是传达信息；二是传达原作的精髓与风格；三是语言顺畅自然，完全符合译语规范和惯例；四是读者反映类似。

根据不同的功能、目的、特点和内容，英语文体可分为文学文体、专业文体。而科技英语作为一种特殊的英语文体，泛指一切论及或谈及科学和技术的书

---

① 宋友开：河池学院讲师，研究方向为翻译理论、笔译实践。

面语和口语，其中包括：一是科技著述、科技论文和报告、实验报告和方案；二是各类科技情报和文字资料；三是科技实用手段（operative means，包括仪器、仪表、机械、工具等）的结构描述和操作描述；四是有关科技文体的会谈、会议、交谈的用语；五是有关科技的影片、录像等有声资料的解说词等。科技英语被科技研究人员、技术人员用于科技交流，在化学、物理、天文、工程等领域广泛运用。科技英语在词汇、句法方面有其独特的特点，如专业性非常强的术语、被动语态、长句、难句等。科技翻译要求译者准确无误地再现原文所反映的现实，提供符合原文要求的产品信息。科技文本揭示逻辑真相，即文本的因果、时空等关系必须清楚明了、语言明确，表达没有歧义，对原文的任何增删都不能损害原文基本信息的准确性（李长栓：61）。

科技英语的功能在于传递信息，是一种功能性英语文体。例如，a force due to friction are called friction forces：因摩擦发生的力叫摩擦力。electromagnetic waves travel at the same speed as light：电磁波的传播速度和光速一样。dissolving pulp：溶解浆。paper-making pulp：造纸浆。air-dry pulp：风干浆。chemical-mechanical pulp：化学机械浆。top side of paper：纸的正面。disc saw with horizontal from balanced construction：有水平锯架和平衡重块的圆锯机。vibrating screen：振动筛。conical-bottomed chip bin：锥底木仓片。

以上例子表明，科技英语是一种有效的、以口头和书面形式传播知识的文体。科技英语的特点是向特定的、专业的读者传递信息。准确、简明、可读是科技英语翻译的基本要求，因为科技英语是以学术论文的形式对一个事实或者客观的设想进行陈述。

2 在功能对等视角下实现科技翻译中的运用

2.1 词义的对等

纽马克认为，科技翻译的主要难点是词汇而非语法，如科技术语、固定搭配、固定短语或习语等。词汇难点包括两类：一是不能理解的；二是很难理解的。

2.1.1 技术术语词汇的功能信息对等

科技翻译非常强调词义的准确、简明，大量的科技术语是科技文体的一大特点，译者在翻译的过程中，一定要掌握术语的含义，准确、简明地把源语翻译到目的语。如 parapet：女儿墙。rebar：钢筋。griblet：素图。masonry：砌筑墙。aggregate：骨料。size block：规块。vertical digester：立式蒸煮锅。blow packer：喷放锅。low and high pressure feeder：低压与高压给料器。hydraulic grinder：水压磨木机。dual-pocket type hydraulic grinder：双袋式水压磨木机。这些术语词汇的翻译，根据不同专业的特点，准确、简明地实现了科技术语词汇的功能和信息对等。

2.1.2 术语词汇的功能信息对等

术语词汇是科技英语中非常重要的一种词汇形式，根据不同的语境，半术语词汇的意义可进行不同的翻译。例如，"The cheapest way of moving earth is to take it directly out of the cut and drop it as fill with the same machine."。本句中 earth 为半术语词汇，其中文意为：大地、陆地、地面、地球、泥土、世界、尘土、土壤、人间、世俗之事、（狐狸等动物的）洞穴、接地、垃圾，以及难以还原的金属氧化物。根据语境，本句话的译文：费用最低的运土方式是用统一挖方取土并卸土作为填方。

例如，"FE indicates the approximate fraction of a well's undamaged production capacity. The concept of flow efficiency is commonly used in evaluating well stimulation."。句中 well 的中文意为：很好地，充分地，满意地，适当地；很好的，健康的，适宜的；井，源泉；涌出。此句子来源于一篇石油科技论文，因此此处 well 的意思为"油井"。把恰当的词放在恰当的语境，即是恰当的意思（周方珠，142）。根据语境和文本功能，此句话的译文：FE 显示了一个为损坏油井生产能力的近似值。溢出效率的概念在油井增产措施评估中常用。

2.2　句子的对等

科技文本的句子特点是被动语态、长句、难句等，本文以科技英语文本翻译中遇到的被动语态、长句、难句的对等进行分析。

2.2.1　被动语态的对等

在中文文本中，因语句的表达和思维方式的不同，被动语态的运用频率低于英文文本中的运用。因此，以下笔者将探讨一些英语科技文本的被动语态英译汉的方法和策略。

2.2.1.1　被动语态转换为主动语态

在科技英语中，被动语态的广泛性和普遍性是其一大特点，在进行科技文本英译汉时，可以根据中文文本的表达习惯，将被动语态转换为主动语态，包括下列情况：

①主语不变：在此种情况，被动语态以"通过""得到""加以"或者"用……来"等词或短语体现。如 "However, in order to match the requirements of the methods of calculation actually used in most structural specifications (allowable stresses and semi-probabilistic methods) , each load is also characterized by the parameters representative of the different computational methods."。译文：然而，为了与大多数结构规范中实际使用的计算方法（容许应力法和班概率法）相协调，每个荷载也用不同计算方法的参数表达方式来表示。

②源语宾语转换成目的语主语：一些介词短语，如 in、by 或者 on 引导，则将宾语转化成主语。例如，"The properties of concrete and its components, the methods of mixing, placing, and curing to obtain the required quality, and the methods for testing, are specified by the American Concrete Institute (ACI) ."。译文：美国混凝土协会（ACI）对混凝土的性质及其成分、满足质量要求的拌和、浇筑和养生方法以及试验方法均做了规定。

2.2.1.2　保留被动语态

尽管主动语态是中文文本中常用的表达语态，但是被动语态可以通过被动词；

"被……""受……""由……所"或者"遭""在……常"等体现。例如，"These measured quantities are then used to determined position, slope, area, and volume——the basic parameters of civil engineering design and construction."。译文：这些测量结果被用来确定位置、坡度、面积和体积这些土木工程设计和施工的基本参数。

2.2.2 长句、难句的对等

对于长句、难句的翻译主要分三个步骤：第一步，找出基本句子主干；第二步，找到句子间的逻辑关系；第三步，重组成中文。例如，"Ideally, in the early stages of planning a building, the entire design term, including the architect, structural engineer, and services engineer, should collaborate to agree on a form of structure to satisfy their respective requirements of function, safety and serviceability, and serving."。第一步：找出主干，即句子的主语、谓语、宾语，就是"the entire design term should collaborate"。第二步：分析句子内部的逻辑关系，"in the early stages lf planning a building"为时间状语从句，"including the architect, structural engineer, and service engineer"是主语的同位语从句，而"to agree on a form of structure to satisfy their respective requirements of function, safety and serviceability, and serving"则是目的状语从句。第三步：重组成中文。译文：在建筑设计规划的最初阶段，理想的做法是包括建筑、结构和维护工程师的整个设计组协调工作，确定一个能满足各专业功能要求、安全使用、保养维护方面的结构形式。

以上例子是在对科技文本被动语态英译汉时常用的方法和策略，也是功能对等理论在翻译实践中的体现和运用。结合功能对等理论和科学可行的翻译方法及策略，科技文本英译汉，能够实现其准确、简洁、通顺的标准和要求。

3 结语

科技英语已经发展成为一种重要的英语文体，引起了国际上的广泛注意和研究。科技英语的主要特点是强调语言的准确性。由于功能对等理论强调"源文作者感受与目的语读者感受的对等""信息的对等"与"文体的对等"，在翻译实践中，功能对等理论对科技英语翻译具有很强的针对性，有助于实现科技英语译文的准确性。

参考文献：

[1] 段云礼.新版商务英语翻译教程［M］.天津：南开大学出版社，2005.

[2] 廖七一.当代西方翻译理论探索［M］.南京：译林出版社，2000.

[3] 刘宓庆.文体与翻译［M］.北京：中国对外翻译出版公司，1998.

[4] 何其莘，仲伟合，许均.科技翻译［M］.北京：外语教学与研究出版社，2012.

[5] 朱骊.浅谈工程英语的特点和翻译[J].江西青年职业学院学报，2008（18）：89-91.

FANYI ZHESI

翻译哲思

论文学翻译中的灵感思维

柏敬泽① 蔡 熙②

摘 要： 文学翻译是一种基于原作进行再创作的文学艺术活动，要求译者摆脱原语语言形式和原文表层结构的掣肘，努力做到深解原文之意，译出蕴含其中之味。本文作者认为，译者在对原语的理解、传达的过程中，处处都渗透着译者的灵感思维。本文拟从灵感思维的角度对文学翻译的一些现有理论和方法进行重新认识，最终说明灵感思维应是文学翻译研究的一个重要维度。

关键词： 文学翻译；灵感；灵感思维

长期以来，译学界对翻译的性质、翻译的标准、翻译的方法争论不休。一提起翻译，人们一般指的是翻译的社会化过程，而对翻译过程中译者的个体心理疏于重视，甚至不屑一顾。诚然，翻译涉及两种语言系统、两种文化系统。无论是信息的传递，还是文化的交流，其过程包含许多相关因素，但译者个人的主体因素不可或缺。"翻译一体两面"，一方面，译者的活动要受到社会、文化的制约，具有社会性的一面；另一方面，翻译是一种思维活动和心理过程，具有主体性的一面。文学翻译是一种基于原作进行再创作的文学艺术活动，它要求译者"脱离原语语言外壳"、不受原文表层结构的掣肘，努力做到深解原文之意，译出其味。译者在对原文的理解、传达的过程中，无处不渗透着自己的灵感思维。本文拟从灵感思维的角度对文学翻译现有的理论和方法进行重新认识，旨在说明灵感思维应是文学翻译研究的一个重要维度。

1 文学灵感思维认识论

《荷马史诗》在开篇呼告文艺女神缪斯，酒神在如痴如醉的状态中唱出即兴

①柏敬泽：广西师范大学外国语学院教授，硕士生导师，中国译协理事，研究方向为翻译理论与翻译实践。

②蔡熙：广西师范大学外国语学院硕士研究生，研究方向为英美文学。

诗。灵感在古希腊文中的原意指神赐的灵气，即创作时一种神性的着魔。柏拉图以其西方哲人的思辨力来剖析灵感问题，见解独到而深刻："诗人写诗并不是凭智慧而是凭一种天才或灵感。""此外还有第三种迷狂，是由诗神凭附而来的。它凭附到一个温柔贞洁的心灵，感发它，引它到兴高采烈、眉飞色舞的境界，流露于各种诗歌，若是没有这种诗神的迷狂，无论谁去敲诗歌的门，他和他的作品都永远站在诗歌的门外。"（柏拉图：《斐德若篇》）

　　柏拉图栩栩如生地描摹了诗人创作时的一种心理状态：全神贯注，文思泉涌，进入物我两忘的境界。在他看来，有艺术天才的诗人的作品往往比只凭技巧的工匠的作品更好。因为具有审美韵味的艺术品不是技巧、规矩所能造就的，仅仅遵循已知的技艺和规矩只能制造赝品。在这一点上，柏拉图跟中国的陆机不谋而合。只不过陆机用"天机"来加以厘定，他在《文赋》中写道："方天机之骏利，夫纷何而不理？思风发于胸臆，言泉流于唇齿。"刘勰之论，与此相类，"枢机方通，则物无隐貌；关键将塞，则神有遁主"（刘勰：《神思》）。袁中道指出，"心机震撼之后，灵机逼极而通，而知慧生焉"（袁中道：《陈无异寄生篇序》），此说更明确揭示了"心机—灵机—灵感"三者之间的内在联系。总之，中国古典文论中"感兴说""兴会说"的内涵与灵感思维（Inspiration）一词的内涵是相通的。

　　文艺创作中的灵感思维是古今中外的文艺家们都认识到的。那么文学翻译过程中到底是否存在灵感思维，这一点，值得我们深入探究。传统的翻译观认为，翻译是"一仆二主""翻译是戴着镣铐的舞蹈""翻译是鹦鹉学舌"。这种翻译观点在绝对忠实的名义下，掩饰了翻译的主体性（Subjectivity），同时也抹杀了灵感思维的存在。这里的关键是要澄清翻译是技术还是艺术的问题。关于这一问题，余光中说："翻译究竟是艺术，还是技术？这问题，我认为可以分开来看。如果要译的文字是一段艺术品，也就是说一件作品，一篇美文，一句妙语名言，在翻译家笔下，可以有不同的译法而又各有千秋，则翻译应是艺术。反之，如果所译文字不在创造而在达意，不在美感而在实用，译者只求正确，读者只求能懂，则翻译不过是技巧。"余光中的这一见解给我们的启示是，文学翻译除了要受原文的掣肘外，它与创作毫无二致，只不过要以"再创作"冠名罢了。原作是艺术品，译作也应该是艺术品，才不会留下译作辜负了原作的遗憾。文学翻译就不能不是一种艺术，作为艺术的文学翻译同样飞溅着美妙的灵感之花。"翻译艺术体现了翻译家的创造才能。它总要突破一切模式的规范的限制，充分表达出自己的想象力和激情，并在经验之石上激起创造性思维的火花。"

　　我们把鲁迅和林纾的翻译作品对比，或许可以略见一斑。我们知道，鲁迅是中国现代文学的奠基人，他在文学史上的地位是靠自己的著作，而不是靠译作来奠定的，但"鲁迅发表的作品中，翻译作品将近占了一半"。虽然鲁迅的翻译目的是"要忠实地介绍外国文学作品中的新思想""别求新声于异邦"（鲁迅，1907），但是由于他的"直译"策略过于强调文字、句法的忠实，忽视了目标语

（Target Language）读者的接受习惯和接受心理，在翻译中连人名、地名也不"任情删易"，还保留原作的章节格式。后来鲁迅又提出"硬译""宁信而不顺"等翻译标准，结果导致"句子生硬，佶屈聱牙"，以至于梁启超责其译文是"硬译""逐字译"，甚至于"中不像中，西不像西"。梁实秋认为鲁迅的翻译是"硬译""死译"。林纾的翻译尽管遗漏、删节、添加的现象很普遍，其代表译作《巴黎茶花女遗事》前十六节被删除了大半部分，塞万提斯的《堂吉诃德》被他译成《魔侠传》后成了一本小册子，但林纾的译笔简洁古雅，在言情写意上，往往能委婉曲折，极尽其致，将原作的风趣充分表现出来，符合当时读者的审美趣味。康有为称赞林纾道，"诗才并世数严林"。钱锺书对林纾的评价也很高："最近，偶尔翻开一本林译小说，出于意外，它居然还没有丧失吸引力，我不但把它看完，并且接二连三，重温了大部分林译作品，发现许多都值得重读。"英国汉学家亚瑟·沃克利（Arthur Waleye）认为"林纾翻译的狄更斯的作品优于原作"，可见，林纾是以翻译家的身份著称于世的。

到底什么是文学创作中的灵感？什么是文学翻译中的灵感思维？

黑格尔说："想象的活动和完成作品中技巧的运用，作为艺术家的一种能力单独来看，就是人们通常所说的灵感。"杨振宁认为，所谓灵感，是一种顿悟，在顿悟的一刹那间，能够将两个或两个以上，以前从不相关的观念连在一起，以解决一个搜索枯肠未解的难题，或缔造一个科学上的新发现。《辞海》给灵感的定义是"创作者在丰富实践的基础上进行酝酿思考的紧张阶段，由于有关事物的启发，促使创造活动所探索的重要环节得到明确的解决，一般称为获得灵感"。龚光明认为："灵感是指人类借助直觉和潜意识活动而实现的认知和创造。它是思维主体自觉地艰苦思索的结果，是在主体对有关问题具有强烈的解决愿望，并在连续的苦思冥想过程中或之后偶然地在脑海中突现出来的一种思维能力。灵感是对事物或问题的突然性、爆发式的顿悟和理解，是建立在一定实践经验基础上的意识能动性和思维创造力的特殊表现。"

黑格尔的定义强调灵感是一种艺术能力，杨振宁强调灵感的突破性，《辞海》的定义强调灵感的实践性，龚光明的表述是我们迄今看到的比较全面的一种。他们的见解都有一定的真理性和启示意义，但是如何从总体上把握文学翻译中灵感的发生机制和本质特征？我们不妨以朱生豪留给我们的译作和他的翻译生涯来探讨这一问题。

What a piece of work is a man! How noble in reason! How infinite in faculties! In form and moving how expressive and admirable! In action how like an angel! In apprehension how like a god! The paragon of animals! And yet, to me, what is the quintessence of dust! Man delights not me—no, nor woman neither, though by your smiling, you seem to say so. （莎士比亚：《哈姆雷特》）

人类是一件多么了不起的杰作！多么高贵的理性！多么伟大的力量！多么优美的仪表！多么文雅的举动！在行为上多么像个天使！在智慧上多么像

一个天神！宇宙的精华！万物的灵长！可是在我看来，这一个泥土塑成的生命算得了什么？人类不能使我发生兴趣；女人也不能使我发生兴趣。虽然从你的微笑中，我可以看到你的意思。（朱生豪翻译）

哈姆雷特的这段内心独白虽为世界各国人民广为传诵着，但只因有了朱生豪的翻译，才在中华大地回荡起经久不息的声音。只要多读几遍，我们就会发现，朱生豪的译文自然流畅如行云流水，俨然在用汉语进行创作，消弭了两种语言间的距离，但又句句逼似原作，处处闪烁着灵感的智慧之光。朱生豪将 a piece of work 译成"杰作"，将 apprehension 译成"智慧"已见其功力；将"In form and moving how expressive and admirable!"一分为二，译成"多么优美的仪表！多么文雅的举动！"译得匠心独运，出神入化！更让人叹为观止的是，他把"The paragon of animals! And yet, to me, what is the quintessence of dust!"译成"宇宙的精华！万物的灵长！"不仅仅忠实传达了原作的意旨，而且精练含蓄，地道传神。这样的译文堪称"灵感之译"！

仅活了 34 岁的朱生豪非英语专业出身，更无留学海外之经历，但他在抗战期间的流亡生涯中，毕其十年之功，译出莎剧三十一个半，译笔臻于化境。他的翻译灵感并非"神赐"，而是"外师造化，中得心源"的结果。比如，在译《哈姆雷特》时碰到折磨他的句子："The paragon of animals! And yet, to me, what is the quintessence of dust!"，开始他可能感到寝食不安，心里满是无从下手的感觉。于是他"首尾研诵全集至十余遍"，"辛苦搜集各种莎剧版本，及诸家注释考证之书，不下一二百册"，抱定"饭可以不吃，莎剧不能不译"的决心，为之殚精竭虑，孜孜以求，即使衣带渐宽人憔悴，也一往无前终不悔。这种循轨思维的连续思考，会在他的大脑皮层形成连续的优势兴奋中心，使相关的翻译经验、知识和潜沉的信息被搜寻出来，然而他还不能着手翻译。有一天，他躺在寂静的草地上或者在散步途中，甚或在梦中，突然脑海中透出了亮光，思路豁然开朗，情不自禁地大叫："宇宙的精华！万物的灵长！"这种绝妙的译文不能不说是灵感的结晶！这种灵感是大脑皮层的高度诱发态势与外界偶然相碰撞、循规思维外围的潜在观念、知识与翻译经验被激发出来的结果，因而引起打破循规思维的"智力叛逆"，进入清末美学家王国维所说的第三种境。王国维在《人间词话》中写道："古今之成大事业、大学问者，必经过三种之境界：'昨夜西风凋碧树。独上高楼，望尽天涯路。'此第一境也。'衣带渐宽终不悔，为伊消得人憔悴。'此第二境也。'众里寻他千百度，蓦然回首，那人却在灯火阑珊处。'此第三境也。"王国维的"三境界说"高度概括了从长期实践、有意追求、循规思维的"养兴"到偶然得之的"感兴"过程。笔者借用王国维的"三境界说"，可将文学翻译中灵感思维的产生机制图示如下。

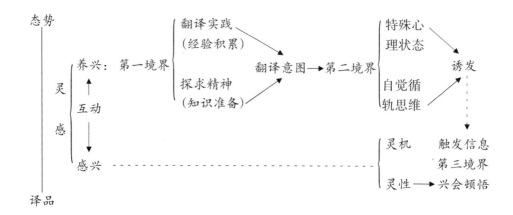

综上所述，对什么是文学翻译中的灵感思维，可作一个初步的界定。笔者认为，文学翻译中的灵感思维是译者在翻译实践中有意追求、循轨思维过程中无意得到的一种非预期性的、突破性的创造性思维。换言之，这种灵感思维就是"外师造化、中得心源"。究其实质，它是一个渐修、顿悟的过程。"渐修"在文学翻译中应指知识的积累、文字的修养、治学严谨态度，"顿悟"则指豁然开朗之后，终得妙译的快感。

2 从文学作品的特点看灵感思维

文学作品的特点可以从语言层面、形象性层面、风格层面三个方面来看。

首先，文学虽然是语言的艺术，但是文学文本的语言与其他文本有明显的不同。例如，科学文本的语言是说明性的，以准确、严密、清晰为特征。而文学作品主要使用描述性的语言，因此有着明显的模糊性和不确定性；如"满园春色关不住，一枝红杏出墙来"（叶绍翁：《游园不值》），该诗看起来形象可感，实际上隐含着难以尽述的"空白点"：园中到底是怎样的春色？枝头盛开多少杏花？花儿开到怎样的程度？墙有多高，它为何关不住春色？诗句表达了作者怎样的思想感情？有什么审美意义？英语亦然。莎士比亚名剧《哈姆雷特》中哈姆雷特说的那句名言："To be or not to be, that's the question."。汉译本可以找到十几种译法。如朱生豪译为"生存还是毁灭，这是个值得考虑的问题"。卞之琳译为"活下去还是不活，这是问题"。方平译为"活着好还是死了好，这是个问题"。许国璋译为"是生是死，这是问题"。由于文学语言的模糊性，"一千个读者就有一千个哈姆雷特"，同理，一千个译者也有一千个哈姆雷特。以暗示方式为象征型文学增添了难以尽述的朦胧意蕴。例如，庄子的《庄子》、歌德的《浮士德》、艾略特的《荒原》等，包孕了深远而普遍的哲理意蕴和主观情思，具有多元阐释的潜质。而且文学语言，一方面将人的深层体验化为具体可感的场景人物；另一方面又不断求新求异求变，使语言本身处于不断自我否定的过程中。艺术语言的本性在于追求陌生化效应，力避陈言，化腐朽为神奇。"艺术的目的是传达对事物的直接经验，就好像是看到的而不是认识到的。艺术技巧在于使事物变得陌生，在于以复杂化的形式增加感知的难度，延长感知的过程。"如我们初读"大漠孤烟直，长河落日圆"（王维：《使至塞上》）、"日落江湖白，潮来天地青"（王维：《送邢桂州》）两句诗时，会感到理解起来有些困难。"烟"何以直？"日"何以白？这些词不合语言常规，不合事理，具有非理性色彩。但细细品味，我们就会体味到它的妙处：其间浸淫了诗人豪迈与孤寂的情怀！

其次，形象性是文学审美形态的内在的根本属性，主要是形象思维的产物。因为文学是语言的艺术，所以文学与绘画、雕塑等其他艺术形象相比，其特征也是其优势就在于模糊性，通过模糊性的描写来体现鲜明的个性特征。例如，《红楼梦》在描写林黛玉的外貌时有这样一段："态生两靥之愁，娇袭一身之病。……娴静时如姣花照水，行动处似弱柳扶风。心较比干多一窍，病如西子胜三分。"这里面有太多的不确定因素："态生两靥之愁"是何种愁？"姣花照水"是怎样的风情？"弱柳扶风"是怎样的神韵？"心较比干多一窍"聪明到什么程度？"病如西子胜三分"美到哪种地步？这都是只可想象而难以言传的不确定因素，无疑为译者留下了再创作的空间。

最后，风格是文学作品独创性的表征，也是作家创作个性的"外衣"。风格是一个复杂问题，大到包容作品中表现出来的一切方面，并涉及作者个人的风格、时代风格、民族风格、流派风格等。但是不论风格多么复杂，总要通过语言、词汇、语法、修辞等形式表现出来。在文学翻译过程中，译者不是完全被动地接受和传达原作的信息，而是受制于自己的思想认识、气质、性格、知识结构、文学修养，以及审美理想等多种因素，因此译文不可避免地带有译者个人的风格。例如，毛泽东《念奴娇·昆仑》一词，"而今我谓昆仑，不要这高，不要这多雪！安得倚天抽宝剑，把汝裁为三截。一截遗欧，一截赠美，一截还东国"。对于词中的三个"一截"，有的译者把它译为 one piece，有的译者把它译为 one part，这两种译法虽然做到了忠实于原作的原则，但是没有体现原作的艺术魅力。许渊冲把它译为 "I would give to Europe your crest, and to America your breast, and in the Orient the rest."。这种富有艺术魅力的译文，当然是灵感思维的结晶，也是他本人翻译观的实践。许渊冲说："文学翻译是两种文化间的竞赛，在竞赛时要发挥译语的优势，使再创作胜过创作，这就是我的'再创作论'。"

总之，文学的语言、形象性、风格等特点，要求译者在翻译过程中运用灵感思维，充分发挥再创造的才能，主动展开合理的想象和联想，去揣摩，去延伸。文学翻译并非不讲究忠实原文，相反，它是以追求忠实为审美旨归。但这种忠实不是摆脱不了原文的句比字栉，而是在追求艺术韵味的"译意"还是"译味"之间的权衡。传世的翻译作品都是译者匠心独运的佳作，如"生命诚可贵，爱情价更高。若为自由故，二者皆可抛"便是明显一例。译者的主体作用是在"译文"与"原文"的竞争中发挥的。译者匠心独运便是翻译中灵感的体现。译作胜过原作的例子不胜枚举，译作糟蹋原作的例子也比比皆是。因此，在文学翻译中"绝对忠实原文"只能是一种美好理想的追求，实际上是很难做到的。如果臧否文学译作，挑剔其中个别词、句忠实原文与否，那未必是一种可取的做法。

3 从翻译过程看灵感思维

"思维能力和思维方式是构成翻译思维相辅相成的两个方面，辐射于翻译的全过程，直接影响到译文的质量。"文学翻译的过程是译者对原作书面语言的理解和传达过程，即从理解原语的表层结构开始，渐至原语的深层结构。然后将原语的深层结构转化为译语的表层结构。因此，理解是翻译的前提。没有客观、正确、深刻、透彻的理解，译者就不可能创造出尽善尽美的富有灵感的译文。从心理学上讲，理解的过程就是译者凭借已有的信息，把原作中的语言符号在自己的大脑中转换为同作家脑海中的审美意象大致相同的审美意象。这是一个抽象思维、形象思维、灵感思维互动的过程。

理解阶段主要体现在译者对原作进行抽象思维的逻辑分析。译者调动概念、判断、推理等抽象思维手段分析语音、词汇、句子、语篇关联、意识形态、素材、主题、情节、人物关系等以理解、保留、再现原作的艺术风貌。如以下例句。

Encased in talent like a uniform,
The rank of every poet is well known;
They can amaze us like a thunderstorm,
Or die so young, or live for years alone.

披挂着才情像穿着制服，
诗人的地位一目即了然；
他们能雷雨般惊动大众，
或英年早逝，或长守孤单。(奥登：《小说家》)(彭镜禧翻译)

Encased 在字典中的意思是"装箱""入盒"。译者运用抽象思维，从词汇、句子、语篇关联中，推测出原作者要表达的实际内涵，将它译为"披挂"，不仅再现了原意，而且符合译入语读者的语言接受习惯。毋庸置疑，抽象思维是翻译的基础。

文学文本是一个"召唤结构"，一个由"言、象、意"组成的多层次的审美结构，有很多"空白"和"未定点"，召唤读者(译者首先得是一个普通的读者)调动自己的生活经验和审美想象去"兴味"、去"填空"、去创造，才能理解文学形象特有的艺术神韵。接受的过程也是一个创造的过程。因此，文学翻译是译者运用形象思维对原作审美因素的特殊体验，体现出比一般读者更为能动的创造。形象思维在翻译过程中既表现在译者对原文的理解，也表现在对原文的表达。

作为审美表现的文学翻译是一种渗透着译者创造性、复杂的脑力劳动，是各种翻译思维的互动。"翻译的实质不是对原作意义的还原，而是译者能动地理解诠释原作的过程，是主体自身存在方式的呈现，同时也是译者在理解他人基础上对自我本性的一次深化理解"。因此，抽象思维、形象思维、灵感思维贯穿于翻译的全过程。这不仅表现在译者对作品的理解阐释和语言层面的艺术再创造，而且体现于语言转换阶段。在这一阶段，译者更多的是关注如何再现原作的思想内涵、审美意蕴、语体风格。译者要调动读者和阐释者对原作的理解和审美，调动平生的体验和艺术感受力，融汇到语言表达中。如以下例句。

> My brain I'll prove the female to my soul,
>
> My soul the father; and these two beget
>
> A generation of still-breathing thoughts,
>
> And these same thoughts people this little world,
>
> In humors like the people of this world,
>
> For no thought is contented. The better sort,
>
> As thoughts of things divine, are intermixed
>
> With couples, and do set the world itself
>
> Against the word,
>
> ...
>
> While I stand fooling here, his Jack of the clock.

我要证明我的头脑是我的心灵的妻子，我的心灵是我思想的父亲；它们两个产生了一代生生不息的思想，这些思想充斥在这小小的世界之上，没有一个是满足的，像世上的人们一般互相倾轧。比较好的那些思想，例如关于宗教方面的思想，却和怀疑相混杂，往往援用经文本身攻击经文。……我却像钟里的一个机器人一样站在这儿，替他无聊地看守着时间。（莎士比亚：《理查二世的悲剧》）（朱生豪翻译）

Humor 作为名词在字典中的意思有三：一是幽默，二是感觉、心情、精神状态，三是体液。译者将"In humors like the people of this world"译为"像世上的人们一般互相倾轧"是在充分把握原作意旨上的"神译"，体现了"神中求信"的翻译策略。首先，联系上下文，我们发现，本场写的是理查二世在狱中的思想活动，而作为意识形态的思想冲突是异常剧烈的。译者以现实世界中人的倾轧来比思想意识的冲突，既顾其义又传其神，可谓"超以象外，得其环中"。这是他的高明所在。"神中求信"的翻译策略，首先，在于妙悟原文，将原作的思想、情感、气质、情调、意味等了然于胸，化为我有，翻译时才能高屋建瓴，下笔有神。其次，在于圆融的表达，传神是更高境界的达意。字字对译，貌似忠于原文，但往往字到意不到。傅雷精辟地指出："理想的译文仿佛是原作者用中文写作。那么原文的意义与精神，译文的流畅与完整，都可以兼筹并顾，不至于再有以辞害意，或以意害辞的弊病了。"所以，妙悟原文，离形得似，是"神中求信"的精髓。译者把"A generation of still-breathing thoughts."译为"产生了一代生生不息的思想"，既贴合原文，又符合译入语习惯。把 do set 译为"往往"收到了强调效果，把 word 译为"经文"贴合语境，因为下面紧接着就要援引《圣经》里的话。没有灵感，何得如此佳译？更妙的是，同位语结构 I, his Jack of the clock 变为主谓结构"我却像钟里的一个机器人一样站在这儿,替他无聊地看守着时间"。Jack 的对应词"机器人"是任何一本英汉字典里都找不到的。这种译文是炉火纯青的翻译技巧与灵感之光的珠联璧合。再如以下例句。

Their drug of choice was a potent intoxicant they called hashish. As their notoriety spread, these lethal men became known by a single word—Hassassin—literally "the followers of hashish". The name Hassassin became synonymous with death in almost every language on earth. (Angel and Demons : 32)

他们选择的是一种他们称为"黑煞"的烈性麻醉剂。随着声名狼藉的远扬,这些杀手逐渐被人们称为"黑煞星"——字面意思即"嗜黑煞者"。后来,"黑煞星"这个词几乎在每一种语言里都成了死的同义词。(丹·布朗:《天使与魔鬼》)(朱振武翻译)

hashish 与 hassassin 至今未收录在中国现有的英汉词典里,译者完全是在知识积累与实践的基础上,见景生情,触类旁通,创造了"黑煞星"这一新的形象。作为畅销书《达·芬奇密码》《天使与魔鬼》的译者,朱振武深谙灵感思维在翻译实践中的不可或缺。他颇有感慨地说:"翻译的灵感完全来自译者全身心的投入,厚积薄发,方可偶尔得之。主观和客观因素相结合,使译者的灵感汇聚到一个最佳点,其智慧得以充分发挥,激情达到顶点,从而产生灵感,获得一个新的感悟、形象和概念。"

由此可见,文学翻译中的灵感思维是译者长期理解、阐释、比较原作之后,经过艰苦的思索,以致达到废寝忘食的程度,突然无意之间获得的顿悟。这是一个既非直观可感又非逻辑理性的动态心理过程,以虚静为前提,以想象为中枢,以移情为目的。因此,抽象思维、形象思维是翻译思维的起点和基础,灵感思维是翻译思维发展的顶峰,是译者创造性的集中表征。

综上所述,文学翻译中的灵感思维是一种不容抹杀的客观存在,是我们无法回避的问题。但是在片面求"信"的翻译观念支配下,灵感思维常常被有意无意地忽略了。这可能源于一种错误的认识:强调文学翻译中的灵感思维,文学翻译就会失去客观的、精确的标准。诚然,追求"信"或"忠实"是翻译研究的主要目标和根本特征,"信"作为人们认识翻译的一种抽象规定性,是翻译发展史上的必经环节,然而,任何抽象的规定都是有局限性的,是相对的。"信"与"美"有矛盾的一面,也有统一的一面。对于"信",人们只能无限地趋近而不能百分之百地"对等"。因为文学翻译中的"忠实"绝不是愚忠,不是一个字对一个字的翻译。拙劣的译文只能传达信息,犹如"皎洁的月光充满稻草"(海涅)。这样做只能让读者不知所云,从而将文学翻译引入死胡同。

灵感思维在翻译实践中的意义绝不能等闲视之。可以说,没有灵感思维的参与,译者的翻译活动只能是机械的、浅层次的、无动于衷的,只能滞留于文字转换的层面上。反之,由于灵感思维的积极介入,译者在理解原文的过程中,能发掘、领略、欣赏其潜在的美,从而诱发创作的冲动,进入"柳暗花明又一村"的境界，创造出绝妙的译文。因此，正确认识文学翻译中的灵感思维，从而确认译者的主体性和创造性，对于文学翻译具有重要的理论意义和实践意义。

参考文献：

［1］ William Shakespeare. *Shakespeare Essay*. London : Hutchinson Publishing Group Ltd, 1986.

［2］杨自俭.英汉语比较与翻译［M］.上海：上海外语教育出版社，2004.

［3］余光中.余光中集（1-9）［M］.南昌：百花洲文艺出版社，2004.

［4］张今，张宁.文学翻译原理（修订本）［M］.北京：清华大学出版社，2005.

［5］钱锺书.林纾的翻译［A］.上海：上海古籍出版社，1979.

［6］陶伯华，朱亚燕.灵感学引论［M］.沈阳：辽宁人民出版社，1987.

［7］龚光明.翻译思维学［M］.上海：上海社会科学院出版社，2004.

［8］张经浩，陈可培.名家名论名译［M］.上海：复旦大学出版社，2005.

［9］什克洛夫斯基.艺术作为手法［M］.北京：中国社会科学出版社，1989.

［10］许渊冲.文学与翻译［M］.北京：北京大学出版社，2003.

［11］傅敏.傅雷谈翻译［M］.北京：当代世界出版社，2005.

［12］朱振武.相似性：文学翻译的审美旨归［J］.中国翻译，2006（2）：27-31.

论汪榕培对中国典籍翻译的贡献

卢　澄① 李春连②

摘　要： 汪榕培是我国著名的词汇学家、英语教育家，同时又是卓越的翻译家及翻译理论家。他在推动中国典籍翻译、培养译坛新秀和探索比较翻译等领域起到了非常关键的作用，并且在大量的翻译实践中提出了"传神达意"这一独创翻译原则。鉴于此，本文拟对汪榕培先生在中国典籍翻译中的成就进行梳理和研究，突显其对中国典籍翻译和中国文化 "走出去"的杰出贡献。

关键词： 汪榕培；中国典籍翻译；贡献

1　引言

汪榕培（1942—2017）是我国著名的英语教育家，先后为本科生和研究生开设过英国文学、美国文学、英美诗歌、英美戏剧、英语词汇学和典籍翻译等 10 余门课程，在长期的教学实践中，积累和总结了丰富的教学经验，形成了自己独特的教学理念，培养了一大批译坛新秀，并与门下学生在研究和翻译中国典籍的领域中自成一派；他又是著名的词汇学家，其《实用英语词汇学》（1983）是我国在英语词汇学术领域中的第一部专著，《英语词汇学教程》（1997）、《英语词汇探胜》（1999）和《英语词汇学研究》（2000）把这一领域的研究提升到一个新的水平；他还是一名笔耕不辍的翻译家，尤其在典籍翻译领域饮誉海内外，先后完成了《英译老子》《英译易经》《英译诗经》《英译庄子》《英译汉魏六朝诗三百首》《英译孔雀东南飞·木兰诗》《英译陶诗》《英译牡丹亭》《英译邯郸记》《陶渊明集》《邯郸记》等书籍翻译，可谓成果辉煌，其中 8 种书籍已入选《大中华文库》，为当今典籍英译翻译家中被选最多者，其翻译质量之上乘，可见一斑。20 年磨一剑的《汤显祖戏剧全集》（英文版）于 2014 年出版，这是迄今唯一一部汤显祖戏剧全集的权威译本，为中国文化"走出去"做了一件扎扎实实的

---

①卢澄：广西师范学院外国语学院副教授，研究方向为翻译理论与实践。

②李春连：广西壮族自治区博物馆职员，研究方向为民族典籍翻译。

工作。汪榕培不但身体力行做翻译，而且在长期的实践中，探索出自己的翻译原则——"传神达意"。本文拟对汪榕培在推动中国典籍翻译、典籍翻译的理论与实践、典籍翻译教学、比较与翻译等方面的成就进行梳理和研究，力图展示他在这些领域及为弘扬中国文化"走出去"所作出的杰出贡献。

2　中国典籍翻译的推动者

杨自俭在 2003 年苏州大学举办的第二届全国典籍英译研讨会上曾指出关于典籍的几个问题。一是关于典籍的界定问题目前尚无统一的认识，即何为"典籍"。二是关于汉语典籍英译的标准和过程问题。这涉及现有的翻译标准是否适合典籍英译以及古代典籍作品英译的过程，与一般文本的翻译过程有何不同。三是关于汉语典籍英译中的语言学问题（王宏、束慧娟：2004）。

对此，汪榕培根据自己的大量实践、考证，认为"典籍"有两个义项：一是古代重要的文献、书籍；二是法典、制度。"典籍"似界定为"中国清代末年（1911 年）以前的重要文献和书籍"，即中国的社会科学、自然科学等各个领域的典籍作品。"不但要翻译中国古典文学作品，还要翻译中国古典法律、医药、经济、军事、天文、地理等诸多方面的作品"，"也要翻译其他少数民族典籍作品。唯有如此，才能称得上完整地翻译中国典籍作品"（汪榕培、王宏，2009：7）。"中国古代典籍属于中国文化'文化资本'的文本。"典籍翻译与其他类型作品的"最大区别在于中国典籍具有丰富文化内涵，而文字方面的难度是次要的"。典籍翻译是对具有"文化资本"的文本通过笔译进行全文翻译（汪榕培、王宏，2009：7）。

这是迄今笔者所见对典籍翻译较为全面的论述，从中可以看出，汪榕培具有全局视野，不仅重视汉族的典籍，也不遗漏少数民族的典籍。例如，"自 2010 年 5 月起，在汪榕培的直接参与和指导下，在文学文本的研究中，值得一提的是少数民族文学文本的研究发展迅速，并取得一定的成果"（王维波、刘丽萍，2013）。同年，"在第六届全国典籍英译研讨会上，汪榕培提出'中国少数民族文化典籍英译研究'的主题，并提出在全国范围内系统地进行少数民族文化典籍的英译及研究"。其后，在汪榕培的指导下，王维波在大连民族学院组建了"东北少数民族典籍英译"团队，针对赫哲族史诗"伊玛堪"、达斡尔族史诗"乌钦"和锡伯族史诗"西迁之歌"开展研究，"在推动中国少数民族典籍英译的同时，也丰富了中国典籍英译的内涵"（王维波、刘丽萍，2013）。

汪榕培不满足于寻章摘句式的节译，而是强调"全文翻译"。早在 1995 年，汪榕培在《古典名著汉译外是我国文学翻译领域的短线》一文中谈到，《孙子兵法》《老子》等均是国外译者多年前的译作，且没有反映我国研究这些古典名著的最新成就；我国虽然也出版过若干新译，但"从总体来说，还没有有计划地、系统地、全面地通过我国自己的译者向国外的读者译介这样一批宝贵的财富"（汪榕培，1995）。"把中国传统文化以准确真实的本来面貌推向世界，反映当代中国学者对传统文化研究的最新成果，这一任务理所当然地落到中国译者的身上"（汪榕培，1997：前言）。

3 翻译理论与实践的集大成者

国内翻译界有"笔头下未过百万字不可轻言翻译"这样的名言，虽然其出处不明，但是读之有振聋发聩之效。在回顾、梳理古今中外的翻译活动之后，曹明伦得出结论："理论与实践相结合的道路永远都是翻译活动最理想的道路。"（汪榕培，1997：前言）

从前面所列的译著来看，汪榕培的笔下又岂止"百万字"？更难能可贵的是，汪榕培在大量翻译实践的同时，逐渐形成了自己的翻译原则——"传神达意"。这一提法最早见于汪榕培 1994 年所作的《传神达意译〈诗经〉》一文，并在以后多次阐述这一主张。"传神达意"虽寥寥四字，但言简意赅，内涵十分丰富。"传神"与"达意"并非并列关系，而是限定关系，即传神地达意。具体而言，要做到"传神"，译诗须形似、神似；"达意"则指字词达意、比喻达意（汪榕培，1994）。"在中国典籍英译的时候，既要照顾中国人的思维特征，又要照顾西方人的语言表达习惯，在中间取得平衡，用我的说法就是'传神达意'，更准确地说就是'传神地达意'。"（汪榕培，2013）

3.1 传神

诗歌是人类古老的文学题材之一，诗的语言应该是最精练、最有节奏的语言。翻译家思果（2001）认为："诗不但文字美，声音美，连形式也美。"柯平（1991）也认为："韵律是诗歌音乐性的主要来源，是诗歌语言区别于散文的明显标志，因而是诗歌翻译中的一个重要问题。韵律是宇宙生命体原始脉动的回声……韵律使我们有一种期待，又通过满足这种期待使我们感到踏实和愉快。"

然而，由于汉语诗歌与英语诗歌之间的巨大差异，在翻译过程中，诗歌原有的音律、意象、形式等常常无法保留，而这恰恰是诗歌的核心。正因如此，美国著名诗人弗罗斯特（Rorbert Frost）曾说："Poetry is what gets lost in translation."。（巴斯尼特与勒弗菲尔，Bassnett & Lefevere，2004：57）汪榕培对此并没有望而却步："就译诗而言，要给人原诗的生动逼真的印象，需要尽可能保持原诗的风貌，也就是通常所说的'以诗译诗'。从形式方面来看，诗节的行数，诗行的长短、节奏和韵律都能相同或相似，自然是最理想的，但从实践来看，要做到形似也不是一件容易的事情。"（汪榕培，1994）例如，在译《诗经·鸤斯》时，他认为英国的一种民谣体（Ballad Metre）与原诗相近，于是套用它来翻译，"也许英语读者更容易接受"（汪榕培，1994）。

"形似不易，神似不易，神形俱似更不易。""传情更重要的方面在于神似，也就是在精神实质上的相似。从这个意义上说'神似'必须达意才行，但又不同于字对字、句对句的对应，而是在精神实质上的对应或相似，从而给人以生动逼真的印象。"（汪榕培，1994）

换言之，"传神"不仅是传递诗歌的诗节、分行、节奏、韵律、意象等外在形式，还要传递其内在的意蕴，也就是从整个篇章出发，包括诗篇的背景、内涵、语气乃至关联和衔接等（汪榕培，2007）。"原始语的文本是固定不变的。但是，其内容可能会因人而异、因时而异，乃至因地而异有不同理解，从而产生不同的译入语文本；译入语所采用的形式和措辞也会因人、因时、因地而做出不同的选择；至于原文的言外之意，这种看不见摸不着的东西，则更是仁者见仁，智者见智了"（何刚强，2005）。

故此，汪榕培认为："从不同的角度出发，见仁见智都是对原著的不同理解，不能说是都背离了原著，根据不同的理解译成外语也不能都说成是错译或误译。"例如，对《螽斯》一诗就有不同的解读，或叙述，或祝愿，或歌颂。汪榕培经过推敲，最终确定它为祝贺之辞（汪榕培，1994）。同样，《老子》一书被解读为兵书，或"治世奇书"，或养生著作，可谓百家争鸣，各执一词，而汪榕培斟酌之后则将其当作道家学派的哲学著作来翻译。这也就是"译可译，非常译"（汪榕培，1992）。

3.2 达意

"达意"就是表达思想的意思，字、词、句、章各个层次都存在达意的问题。"译诗者的理解是他用外语表达的基础，只有他自己把握住原诗的精神实质才有可能把它'生动逼真'地再现出来。至于他能否做到，还涉及他的文字功底，以及两种语言的可转换性等多方面的因素。"（汪榕培，1994）

古籍翻译涉及二度翻译，即首先需将古语译成今语，再将其译成外语。但是，由于时间的推移，许多古字的含义或已经模糊不清，或存在一词多义的现象。"字词的字面意义的理解对于译诗的达意起着决定性作用。与此同时，修辞格的合理使用，对于达意也有着重要的作用。"（汪榕培，1994）《诗经》体大思精，比、兴是《诗经》里常用表现手法，刘勰在其《文心雕龙》第三十六篇专论比兴，"故'比'者，附也；'兴'者，起也"。"夫比之为义，取类不常：或喻于声，或方于貌，或拟于心，或譬于事。"而弗罗斯特说得更为直白："Poetry is simply made of metaphor."。（格林伯格与赫本，Greenberg & Hepburn，1961）由此可见，比喻在诗歌中所占的重要地位，而舍弃比喻，难免造成弗罗斯特所说的"gets lost in translation"，但若将螽斯（蝗虫）喻为寿星，英语读者又能否接受？汪榕培凭其对英美文学深厚的素养，分析了这一意象在目的语国家的可接受性，认为这一比喻不会造成理解上的困难，尽可以予以直译（汪榕培，1994）。

4 典籍翻译教学的佼佼者

无论是在理论上还是在实践上，汪榕培都下足了功夫，首先，1991年汪榕培的翻译实践从翻译《道德经》开始，到2002年他才开设翻译课程，在此期间虽然他已经出版了几本专著，但是他丝毫不以专家自居，而是翻阅了几百册不同类型的翻译理论书籍，一方面，他以批判的目光看待国外的各种思潮，认为这些翻译理论"有的则故弄玄虚，把简单的问题复杂了"（汪榕培，2012）；另一方面，他在教授"西方翻译理论流派"课程时，以教学相长、兼容并包的态度来对待之。在开设"中国典籍翻译"这门课程时，由于无现成的教材，他就亲自收集整理材料，并在教学上使用几年之后，才将其付梓出版。

其次，他在教学中"既讲授典籍翻译的理论、历史、流派和作品鉴赏，又让学生自己翻译"（汪榕培，2012）。在他的精心培育下，其学生也佳作迭出，译作累累。例如，他在苏州大学连续几年让学生参与翻译《吴歌精华》等6本涉及苏州文化的书籍，其中4本已出版，"这些具有浓厚的江南文化底蕴的代表作的翻译具有较高的社会价值和文化价值，受到读者的好评。有的译作有力地推动了相关项目成功申报中国和世界非物质文化遗产"（黄中习，2007）。其硕士生和博士生的翻译成果有《话说节日系列》（6本）、《中国民俗趣谈系列》（8本）、《中国经典文化故事系列》（5本）。还有一些学生翻译的《徐霞客游记》《茶经》《天工开物》已经被列入"大中华文库"系列出版（汪榕培，2012）。此外，汪榕培的部分学生已成为"民族典籍英译及研究的生力军"（荣立宇，2015）。例如，黄中习就直接参与了壮族典籍《布洛陀史诗》（壮汉英对照）的研究、翻译，该译著于2013年荣获中国民间文艺山花奖，黄中习的《中华对联研究与英译初探》是目前中国唯一一本详细研究对联翻译的专著；王维波在大连民族学院组建了"东北少数民族典籍英译"团队；等等。

正因汪榕培在典籍翻译实践与研究、典籍翻译教学方面的突出贡献，荣立宇将他与他的众多学生归为"苏州学派"，其特点是"立足苏州、覆盖东北、影响颇大、三辈传承、民族较多"（荣立宇，2015）。

5 比较翻译的探索者

汪榕培在其《比较与翻译》一书的前言里开宗明义："有比较才有鉴别。在对中国古典名著进行复译的过程中，已有的译本提供了鉴别的现成材料，使当代的中国译者有可能在借鉴前人成果的基础上，把更加完美的译本奉献给世界。"（汪榕培，1997）他在着手翻译《庄子》之前，就对比了十几种国内外的全译本和节译本，并充分吸收了中国对古典文学的研究成果，希望能呈现更好的译本，而他之所以要复译，是"出于对中国文化和比较文化的爱好"。为了证明诗歌的可译性，他从"中英文诗歌思想相通""中英文诗歌手法相仿"等方面进行了详尽的论述，如爱情与死亡是世界诗坛的主题，他将中英诗歌中的修辞手法做了详细的对比，分析其异同，如比兴与比喻、迭词与 Alliteration（头韵）等。在《两种文化，两种田园诗》一文中，他更是从定义、诗歌形式和中西文化等角度详细阐述了中国田园诗与西方田园诗之间的异同，以及由此造成的翻译障碍，并提供了自己的译文与之比较。"比较可以使各自的民族特色更加明显，使读者加深理解，甚至挖掘出许多以前受忽视的方面"（汪榕培，1998）。为了让西方读者更好地了解《牡丹亭》中杜丽娘的人物形象，汪榕培将其与莎士比亚笔下的朱丽叶做了详细的对比,并追根溯源地分析了由于文化的不同导致的东西方女子忧郁情结的差异。在此基础上,他参照莎士比亚的《罗密欧与朱丽叶》,把《牡丹亭》中的唱词与诗体部分"一律采用英语押韵的传统格律诗形式,这样做不但可以使译文跟原文的风格相接近,而且所产生的距离效果能使西方的读者更好地领略原著的风貌和感受原作的艺术魅力""诗体比散文体更有利于表现忧郁情结"(汪榕培,1999)。

类似的例子不胜枚举,比较翻译可以说是始终贯穿于汪榕培的翻译生涯。值得称赞的是,早在 1997 年,汪榕培凭其学术敏感性,就意识到比较翻译的重要性与独立性,"比较文学已经成为一门独立的学问;比较翻译是否也能成为一门相对独立的学问,目前还不得而知。由于这本小书是笔者不同时期的随感,没有形成任何完整的理论框架,姑且权当一门前途未卜的学问的开先河之作吧"(汪榕培,1997)。虽然汪榕培自谦并未提供比较翻译的理论框架,但是从其各阶段的翻译研究与实践来看,他不断地对其意义、原理、理论基础和实践方法进行探索,可谓功不可没。

6 结语

纵观其一生,汪榕培在词汇学、文学、典籍翻译等领域都取得骄人的成绩,而以典籍翻译领域尤为耀眼。通过前文考察不难发现,汪榕培在典籍翻译领域取得了以下成果:一是在他不遗余力的努力下,推动了中国典籍翻译的蓬勃发展;二是他在大量的实践基础上,提出了富有创见的"传神达意"这一翻译原则,并将之贯彻于自己的翻译当中,实践证明,这一翻译原则是行之有效的,他翻译的中国典籍不仅数量多,而且质量精,为弘扬中华文化作出了杰出的贡献;三是以理论与实践相结合的教学方式,培养了众多翻译新秀,他们传承了汪榕培的衣钵,在民族典籍翻译和研究领域开辟了新天地;四是为了使译文更精益求精,他积极借鉴、比较前人和国内外的翻译成果,探索了比较翻译这一领域,为后人的进一步研究提供了宝贵的财富。

目前,国内译界不少人以西方翻译理论马首是瞻、生吞活剥,或轻视翻译实践、空谈理论,像汪榕培这样既注重前人的研究成果、身体力行地翻译实践,又能从中提炼出自己的翻译理论的翻译家并不多见。因此,我们在研究汪榕培对中国典籍翻译的贡献时,更要学习他"不唯洋,不唯书"的精神,切切实实地将理论与实践相结合,为中国文化"走出去"添砖加瓦。

参考文献:

[1] Bassnett, Susan & André, Lefevere. *Constructing Cultures Essays on Literary Translation*. Shanghai : Shanghai Foreign Language Education Press, 2004.

[2] Greenberg, R.A.&J.G.Hepburn. *Robert Frost : An Introduction.* New York : Holt, Rinehart and Winston, Inc., 1961.

[3] 曹明伦.翻译之道：理论与实践 [M].上海：上海外语教育出版社，2013.

[4] 陈福康.中国译学史 [M].上海：上海外语教育出版社，2011.

[5] 何刚强.翻译的"学"与"术"：兼谈我国高校翻译系科（专业）面临的问题 [J].中国翻译，2005（2）：32-35.

[6] 黄中习.文化典籍英译与苏州大学翻译方向研究生教学 [J].上海翻译，2007（1）：56-58.

[7] 柯平.英汉与汉英翻译教程 [M].北京：北京大学出版社，1991.

[8] 荣立宇.中国民族典籍英译研究三十五年（1979—2014）：基于文献计量学的分析 [J].民族翻译，2015（3）：28-37.

[9] 思果.翻译研究 [M].北京：中国对外翻译出版公司，2001.

[10] 汪榕培.译可译，非常译：英译《老子》纵横谈 [J].外语与外语教学，1992（1）：25-30.

[11] 汪榕培.传神达意译《诗经》 [J].外语与外语教学，1994（4）：11-15.

[12] 汪榕培.古典名著汉译外是我国文学翻译领域的短线 [J].外语与外语教学（大连外国语学院学报），1995（1）：9-10.

[13] 汪榕培.比较与翻译 [M].上海：上海外语教育出版社，1997.

[14] 汪榕培.两种文化，两种田园诗 [J].外语与外语教学（大连外国语学院学报），1998（1）.

[15] 汪榕培.杜丽娘的东方女子忧郁情结：《牡丹亭》译后感之一 [J].外语与外语教学（大连外国语学院学报），1999（10）：54.

[16] 汪榕培.《诗经》的英译：写在"大中华文库"版《诗经》即将出版之际 [J].中国翻译，2007（6）：33-35.

[17] 汪榕培，王宏.中国典籍英译 [M].上海：上海外语教育出版社，2009.

[18] 汪榕培.我和中国典籍英译 [J].当代外语研究，2012（5）：2-3.

[19] 汪榕培.中国典籍英译的几点认识 [J].燕山大学学报（哲学社会科学版），2013（3）：7-8.

[20] 王宏，束慧娟.理论与实践紧密结合，广度与深度齐头并进：第二届全国典籍英译研讨会述评 [J].中国翻译，2004（1）：36.

[21] 王维波，刘丽萍.对从事典籍英译研究作者群的文献计量分析 [J].大连民族学院学报，2013（4）：354-357.

孙艺风翻译思想研究

宁丽芬①　袁斌业②

摘　要：孙艺风是我国当代研究成果比较丰硕的翻译学者。本文从孙艺风对翻译目的的认识、对翻译本质的认识、对译者素养的认识、对不可译性的多元认识、对翻译距离的认识，以及对中国文化"走出去"战略的认识六个方面对其翻译思想进行分析与归纳，研究得出其翻译思想呈现实践性、多元性与深刻性的特点，最后对其翻译思想进行评价。对孙艺风翻译思想进行研究有助于推动中国翻译理论的建设。

关键词：孙艺风；翻译思想；特点；价值

"20世纪是翻译的世纪，20世纪百年翻译史是人类翻译史上的黄金时代，中国翻译发展史是一部辉煌灿烂的中华文明发展史的缩影。"（王秉钦，2004：3）中国翻译思想发展史经过了五个关键历史时期，每个历史时期都造就了一批杰出的翻译家，孙艺风就是我国当代著名的翻译学者之一。孙艺风既是中国翻译协会的理事，又是国际翻译与跨文化研究协会（International association for Translation and Intercultural Studies，简称 IATIS）的副主席。经过长期的翻译实践，孙艺风对翻译具有独特的见解，其有关的翻译研究成果涉及面广，论述深刻。本文主要从孙艺风对翻译目的的认识、对翻译本质的认识、对译者素养的认识、对不可译性的多元认识、对翻译距离的认识，以及对中国文化"走出去"战略的认识六个方面对其翻译思想进行研究，总结其翻译思想特点，并对其翻译思想进行评价。

1　孙艺风翻译思想

1.1　对翻译目的的认识

对翻译目的的认识，孙艺风在《翻译规范与主体意识》一文中写道：

---

①宁丽芬：广西师范大学外国语学院硕士研究生，研究方向为翻译理论与实践。
②袁斌业：广西师范大学外国语学院教授，研究方向为翻译理论与实践、外语教学。

> 翻译的终极目的是交际沟通……因此，在翻译研究中……从传统的以源语言为着眼点转移到更加注重译文在译入语系统的接受。……因此需要根据具体情形以及在重写过程中出现的问题进行适度的变通（孙艺风，2003）。

针对翻译目的，孙艺风主张"翻译的终极目的是要进行跨文化交流"，即跨文化、跨地区、跨国界的交流，而杨宪益主张"翻译是以文化移植为目的的跨文化传播活动"。可见，孙艺风更加注重如何增强译文在译入语系统的可读性与可接受性，其观点具有更大的涵盖力，更是对"翻译是以文化移植为目的的跨文化传播活动"的一种传承与发展。针对跨文化交流出现的交际障碍，孙艺风认为译者"需要根据具体情形以及在重写过程中出现的问题进行适度的变通"才能成功实现跨文化交流。

1.2 对翻译本质的认识

对翻译本质的认识，孙艺风在与何刚强、徐志啸的会谈中说道：

> 翻译没理由受一个僵化定义所局限，因为翻译本质所反映的可相互替代的弹性在不同语言文化里是不一样的，有时甚至是大相径庭的。进一步而言，学者的个体差异也会从不同的角度描述和定义翻译。……翻译本是一种变量，不是固化的概念，本质上涉及跨文化交流，交流的目的达到了，翻译才算有意义，才算成功（孙艺风，2014）。

从上述文字可以看出，孙艺风主张"翻译是一种变量，不是固化的概念"的观点，即不同的历史阶段、不同的文化背景或不同的译者对翻译的定义是不同的。换言之，孙艺风认为对翻译本质的认识应呈多元化，应鼓励不同译者发表自己的观点，这样才能丰富翻译理论，促进翻译理论的繁荣与发展。此外，孙艺风还认为翻译"本质上涉及跨文化交流，交流的目的达到了，翻译才算有意义，才算成功"。这一观点与何刚强先生强调的"翻译的本质，主要还是沟通，主要是把意义传达出去"（转引自孙艺风，2014）有相似之处，两者都强调了翻译的本质与跨文化交流相关。孙艺风提出的"翻译是一种变量，不是固化的概念"的思想为我国长期以来对翻译本质问题争议不休的状态指明了方向，促进了我国翻译理论的健康发展。

1.3 对译者素养的认识

"译者素养指的是译者在特定社会、文化情景下创造性地求解翻译问题、生成翻译产品所需的自主意识及其实践"（李瑞林，2011）。对如何提高译者素养这一问题，翻译界长期以来进行了深入探讨。对此，孙艺风在《翻译与跨文化交际策略》一文中指出：

> 文学翻译的一个常识性道理，似乎往往被人忽略，就是加强译者的文学修养，包括文学语言的修炼。……对于英语不是母语的中国译者来说，加强英语阅读与写作，更是必不可少的功夫。……缺乏跨文化素养和相关知识，容易漠视文化异质性（孙艺风，2012）。

从上述文字可以看出，孙艺风对如何提高译者素养提出了具体的方法。首先，翻译文学作品需要译者有一定的语言能力，译者只有不断加强自身的语言能力才能提高译作的可读性与可接受性。其次，译者需要通过不断阅读英美名著，丰富自身词汇并获取多样的表达方式，进而提高阅读与写作能力。再次，译者需要培养自身跨文化素养与跨文化知识，汲取促进自身发展的语言养料，最终获取无限的成长空间。最后，译者需要提高自身将"文化知识转换成共享知识"（孙艺风，2016）的能力。孙艺风对译者素养的认识具有进步性，其提出译者需要培养自身的跨文化素养与跨文化知识的主张是新时代对译者提出的新的要求，具有划时代的意义。

1.4　对不可译性的多元认识

不可译性包括文化层面的不可译性与语言层面的不可译性。而"语言的'异质性'是不可译的核心"（霍米·巴巴 Homi K.Bhabha，1990：314）。对不可译性的认识，孙艺风在《翻译与跨文化交际策略》一文中写道：

> 不可译而译之，是常态。……对于不可译的部分，不加必要的干预、调整，乃至改造，强行"译出"，容易跌入诘屈聱牙的陷阱。……不可译肯定不是恒定不变的，而是不断地处于变化的状态，从而产生新的翻译形态，游移于可译与不可译之间。……所有的有关可译性和可读性的讨论都可以置于跨文化交际的框架下（孙艺风，2012）。

对不可译性的认识，孙艺风指出，首先，"不可译而译之，是常态"，即对待不可译性，译者常对不可译部分进行"必要的干预、调整，乃至改造"。其次，不可译性是运动变化的。孙艺风指出，不可译性"处于运动变化的状态，从而产生新的翻译形态，游移于可译与不可译之间"，即一方面随着跨文化交流的日益加强，人们对异国语言文化有了更深的认识，使得原本不可译部分变得可译；另一方面由于异国语言文化的日益发展，译者如不能及时更新对异国语言文化新内涵的理解，最终导致原本可译的部分转变为不可译。最后，孙艺风认为所有有关不可译性、可译性与可读性的探讨都可以在跨文化交际的背景下进行，三者是一种相互影响、相互依赖的关系。由此可见，孙艺风对不可译性的认识呈现多元化的特点。

1.5　对翻译距离的认识

孙艺风曾对翻译距离进行了探讨，认为翻译涉及多种距离。其在《翻译的距离》一文中写道：

> 如果译文同原文之间的翻译距离过长，明显偏离原作（体现在无节制的归化翻译）……译文读者无法近距离地体验异质他者。可以说，任何成功的翻译几乎肯定得归功于最佳的翻译距离，这是动态的距离，避免了太近或太远距离的极端取向，显示了足够的灵活性，很好地平衡了客观距离和人为距离（孙艺风，2013）。

从上述文字可以看出，翻译距离过短意味着限定性太强，导致译者没有足够的空间对原文作出适当的调整、适量的挪用以及适量的改写，而翻译距离过长则会导致译文偏离原作并拉大了译文读者与原作的疏离感，因而译者需要"人为地制造距离，获取行动的自由"（阿罗史密斯，Arrowsmith，1961：148）。对此，孙艺风提出了"最佳翻译距离"这一观点。"最佳翻译距离"是一种动态距离，它要求译者对翻译距离进行调整与把握，按距离的远近捕捉翻译对象，并在调整翻译距离的过程中不断寻求"最佳翻译距离"从而形成最佳翻译策略，最终顺利完成翻译任务。"最佳翻译距离"不仅给译文读者带来不同的透视感，还可以带来不同的阅读与审美体验。孙艺风提出的"最佳翻译距离"这一观点丰富和深化了我国翻译理论，促进了我国翻译理论的繁荣。

针对原文具体细节的处理问题，孙艺风在《翻译的距离》一文中还指出：

> 不同的语境化造成不同的视觉感受和观看距离，这情形颇有点类似摄影的对焦，具象化文本的某些部分，挑选出具有典型代表意义的部分或特色进行翻译，而不是全景式的翻译……焦点的调整及创造更大的空间可体现灵活性，文化与审美的距离也随之产生变化（孙艺风，2013）。

在翻译过程中，孙艺风认为针对原文某些具体细节的处理，译者可以采取"焦点调整论"的方法对其进行处理。"焦点调整论"是指译者对原文具体细节进行距离调整的过程，这一过程类似摄影的对焦过程，即如果想突出原文某一个具体的细节，译者可以拉近对焦距离从而拉近翻译距离，对其实现清晰化处理；相反，译者可以拉远对焦距离从而拉远翻译距离，对其实现模糊化处理，"焦点的调整及创造更大的空间可体现灵活性"。孙艺风提出的"焦点调整论"这一观点不仅为译者处理原文具体细节提供了一个全新的方法与视角，而且为翻译方法与翻译策略作出了重要贡献。

1.6 对中国文化"走出去"战略的认识

对中国文化"走出去"战略的认识，孙艺风在《翻译与跨文化交际策略》一文中指出：

> 西方汉学家的首要任务是自己做研究……英国大学进行各个学科的评估，分为几个等级，其中最高的一项是"世界领先"。就算霍克斯译的《红楼梦》是"世界领先"，那也不是一个评估周期内可以完成的。……如此看来，指望西方汉学家去完成我们"走出去"的文化使命，怕是不太现实。……中国文化要走向世界，必须要有足够的读者群体，要吸引各类读者，而不只是某一类读者群。……要想突破僵局，取得预想的效果，需要了解译入语读者的审美习惯，要想变逆为顺，不妨投其所好，作出适度妥协，向译入语读者提供他们可接受的跨文化产品（孙艺风，2012）。

从上述文字可以看出，孙艺风指出了国人把翻译中国文学作品的最佳人选寄托在西方汉学家身上的想法是不妥当的，原因主要有两点：首先，"西方汉学家的首要任务是自己做研究"，而翻译与研究是两个不同的概念；其次，国外对研究人员设立评估机制，而翻译耗时长，无法在评估周期内完成。因此，从耗时角度来看，翻译的"风险"太大以至于西方汉学家不敢轻易从事专职翻译。

针对如何成功实施中国文化"走出去"的战略，孙艺风提出了具体的方法。首先，译者在处理译文时应将普通大众的心理、知识水平等因素考虑在内；其次，为了避免译文过度强调原汁原味给读者带来阅读困难而产生抵触心理的现象，译者对翻译可以使用"包裹糖衣"的策略，投其所好，向目的语读者提供他们可接受的译作；再次，译者需要了解目的语读者的审美心理，尽量提供符合目的语读者审美要求的译文；最后，译者要提高素质，加强自身的文学修养和文化自信，用酣畅淋漓的译文，使我们的文化真正"走出去"且广泛传播到世界各地。由此可见，孙艺风不但为中国文化"走出去"战略指明了方向，而且还从翻译视角提出了中国文化"走出去"的具体方法，具有划时代的指导意义。

2 孙艺风翻译思想特点

通过对孙艺风的翻译思想进行研究，我们发现其翻译思想具有以下特点。

一是实践性。纵观孙艺风有关翻译的论述，其翻译思想具有实践性的特点。尤其是在论述翻译距离时，提出了"最佳翻译距离"与"焦点调整论"，这为译者处理翻译难题，尤其是处理原文某些具体细节提供了具体有效的解决方法。此外，其对中国文化如何有效地走向世界也提出了具体方法，如增强自身的文化自信、采取"包裹糖衣"策略等都具有实践性，对译者具有指导作用。

二是多元性。孙艺风论述翻译问题呈现多元化的特点，尤其是其对不可译性问题的论述尤为突出。首先，孙艺风认为不可译不是固化的，而是处于不断运动变化的状态，不可译部分随着跨文化交流的日益加强可以转变为可译；其次，孙艺风还指出不可译而译之是一种常态，译者针对原文不可译部分进行必要的干预、适度的调整、适量的变通乃至适度的改造；最后，孙艺风从不可译性、可译性、可读性三者之间的相互影响、相互依赖的关系看待不可译问题。由此可见，孙艺风对翻译问题的论述不是单一的，而是注重多元性认识。

三是深入性。孙艺风对翻译距离以及翻译本质的探讨与分析更加深入。孙艺风分析问题的深刻性还得到了何刚强的高度赞赏。何刚强曾评论："我很欣赏他的学术涵养和他对问题的看法，他分析问题的深刻性，还有分析理论和实践问题的犀利性。"孙艺风对"最佳翻译距离"与"焦点调整论"的阐述不仅逻辑清晰而且论述深刻。此外，孙艺风在论述"翻译是一种变量，不是固化的概念"的观点时，将其观点解释为"翻译的本质应随着时间与空间的不断变化而变化"。可见，孙艺风对"翻译本质"的论述不仅用词精确而且论述深刻。

3 孙艺风翻译思想的价值

3.1 开辟了中国多方位的翻译思想认识渠道

作为我国当代研究成果比较丰硕的翻译学者，孙艺风非常重视从不同角度看待翻译的不可译性问题，有着较为独特的翻译认识观。此前，我国翻译学者对不可译性问题的研究大多呈现单向的特点，而孙艺风对翻译的不可译性的认识则呈现多维度、多角度与多元化的特点。孙艺风对翻译的不可译性的多元认识，开辟了我国多方位的翻译思想认识渠道，为我国研究和探讨翻译问题提供了一种全新的、多维度的视角。

3.2　丰富了中国翻译理论，推动了中国翻译理论的构建

孙艺风对翻译目的、翻译本质、译者素养、不可译性的探讨，以及提出的"最佳翻译距离"与"焦点调整论"的观点丰富了中国翻译理论，推动了中国翻译理论的构建。此外，孙艺风也是我国将不可译性、可译性、可读性置于跨文化交流框架下进行探讨的领路人，不仅为我国翻译界探讨和研究翻译理论与实践提供了一个崭新的视角，而且为丰富我国翻译方法与翻译策略、繁荣翻译事业作出了重要贡献。

孙艺风翻译思想的形成是循序渐进的，而且是与他大量的翻译实践综合在一起的结果。对孙艺风的翻译思想进行研究不仅有利于丰富中国翻译理论，而且有利于推动中国翻译理论构建的形成与发展。孙艺风对翻译目的、翻译本质、译者素养、不可译性、翻译距离以及中国文化"走出去"的认识，值得我们研究、借鉴与学习。

参考文献：

［1］Arrowsmith, William. Artificial Horizon : Translator as Navigator. In R.Shattuck (Ed.). *The Craft & Context of Translation : A Symposium.* Austin : University of Texas Press, 1961：41–154.

［2］Bhabha, Homi K. Dissemination : Time, Narrative, and the Margins of the Modernation . In Homi K. Bhabha (Ed.). *Nation and Narration.* London : Routledge, 1990：291–322.

［3］李瑞林.从翻译能力到译者素养：翻译教学的目标转向［J］.中国翻译，2011，32（1）：46–51.

［4］孙艺风.翻译规范与主体意识［J］.中国翻译，2003（3）：5–11.

［5］孙艺风，何刚强，徐志啸.翻译研究三人谈(上)［J］.上海翻译，2014（1）：10–15.

［6］孙艺风，何刚强，徐志啸.翻译研究三人谈（下）［J］.上海翻译，2014（2）：13–17.

［7］孙艺风.翻译与跨文化交际策略［J］.中国翻译，2012，33（1）：16–23.

［8］孙艺风.文化翻译的困惑与挑战［J］.中国翻译，2016，37（3）：5–14.

［9］孙艺风.跨文化语境下的意识形态：兼论翻译的功能与作用［J］.四川外语学院学报，2003（6）：108–113.

［10］孙艺风.翻译的距离［J］.中国翻译，2013，34（6）：5–12.

［11］王秉钦.20世纪中国翻译思想史［M］.天津：南开大学出版社，2004.

我国新时代翻译价值探析

李琳娜①

摘　要： 在新时代中国文化"走出去"战略的背景下，传统翻译价值观面临新的挑战。本文基于翻译研究传统中有关翻译价值的文献梳理与反思，试图结合新时代的相关理论与现实关怀，探析我国新时代的翻译价值。本文认为，翻译不可避免地涉及价值。这不仅体现于翻译本身具有的价值，同时还受制于社会的价值体系。现代翻译价值观与传统翻译价值观已不可同日而语，探析符合新时代特征的翻译价值具有重要的理论与现实意义。

关键词： 翻译研究；翻译价值；中国文化"走出去"

1　引言

翻译必然涉及价值。翻译价值问题是翻译研究中的一个重要话题，我国翻译研究领域的诸多知名学者都曾围绕该话题有过精辟论述（贺麟，1940；许钧，2003；吕俊、侯向群，2009；方梦之，2013；刘云虹、许钧，2017）。方梦之指出："一个独立的社会群体往往会有一套完整的价值体系。面对翻译，人们遵从特定的价值基准而抱有一套信念、原则和标准。"（方梦之，2013：17）由此而言，翻译原则、翻译标准的确立都基于特定语境下的翻译价值观，翻译行为必然以一定的价值追求为目的。许钧甚至认为，翻译作用、翻译功能、翻译影响及翻译价值这些词语，"虽然意义有所区别，但就本质而言，指的都是翻译活动应该起到或所起的作用"。因此，"在这个意义上，建立翻译的价值观，可为我们进行翻译评价与批评提供理论的基础"（许钧，2003：379）。令人遗憾的是，尽管翻译价值理论早已提出，并且取得了一定的研究成果，但并未取得长足发展，也未得到应有的关注，导致该领域的研究至今仍未能进入主流的研究视野，长期以来翻译价值理论徘徊于翻译研究的边缘，甚至在方梦之主编的《中国译学大辞典》中也未曾作为条目予以收录。有鉴于此，本文拟借鉴前人有关翻译价值的

---

① 李琳娜：河南艺术职业学院讲师，研究方向为英美语言文学、翻译理论与实践。

研究成果，结合中国文化"走出去"战略这一特定的新时代背景，尝试探析我国新时代的翻译价值观。

2　关于翻译价值

吕俊、侯向群认为，以本体论、认识论、价值论和方法论作为基本理论的哲学理论体系中，"价值哲学是哲学的应有之义"，并且，"只有价值哲学才真正把客观世界与人类主体联系在一起，并导致社会实践的哲学思想"（吕俊、侯向群，2009：23）。作为一门独立的系统学科，翻译研究无疑涉及本体论、认识论、价值论和方法论。翻译研究的价值论体现于对翻译本质、功能及其标准的论述。在翻译史的很长一个时期中，人们对于翻译价值的认识往往是单向度的，只是注重于译文是否忠实地体现了原文的形式与意义。这种翻译价值取向，集中表现于西方译学先驱泰特勒（Alander Fraser Tytler）倡导的"翻译三原则"。但是，在现代翻译研究视野中，尤其在后现代主义冲击下，翻译研究本身理论纷呈，功能学派、文化学派、操纵学派、解构主义、女性主义等翻译理论纷纷涌现，促使人们对于翻译价值的认识不再局限于原文与译文之间的对应关系，社会、历史、文化乃至政治意识形态纷纷进入翻译研究视野，进而拓展了评判翻译价值的取向，导致翻译价值理论呈现出多元互补的趋势，翻译价值的范畴已经得到宽泛拓展。2003年，许钧在总结前人研究的基础上，从翻译价值的五个方面进行探讨：翻译的社会价值、文化价值、语言价值、创造价值和历史价值（许钧，2003：380-395）。方梦之则认为"翻译价值一般侧重于社会文化价值、美学价值和学术价值"（方梦之，2013：17-20）。不难看出，许钧和方梦之对翻译价值的分类，既有重叠之处，也有所区别，特别是方梦之提出翻译的学术价值，更是具有独到见解。但是，从两位学者对翻译价值的划分来看，我们可以发现，他们都是从翻译自身价值的立场论述翻译价值，其视角是探讨翻译所发挥的作用或者功能，未触及翻译价值对于翻译的反作用。其实，我们对翻译价值的关注，不能只局限于翻译本身所发挥的价值，还应该认识到外部因素对于翻译价值发挥的逆向价值。毕竟，价值是一种关系存在，与社会惯例、规范、规则等因素紧密相连，"价值是客体属性对主体需要的满足，所以它涉及客体与主体两个方面，价值是主客体关系在人们头脑中的反映。离开主体或离开客体，都不可能产生价值问题"（吕俊、侯向群，2009：10-11）。因此，我们对翻译价值的认识，不能脱离其特定的社会文化背景和历史性语境，在认识翻译对于其他价值的作用时，也要认识到其他价值对于翻译价值的逆向作用。纵观翻译史，凡是取得成功的翻译，无不与其具有明确的价值定位有关，只有将翻译自身的价值与特定时期的价值需求完美地结合起来，才能真正体现出翻译自身的价值。

毋庸置疑，在许多翻译研究理论的视野中，翻译价值的体现是翻译所发挥的功能或者翻译所要达到的目的。比如，诺德在谈到翻译功能时就指出："翻译能够使不同文化社团的成员进行交流，消弭由于文化环境不同所造成的言语、非言语行为、期望、知识与观点等方面的隔阂，使得信息发出者与接受者能有效地进行交际。"（C. Nord，2005：22）这实际上可以理解为翻译的交际价值。而交际包括了信息的发出者和信息的接受者，因而其功能或者作用体现于交际双方的关系之中。于是便出现这样一种状态：对于一方产生作用或者达到目的，但是对于另外一方却不会产生作用或者未达目的，从而导致交际价值的缺失和或者失衡。因此，单从翻译的功能或者目的来探讨翻译价值，不能揭示出翻译价值的全部。从这个视角来说，虽然功能、作用、目的、标准等都与翻译价值密切相关，但又并不完全相同。不同的研究方向具有各自独特的理论与应用意义。

3 翻译价值的理论意义

查阅国内有关翻译价值的讨论，对于许钧和方梦之论述过的翻译的社会价值、文化价值、语言价值、创造价值、历史价值、美学价值都有所涉及。但是，方梦之提出的学术价值，似乎并没有得到应有的关注。方梦之认为："翻译的学术价值并不在于翻译作为一项实践活动本身，而是通过翻译，或以翻译为手段，人们进行学术研究，从而体现它的理论意义。"（方梦之，2013：19）放眼当下的人文社会科学，无不将翻译纳入其研究视野之中。有些学科，比如比较文学和文化研究，借助翻译研究拓展了其研究范畴，重新提高了其研究影响力。可以说，翻译的学术价值得到了大力彰显。同时，我们也应该清醒地认识到，其他学科对翻译的关注，都是基于该学科发展的需要，都是出于各自学科的学术关怀，它们关心的是翻译对于它们的学术价值。因此，翻译对于其他学科的学术价值，并不能机械地演变成翻译研究本学科的学术价值。要想真正有效地挖掘翻译对于翻译研究本身的学术价值，就必须在翻译研究学科发展的需要上，开展学科性研究。在此方面，吕俊、侯向群依据价值理论探讨翻译批评，无疑为翻译研究和探索翻译的学术价值开启了一个值得借鉴的模式。

吕俊、侯向群在《翻译批评学引论》中以价值论为基础建构其翻译批评学体系。他们认为，翻译批评学是运用评价理论对翻译中的合乎规律性及合乎目的的统一关系的揭示与认识，因此"翻译批评所涉及的理论是翻译理论，而翻译批评学的理论则是评价理论，评价理论是价值理论的一部分，它是以价值哲学为基础的"（吕俊、侯向群，2009：15）。所谓评价，就是将人们的认识水平从一般认识论水平提升到价值论水平。而"翻译活动既是一种事实存在，又是一种价值存在，作为事实存在，它有它的本质特征和规律，而作为价值存在则表征着能满足人类进步与社会发展需要的性质"（吕俊、侯向群，2009：19）。然而，"翻译批评的标准不应从翻译理论中推导，不是依据某种翻译理论为理论基础，而是应以价值学中的评价理论为依据"（吕俊、侯向群，2009：27）。诚然，以价值论作为翻译批评学的理论基础，只是吕俊、侯向群一家之言，必然也有其他的学者会采取其他的理论为基础建构翻译批评学。况且，时代的发展也导致翻译批评范畴的扩大，虽然以文本为对象的翻译批评已经不再能够满足当下翻译批评学发展的需要，但是这种以价值论作为翻译批评学基础建构的翻译研究，的确为研究翻译价值提供了一个很好的模式。

翻译规范研究也特别强调翻译价值。正如赫曼斯所说："规范的内容就是特定群体对正确或合理现象的观念。规范的指导力能够确保并维持这些观念的价值。我们的假设是一般价值，通过规范这一有效成分转换为具体行为的指导方针和敦促因素。群体的主导价值以及主导规范体现了群体的权力等级。"（克里斯蒂娜·谢芙娜，2018：74）

4 翻译价值的现实关怀

对于翻译价值的认识，必然与人们对翻译的认识相关联。"时代在不断发展，我们对翻译的思考也要与时俱进，这一点毋庸置疑。"（刘云虹、许钧，2017）在新时期，翻译研究迎来了前所未有的机遇，对翻译的认识提出新的挑战，进而影响了人们对于翻译价值的认识。一个无可争议的事实就是：一方面，翻译自身的价值在新时代更加彰显；另一方面，社会文化背景对于翻译价值的作用也随之增强。随着中国文化"走出去"战略的推行，中国文化的外译数量与日俱增。在此背景下，人们对翻译价值的认识必然发生倾斜。在传统的翻译价值观中，人们关注的是翻译对目的语文化、文学以及意识形态等方面的价值，但在新时代，从中国文化"走出去"的立场考量翻译价值，我们在关心翻译对于译入语国家的价值时，也必然要考量翻译对中国文化"走出去"的价值，因而引发通过翻译如何"走出去"、如何"走进去"的思考，进而也引发了翻译研究视角的拓展。目前许多翻译研究与大数据研究相结合，采取收集专业读者的译评，调查目的语读者对译本的阅读反应，搜集图书再版数据、图书馆藏情况、网上图书销售数据及书评数据、读者反馈、出版商业数据等路径。这些研究途径，无疑都是基于考察翻译价值而展开的有效研究。中国现当代文学英译通过对 20 世纪上半叶中国现代小说在英语世界的翻译和传播的研究，不仅有助于我们把握此时中国文学的整体外译特点和外译价值，还有利于展开对翻译主体、翻译选材、翻译策略、译作传播与接受等方面的现实关怀。

从新时代中国文化"走出去"的视角审视翻译价值，我们可以发现，当下对于翻译价值的认识并没有超越翻译自身价值，往往局限于翻译的社会、文化、历史、创造、审美等方面的价值，呈现出认识的简单化和工具化倾向，而对于实现这些价值的机制、政策、路径却未能深入有效地探析，从而阻碍了中国文化"走出去""走进去"。"实际上，要探讨翻译的作用，既可以是描写性的，也可以是探究性的。描写性的研究侧重于对历史的梳理与总结，而探究性的思考则是从一定的翻译观和翻译价值出发，对翻译应该具备何种功能、凸显何种价值进行深入的理论研究。"（刘云虹、许钧，2017）而做这样的理论研究，如果不能从翻译及翻译研究学科发展的现实关怀出发，势必导致对翻译价值的认识只是停留在不切实际的隔岸观火层面，对于解决中国文化"走出去"并不能提供真正有益的策略。

5　结语

"翻译的价值是多方面的。"（刘云虹、许钧，2017）如何认识翻译的价值并形成科学的翻译价值观，直接关乎如何选择中国文化"走出去"的策略、路径与模式，因而具有重要的理论与现实意义。但是，"无论为翻译定位，还是认识把握翻译的价值，都要考察翻译是在何种历史、社会、文化语境中展开的，并思考翻译活动在这样的语境中所欲达到的目标"（刘云虹、许钧，2017）。从新时代翻译研究学科发展而言，科学的翻译价值观不能只是局限于翻译的作用，而是要充分考虑实现翻译价值的语境、主体以及相关政策、机制，并且在科学的原理上对翻译价值进行科学定位和系统探讨，彰显翻译的学术价值。

参考文献：

[1] 克里斯蒂安·诺德.译有所为：功能翻译论阐释 [M].张美芳，王克非，译.北京：外语教学与研究出版社，2005.

[2] 方梦之.应用翻译研究：原理、策略与技巧 [M].上海：上海外语教育出版社，2013.

[3] 克里斯蒂娜·谢芙娜.翻译与规范 [M].傅敬民，译.北京：外语教学与研究出版社，2018.

[4] 吕俊，侯向群.翻译批评学引论 [M].上海：上海外语教育出版社，2009.

[5] 许钧.翻译论 [M].武汉：湖北教育出版社，2003.

[6] 刘云虹，许钧.翻译的定位与翻译价值的把握：关于翻译价值的对谈 [J].中国翻译，2017（6）：54–61.

《大学》外译的译者主体性
和主体间性探讨

张文静①　易永忠②

摘　要：《大学》是儒学经典"四书"之一，论述了修身、治国和平天下的儒家思想。在推动儒家思想对外传播的背景下，对其进行英译显得尤有价值。本文以林语堂和辜鸿铭的《大学》英译本为研究对象，以原作者、译者和读者三个主体之间的关系为切入点，探究译者主体性和主体间性在《大学》英译中的体现，以期为中国典籍外译提供一点参考。

关键词：《大学》；译者；主体性；主体间性

基金项目：本文系桂林电子科技大学研究生创新项目"'一带一路'视域下桂商史料整理及其英译研究"（编号 2018YJCX113）的阶段性成果。

1　引言

《大学》由曾子创作于春秋末期，原为《礼记》的第四十二篇。南宋时期的朱熹将《大学》《中庸》《论语》《孟子》合编为"四书"，并将《大学》列为"四书"之首。《大学》论述了修身、治国和平天下的儒家思想，明确提出了道德修养的基本原则和伦理规范，成为中西方读者解读儒家思想的重要途径。"传统文化是文化强国的基石，加大对外输出中国传统文化的典籍作品，是典籍翻译工作者神圣的历史使命。"（陈梅、文军，2013）在推动儒家思想对外传播的过程中，对《大学》的英译研究尤显重要，与此同时，译者的主体性和主体间性在《大学》英译过程中的发挥与体现也值得关注。林语堂和辜鸿铭的《大学》英译本（以下分别简称林译和辜译）在国内得到了广泛的认可和关注，因此，本文以这两人的英译本为研究对象，从原作者、译者和读者三个主体之间的关系角

①张文静：桂林电子科技大学外国语学院硕士研究生，研究方向为英语笔译。

②易永忠：桂林电子科技大学外国语学院教授，硕士生导师，研究方向为翻译理论与实践。

度探究译者主体性和主体间性在《大学》英译中的体现，以期为中国典籍外译提供一点参考。

2 译者的主体性和主体间性概述

2.1 译者的主体性概述

"译者的翻译动机、翻译目的，他所采取的翻译立场，他所制订的翻译方案，以及他所使用的翻译方法使译者成为翻译中最积极的因素。"（伯曼，Berman，1995）从这个角度讲，译者是翻译活动的主体，他的态度、方法和立场一旦确立，就确定了自己的位置。"在对某一文本进行翻译时，无论译者如何努力进入作者的思想感情或是设身处地把自己想象为作者，翻译都不可能纯粹是作者原始心理过程的重现，而是对文本的再创造。"（迦达默尔，Gadamer，1975）这种再创造不是译者的盲目创造，而是基于作者理解上的再创造。

国内有两种概念对译者主体性进行了较为全面的界定。"译者主体性是指作为翻译主体的译者在尊重翻译对象的前提下，为实现翻译目的而在翻译活动中表现出的主观能动性。"（查明建、田雨，2003）"译者的主体性是指译者在受到边缘主体或外部环境及自身视域的影响制约下，为满足译入语文化需要在翻译活动中表现出的一种主观能动性，它具有自主性、能动性等特点。"（屠国元、朱献珑，2003）以上两种定义均体现出译者的主体性在于译者主观能动性下的发挥。由此可知，"译者作为翻译的主体，在对原作的翻译活动中可以能动地改造原作，从而使原作为译者主体服务"（刘畅，2016）。

2.2 译者的主体间性概述

译者并非翻译活动中的唯一主体，他所发挥的作用与原作者、读者的主体作用紧密相连。因此，在翻译活动中译者的主体间性是基于对原作者和读者多重主体因素的综合考量。主体间性是 20 世纪西方哲学中凸现的一个范畴，这一概念最早由胡塞尔提出，后经海德格尔、迦达默尔等发展，由哈贝马斯引入生活。在主体间性发展的过程中，其概念的内涵不断得到发展与完善。"主体间性也叫主体际，是指两个或两个以上主体的关系。主体间性是主体间即'主体—主体'关系中内在的性质。"（唐桂馨，2008）"主体间性又叫主体交互性，是自我主体与对象主体间的对话、交往，意味着主体间的权利的平等、尊重和多元的价值相互依存，实现对等的生存法则。"（李国鹏，2014）主体间性体现的是一种主体间和谐共存的关系。在翻译过程中，作为两种文化的中间媒介，译者主体必须表达原作者的真实情感，符合读者的期待，在翻译时需要采取适当的变通和补偿手段，以尽量消除或减少不同语言间的差异造成的隔阂。

3 探讨《大学》中译者的主体性和主体间性

3.1 译者与原作者

原文本是创作家审美创造主体性的对象化和符号化，是有主体性参与的语言。它不仅是原作者思维的载体，也是连接原作者与读者的纽带，因此，翻译的理解与阐释都离不开译者与原作者的对话。无论译者与原作者是否达成一致性的见解，对作品意义的理解和深入总是发生在对话关系中。原作品中总是蕴含着作者的生平和经历，潜藏着原作者内心深处的情感；原作者总是希望能透过字里行间的信息实现与读者的互动，从而使读者能够接受自己的思想。如果译者不与原作者建立对话关系，那么译者对原作的理解则易成为主观臆断，译者也将失去翻译的客观性。因此，译者应与原作者处于平等位置。译者在与原作者谋求同等地位的同时，也应充分发挥译者的主体性作用，即在忠实、准确、完整地表达原文信息的基础上，体现译者自身的主观能动性和创造性。

例 1. 大学之道，在明明德，在亲民，在止于至善。(《大学》)

林译：The principles of the higher education consist in preserving man's clear character, in giving new life to the people, and in dwelling (or resting) in perfecting, or the ultimate good. (林语堂，2009)

辜译：The object of a Higher Education is to bring the intelligent moral power of our nature; to make a new and better society (lit. people); and to enable us to abide in the highest excellence. (辜鸿铭，2017)

林译和辜译都遵从了原文的句式结构，运用短句结构，使译文读起来短促有力，并富有节奏感。原文连续使用了三个由"在"开头的短句，林译连用三个由 in 开头的短句、辜译连用三个由 to 开头的短句与之对应，实现了原文与译文在形式上的一致，符合目的论的连贯原则。对于"大学"一词，林语堂译为 the higher education，辜鸿铭译为 a Higher Education。在古代社会中，"大学"一词有两个含义：一是指"博学"；二是指相对于"小学"而言的"大人之学"。联系下文可知，原作者在该句中提出了做人的基本准则，并未特指某个学习阶段，因此，此处的"大学"应指"博学"。通读整句话可知，原作者在此处的目的是，希望读者能够树立他所倡导的道德规范，因此，林译和辜译符合目的论的目的原则和忠实原则，充分表达了原作者的思想感情及其对读者的期望。从译者的主体性的角度讲，两个译本都打破了直译法的限制，译者在发挥主观能动性的基础上采用了意译法，凸显了文字背后"大德"的哲理内涵，实现了译者与原作者的统一。

例 2. 君子贤其贤而亲其亲。(《大学》)

林译：Future princes respected what they respected, and loved what they loved. (林语堂，2009)

辜译：The higher classes appreciate their great qualities and love them. The lower classes are made happier and enjoy the benefits derived from their work. (辜鸿铭，2017)

原文使用了"贤其贤"和"亲其亲"的短语结构。"贤"和"亲"在句中重复出现，但其意义和词性均有差异。在"贤其贤"中，两个"贤"的词性分别为动词和名词。在"亲其亲"中，两个"亲"的词性也分别为动词和名词。通读原文可知，原文富有韵律美，读起来朗朗上口。林译将"贤其贤"译为 respected what they respected，将"亲其亲"译为 loved what they loved。与原文对比可知，译文与原文在结构上保持一致，遵从了原文的表达顺序，表现了原文的韵律感，体现了目的论的忠实原则和连贯原则。辜译虽未使用重复词语，但其属于顺句翻译，也体现了目的论的忠实原则。

3.2　译者与读者

"译文读者在翻译研究的过程中是主动的参与者，译者在翻译时必须将译文读者纳入考虑范围，须充分考虑读者的接受力、社会文化背景、接受力等因素。"（侯敏，2010）译者与译文读者之间要形成主体间性，译文必须为译文读者所接受、所理解，进而与原文读者产生共鸣。译者在翻译过程中所面临的对象既有原文本也有想象中的"隐含的读者"，二者缺一不可，只有三者结合在一起才能构成一个完整的循环，即原文本—译者—译文读者—原文本。译者必须关注读者的期待和诉求，因为只有拥有读者的译文才具有生命力。译者与读者常常处于同一文化氛围中，因此译者能在与读者进行沟通的基础上深入了解读者的阅读层次和阅读水平，进而把握读者的审美取向和期待视野。

在关注读者地位的同时，译者还必须关注原文对读者的呈现程度。"作者在创作时往往对自己的意向读者与个人的共有知识进行了大体推测，然后省略一些他认为与读者共有的且无须赘言的文化信息。"（侯敏，2010）如果译者不与读者进行对话，也不对作者删除的文化信息进行补充说明，那么翻译将会出现意义真空，而读者的理解也将出现断层现象。在此情况下，译者需要"填补这种对于原文作者以及原文读者来说心知肚明而对于译者以及译文读者却扑朔迷离的异语文化的缺省，让译文读者也享受到原文读者同样的文学情趣"（宋晓春，2005）。

例 3. 有德此有人，有人此有土，有土此有财，有财此有用。（《大学》）

林译：If he has character, then he has the people with him; if he has the people with him; then he has authority over a territory; if he has authority over a territory, then he has wealth; and having wealth, he then can get things done.（林语堂，2009）

辜译：Who has the moral qualities, has the people; who has the people, has the land; who has the land, has the revenue; who has the revenue, has the power to use it.（辜鸿铭，2017）

从句式结构上看，原文由短句组成，各部分之间相互独立，并无任何衔接词。从原文的深层内涵上看，各个短句之间逻辑清晰、环环相扣，体现了层层递进的逻辑关系。基于此，译者在翻译原文时，也应在准确传达原文含义的基础上，再现原文各部分的逻辑关系。

从表达上讲，原文中的"有人""有土"和"有财"重复出现，林译和辜译在译文中也相应地采用了重复式的表达。该译法符合目的论的忠实原则和连贯原则。从逻辑结构上讲，原文中每组短句之间都体现了"如果……那么……"的语义关系，若对原文进行直译，则无法明确体现原文的逻辑关系，因此，译者需要在译文中加入逻辑连接词，对这层关系进行补充说明。林译运用了"if...then..."的结构，表明短句的前半部分为条件，后半部分为结果，各个意群环环相扣，体现了目的论的目的原则和连贯原则。辜译虽然保留了原文的句式结构，但并未在译文中添加逻辑关系词。与辜译相比，林译的逻辑表达更清晰。译文读者在阅读译文时，只需借助译者提供的逻辑关系词，便可毫不费力地理解原文的系统性和条理性。

《大学》中有多处与该句特点相同的句式，如传八章中"宜其家人，而后可以教国人"。该句体现了"只有……才……"的逻辑关系，译者在翻译时只要补充逻辑关系词，扮演好译者作为协调者的角色，发挥译者的主体性与主体间性的作用，就可以实现译者与译文读者的统一。

例 4. 心广体胖，故君子必诚其意。(《大学》)

林译: A big hearted man also has big proportions. Therefore a superior man must make his will sincere. (林语堂，2009)

辜译: When the mind is free and easy, the body will grow in flesh. Therefore a gentleman must have true ideas. (辜鸿铭，2017)

"君子"是中国儒家思想中特有的概念，西方文化中并不存在这一概念。《大学》的译文针对的是受西方文化影响的读者，如何使读者正确理解并接受"君子"这一外来文化概念，是译者必须思考的问题。林译将"君子"表达为 a superior man，而辜译将"君子"表达为 a gentleman。在中国的儒家文化中，"君子"指具有高尚的道德品行的人。superior man 意为优秀出众的人，符合君子的形象特征，无论是中国的源语读者还是西方国家的目的语读者，都可接受这一文化概念。两种译文都采用了异化翻译，用西方文化中的相近词来实现文化意义上的对等，通过这种方式，目的语读者很容易理解"君子"一词所代表的崇高人格。从文化传播上讲，两种译文都考虑了译文读者的接受度和社会文化背景，都在一定程度上体现了原文的内涵，既不会给目的语读者造成困惑，也避免了文化差异引起的冲突。在林译和辜译中，译者都充分考虑了读者的地位及译文的可接受性，在忠实于原文的基础上发挥主观能动性，寻求目的语读者最易接受的方式翻译原文，实现了译者与译文读者的统一，符合目的论的目的原则和忠实原则。

对《大学》进行英译旨在传播中国儒家文化，让世界听见中华文化的声音。在翻译时，译者可以目的论为指导，在译文中适当凸显中华文化的特色。例如，可将"君子"一词译为 virtuous man，虽然目的语读者对"君子"这一概念比较陌生，但 virtuous 一词对目的语读者而言是可接受的，因此，virtuous man 不会影响原文"君子"含义的表达，不会给读者造成理解上的难度，也不会违背目的论的目的原则。该翻译方式可使读者在理解原文的基础上获得对中国"君子"这一概念的全新认知，这也是译者发挥主体性与主体间性的体现。

4 结束语

在翻译过程中，译者面对的是两种异质文化所展现的意识形态世界之间的碰撞。因此，译者只有发挥主体性，将抽象的主体具体化，才能为读者呈现出原作品真实而又丰富的世界。"翻译活动主要是在原作者、译者和读者三个主体的交互作用中进行的，即翻译是在'原作者的创作—译者的翻译—译文读者的接受'三个不同层面上共同进行的。"（冯岩松，2010）本文对林语堂和辜鸿铭的《大学》英译本进行了对比分析，探究了译者主体性和主体间性在《大学》英译中的体现，得出译者作为穿梭于作者与读者之间的媒介，必须在充分发挥主体性的作用的同时积极寻求各个主体之间的平衡，进而促进不同思想与文化的交流与传播这一结论。

参考文献：

［1］ Berman Antoine. *Pour une Eiritque des Traduetions : John Donne* . Pairs: Editions Gallimard, 1995.

［2］ Hans-Georg Gadamer. *Truth and Method* . London : Bloomsbury Academic，1975.

［3］ John Benjamins. *Translation and Cognition* . Amsterdam : John Benjamins Publishing Company, 2010.

［4］ 陈梅，文军.《中庸》英译研究在中国［J］.上海翻译，2013（1）：21–25.

［5］ 冯岩松.由翻译的主体间性透视翻译的本质［J］.内蒙古农业大学学报（社会科学版），2010，12（1）：329–331.

［6］ 辜鸿铭.辜鸿铭译《论语》《大学》《中庸》（英汉双语）［M］.北京：北京工业大学出版社，2017.

［7］ 侯敏.翻译研究本体中的主体间性特征［J］.中北大学学报（社会科学版），2017，26（6）：91–93.

［8］ 林语堂.孔子的智慧［M］.北京：外语教学与研究出版社，2009.

［9］ 刘畅.阐释学理论视野下译者主体性的彰显［J］.上海翻译，2016（4）：15–20.

［10］ 宋晓春.主体间性与译者［J］.山东外语教学，2005（4）：88–91.

［11］ 唐桂馨.从翻译的主体到主体间性［J］.西南民族大学学报（人文社科版），2008，29（S3）：131–133.

［12］ 屠国元，朱献珑.译者主体性：阐释学的阐释［J］.中国翻译，2003（6）：8–14.

［13］ 查明建，田雨.论译者主体性：从译者文化地位的边缘化谈起［J］.中国翻译，2003（1）：21–26.

论译者主体性在中国古诗词翻译中的体现

——以李清照《声声慢》（节选）六个译本为例

章　潇① 韦储学②

摘　要：译者主体性在中国古诗词翻译中有诸多表现，其发挥的效果甚至直接影响译文的质量。本文以李清照《声声慢》（节选）的六个译本出发，分别从节奏感的把握、增添主语、词汇选择、行文安排方面探讨译者主体性的发挥。研究发现，译者在诗歌翻译过程中应该做到"创而有度"。

关键词：主体性；诗词英译；李清照；《声声慢》

基金项目：本文系 2017 年广西学位与研究生教育改革课题"翻译概论课程的教学与实践研究"（编号 JGY20170059）的阶段性成果。

1　引言

　　翻译是一种跨文化交际活动，需要译者在原作者和译入语读者之间搭建起一座沟通的桥梁。徐岚认为："一门富有创造性的艺术活动，不能脱离译者的主观性而存在。译者具有主体性，他是翻译实践的主体，如果没有译者这一主体，任何翻译活动都不能完成。"从译者主体性视角分析诗歌翻译的研究越来越受到学者关注。孙梦璐探讨了译者主体性在中国古典诗歌翻译中的体现。宋春艳从译者主体性角度分析了李清照诗词的英译。李睿婕、张轶前、杨艳蓉和赵莉分别探索了许渊冲译者主体性在李清照《声声慢》英译本中的体现。从现有研究成果来看，目前国内有较多学者从译者主体性角度出发，研究了李清照的诗词英译，但较少有人从几个不同译本中专门研究李清照《声声慢》开篇中 14 个叠字的英译。尽管陈慰从译者的主体间性角度对李清照《声声慢》开篇中 14 个叠字的

---

　　①章潇：桂林电子科技大学外国语学院硕士研究生，研究方向为英语笔译。

　　②韦储学：桂林电子科技大学外国语学院教授，硕士生导师，研究方向为英语教学、翻译理论与实践。

英译展开了研究，但是他仅对唐安石的单个译本进行了分析。基于此，本文将结合《声声慢》六个不同译本进行分析，探讨译者主体性在其翻译中的体现及其对译文质量的影响。

2 译者主体性概述

金胜昔和林正军认为："译者主体性是翻译主体性的一个次级范畴，包含解构原作和建构译作时进行的两轮概念的整合。体现在作为翻译主体的译者，在尊重客观外部翻译要素（主要是源语作者、源语文本、译语读者、两种社会语言文化等）和承认其自身主观认知状况制约的前提下，在整个翻译活动中所表现出来的主观能动性，主要体现为创造性。"实际上，译者是源语向译入语转变的第一责任人，译者既是创造者，又是"戴着镣铐的舞者"，他们必然也受到"镣铐"的束缚。译者的主观能动性不能因为译者在翻译过程中的主体性而盲目夸大。

3 李清照《声声慢》简介

李清照的这首词——《声声慢》，作于其夫赵明诚病故之后，充分展现了其晚年生活的黯淡、清冷和凄苦。原文共 97 个字，其中，有 57 个字是舌齿音，有 76 个字是趋于闭口的阴性字，阳性字只有 21 个字，实属利用阴性字构诗的典范之作。特别是开篇这 14 个叠字都是发音开口度小的阴性字，构成 7 个双声叠韵词，而且阴性程度最低的"i"音充满全句，易于传递负面情绪，把李清照内心的寂寞、彷徨、欲哭无泪的负面情绪一一呈现出来。

《声声慢》

寻寻觅觅，冷冷清清，凄凄惨惨戚戚。

乍暖还寒时候，最难将息。

三杯两盏淡酒，怎敌他、晚来风急？

雁过也，正伤心，却是旧时相识。

满地黄花堆积，憔悴损，如今有谁堪摘？

守著窗儿，独自怎生得黑！

梧桐更兼细雨，到黄昏、点点滴滴。

这次第，怎一个愁字了得！

4 译者主体性在李清照《声声慢》（节选）诸译本中的体现

在这首词中，"寻寻觅觅，冷冷清清，凄凄惨惨戚戚"这 14 个叠字是整首词最大的亮点，充分体现了作者的真实内心世界，其英译版本也是全词中被学者研究、翻译最多的一部分。本文将对这六个不同译本中译者主体性的体现方式进行比较和赏析。

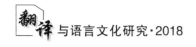

4.1 把握节奏感

许渊冲先生在译诗过程中注重译文的"音美""形美"和"意美"。这里的"音美"可以理解为由诗词的格律、韵律等创造出来的声音效果，主要体现在译文的节奏感上。

译文 1：

I pine and peak,

And questless seek.

Groping and moping to liner and languish,

Anon to wander and wonder, glare, stare and start.

译文 1 由爱尔兰人唐安石（John Turner，1909—1971）所译。唐安石认为，"英译中国古典诗词应该体现原诗词表现手法上的流畅与精巧，思想情感上的活泼与生动，句法结构上的和谐与优美"。因此，他在翻译诗词过程中非常重视韵律和节奏的把握，该译本体现了他作为翻译主体在翻译原则上的自主选择性并以此形成了自己独特的翻译风格。例如，文中的 peak、seek 是押尾韵；pine、peak，liner languish，wander、wonder，stare、start 是押头韵；而 groping、moping，glare、stare 则是押行内韵，音乐的节奏感呼之欲出。

译文 2：

So dim, so dark,

So dense, so dull.

So damp, so dank, so dead!

译文 2 由林语堂所译。林语堂采用了双声方法，层层递进，译文体现了两大特色。其一，他创造性地重复使用了 so 这个词。反复使用同一个词，不仅增强了原词的语气和节奏感，还传达了作者内心深处无可奈何之情感。其二，巧妙利用英语发音特色传递文内情感。dim、dark、dense、dull、damp、dank、dead 这几个词全部押头韵"d"音，这个音是发音器官受阻较大，且能折射情绪压控的清辅音。这两大特色既是原作双声叠韵词的形式再现，也是原作情感内容的再现。

4.2 添加主语

汉语中多无主句，而在英语中，主语是不可缺少的成分。尽管诗歌的语言表达灵活多样，具体指称对象可有可无，但有时由于译者对原作的理解和感受不同，创造性地增添主语反而能获得出其不意的良好效果，使得读者能够站在原作者的立场上把握全文，从而可以更好地理解原作者的思想。

译文 3：

①I look for what I miss,

　I know not what it is,

　I feel so sad, so drear,

　So lonely, without cheer.

②I seek but seek in vain,

I search and search again.

I feel so sad, so drear,

So lonely, without cheer.

译文 3 由许渊冲所译。许渊冲虽没有过分追求译文与原作在形式上完全对应，但依然再现了原作的风采。最突出的一点就是他采用了第一人称表达法，使用了 7 个主格形式 I。一方面，这种安排符合英语的表达习惯，使得作品情感的传译有了具体的人物指称；另一方面，前三行每行均以 I 字母开头，不仅起到了强调作用，还给读者带来了一定的视觉冲击，体现了译者的创造性。其效果就是，形象地刻画出了作者如诉如泣的形象，加深了读者对作者孤单一人，独自承受丧夫之痛的感同身受。

4.3 选择恰当词汇

诗歌创作的选词往往带有一定的不确定性，往往会出现一词多指甚至一词多义的现象。在进行英译时，译者很难找到能够完全对应原文意思的词汇。同时，也因为译者选词的自主性，所以选择恰当的词汇对有效表达原作内容和思想至关重要。

译文 4:

Searching, seeking, endlessly,

Alone, lonely,

Moody, gloomy.

译文 5:

Seeking, seeking,

Chilly and quite,

Desolate, painful and miserable.

译文 4 为朱纯深的译本，译文 5 为杨宪益和戴乃迭的译本，这两个版本都没有过于追求格律或押韵，最大的特点体现在选词的独特性上。译文 4 的第一行，译者先后选用了 search 和 seek 这两个词意相同的词来译"寻"，译文 5 则两次使用 seek 一词。在一定程度上，search 指代的搜索范围更广，而 seek 所指的寻找范围更为抽象。这也恰好是作者当时四处奔走、漫无目的寻夫的真实写照。除此之外，译文 4 的译者还创造性地增加了副词 endlessly，意思是"不断地、无穷尽地"，对应了原文中"觅"一词的"反复地寻求探索"之意。在译"冷冷清清"时，译文 5 中的 chilly 一词用得十分巧妙，它不仅意指寒飕飕的天气，还指人感到沮丧、寒心、恐惧。充分体现了作者触景生情后内心的绝望，这比译文 4 的第二行单纯地用 lonely（孤独地）一词来表达"冷清"之意更接近原文语义。另外，译文 4 和译文 5 中所用的 moody、gloomy、desolate、painful、miserable 这几个词均用来指人心情沮丧、情绪低落、愁眉不展、喜怒无常、令人觉得受伤的等情感。因此，译者选择的词汇十分贴切地对应了原作中的"凄凄惨惨戚戚"之意。

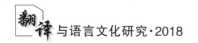

4.4 注意行文安排

译本的排版在一定程度上也体现了译者的"创造",如采用分行、缩进以及书写时在空间上整体向左或右位移等,以形成译本在视觉和空间上的交错,从而让译入语读者更直观地感受到原作在情感表达上的特殊性。

译文 6:

Searching and searching, seeking and seeking,

so chill, so clear,

dreary,

    and dismal,

    and forlorn.

可以看出,译者在译文布局上采用的缩进、分行安排显得别出心裁,体现了译者在翻译过程中主体性的发挥。在译作的最后三行,每行仅有一至两个单词,在形式上首先给读者一种零碎、松散之感。这也恰好与原作营造出的万物凋敝、人心悲凉之意境不谋而合。并且,dreary 这个词指"沉闷而枯燥",dismal 指"凄凉而忧郁",forlorn 指"绝望而孤独"。可见,译者也似乎有意利用这三个词的含义,层层递进,逐个加强,最终达到升华情感的目的。

5 结语

本文通过比较《声声慢》(节选)开篇中 14 个叠字的六个不同英译本,从把握节奏感、添加主语、选择恰当词汇,以及注意行文安排等方面探讨了译者主体性的有效发挥对确保译本质量的重要性。尽管这六个译本均为上乘之作,且在一定程度上都体现了译者的创造性,但就创造的"度"来说,掌握得更好的数许渊冲的译本和林语堂的译本。许渊冲的译本不仅创造性地还原了原作第一人称的叙事方式,用词上还巧妙地运用了音似且较多使用闭口"i"音,再现了原诗带给读者情绪上的压抑感。林语堂的译本在结构上接连使用 so 加形容词起强调作用,最大限度地还原了原作所要表达的思想感情,降低了译入语读者的阅读难度。正如中国文学评论家朱光潜和钱锺书所说,译文最好能做到"从心所欲,不逾矩",译者既要发挥主观能动性,又不能违反客观规律。因此,译者在翻译中国古诗词时,必须在认真理解原作、原作者以及译入语读者的基础上,在原作和译文之间恰当把握自己,合理发挥创造性,把源语所要传递的意义有效传递出去,实现翻译的目的。

参考文献:

[1] John Tumer. *A Golden Treasury of Chinese Poetry*. Hong Kong : The Chinese University Press, 1976.

[2] Stephen Owen. *An Anthology of Chinese Literature : Beginnings to* 1911. New York : W.W.Norton & Company, 1996.

［3］徐岚.论译者的主体地位［M］.中国科技翻译，2005（3）：56-59.

［4］孙梦璐.译者主体性在中国古典诗歌翻译中的体现［J］.重庆第二师范学院学报，2016（3）：67-71.

［5］宋春艳.从译者主体性角度分析李清照词的英译［D］.上海：上海外国语大学，2010.

［6］陈慰.浅谈翻译主体间性：基于李清照《声声慢》十四叠字的英译研究［J］.北方文学（下半月），2011（9）：143-143.

［7］金胜昔，林正军.译者主体性建构的概念整合机制［J］.外语与外语教学，2016（1）：116-121.

［8］仲伟合，周静.译者的极限与底线：试论译者主体性与译者的天职［J］.外语与外语教学，2006（7）：42-46.

［9］郦青.李清照词英译对比研究［D］.上海：华东师范大学，2005.

［10］林语堂.林语堂英文作品集：古文小品译英［M］.北京：外语教学与研究出版社，2009.

［11］许渊冲.汉英对照宋词三百首［M］.长沙：湖南出版社，1996.

［12］杨平.名作精译：《中国翻译》汉译英选萃［M］.青岛：青岛出版社，2003.

［13］聂鑫森，杨宪益，戴乃迭.古诗苑汉英译丛：宋词（汉英对照）［M］.北京：外文出版社，2001.

［14］许渊冲.西风落叶［M］.北京：外语教学与研究出版社，2015.

文化与翻译

目的论视角下的《骆驼祥子》
两个英译本赏析与批评

王家新①　龙　翔②

　　摘　要：本论文将从目的论角度，对《骆驼祥子》第四章的两个英译版本，即施晓菁和葛浩文的译文进行对比，分别从目的原则、连贯性原、忠诚原则对《骆驼祥子》两个英译本进行分析比较。通过比较，笔者发现两位译者在翻译过程中都根据自己的翻译目的灵活地选择翻译策略，在翻译中都遵从了连贯性原则。在具体翻译实践中，当忠诚原则与目的原则产生冲突时，两位译者都优先考虑了目的原则。此时虽然译文没有完全忠诚于原文，但译文也更好地向目的语读者表达了原文内容。

　　关键词：翻译目的论；《骆驼祥子》；赏析与分析

1　前言

　　《骆驼祥子》的作者是我国著名作家老舍先生。老舍先生在这本小说中讲述了中国旧社会人力车夫祥子的悲剧故事。作者通过这部小说揭露了中国旧社会的黑暗统治，表达了对劳动人民的深刻同情（严火荣，2013）。在小说第四章，祥子将逃兵丢下的三匹骆驼卖了 35 元钱后，病倒在海甸（今北京海淀区）的一家小店里。他与三匹骆驼的关系借由他的梦话被别人听去。从此他便有了"骆驼祥子"的绰号。然后祥子又回到人和车场，将卖骆驼剩下的钱寄存在刘四爷那里，希望买一辆属于自己的人力车（李明，2010）。在目的论的指导下，笔者选取小说第四章的两个英译本进行比较研究。这两个译文版本分别是：1979 年华人译者施晓菁的译本 *Camel Xiangzi* 和 2010 年葛浩文的译本 *Rickshaw Boy*。

　　①王家新：桂林电子科技大学外国语学院硕士研究生，研究方向为翻译技术研究。
　　②龙翔：桂林电子科技大学外国语学院教授，硕士生导师，研究方向为语用与翻译、外语教育理论与实践、跨文化传播与管理、语言经济学。

2 《骆驼祥子》两个英译本作者简介

施晓菁，副教授，出生于南京。少年时期在日内瓦度过。在北京大学中文系毕业后，又考入北京外国语大学联合国译训班，主修英汉同传。1979 年，外文出版社出版了她翻译的《骆驼祥子》英译本。2004 年，香港中文大学出版社出版了她翻译的《骆驼祥子》中英文对照版。

葛浩文，美国著名的汉学家，印第安纳大学中国文学博士学位。我国著名作家莫言的 2012 年诺贝尔文学奖获奖作品《蛙》的英译本就是葛浩文翻译的。葛浩文作为地道的美国人，自然了解英语读者的阅读习惯与兴趣，他的作品最能打动英语读者。2010 年，哈珀柯林斯出版集团（Harper Collins）出版了葛浩文翻译的《骆驼祥子》英译版。

3 翻译目的论概述

20 世纪 70 年代，著名德国学者弗米尔提出了翻译目的论。目的论有三大基本原则：目的原则，连贯性原则，忠诚原则（邱志鹏，2017）。

首先是目的原则，目的原则是目的论的首要原则，通常指的是译文的交际目的。在目的原则指导下，译者可以灵活选用翻译策略与方法处理译文与原文的差异，以方便目的语读者的理解（陈静，2016）。

其次是连贯性原则，连贯性原则指译文语内连贯（陈静，2016），即译文具有可读性和可接受性。一是译者翻译出的译文必须符合目的语的语言结构。中文与英文有着截然不同的语言结构，所以译者在翻译时，需要使译文符合目的语的语言结构。如果译文中语法错误较多，会影响目的语读者的阅读体验。二是译者在翻译中要照顾目的语读者的阅读习惯，以使译文可以被目的语读者理解并接受。

最后是忠诚原则，忠诚原则是由诺德提出来的，旨在弥补目的论的不足。翻译活动不同于创作，译者介于原文作者与目的语读者之间，不能随心所欲对原文进行修改。译者应首先保证译文能够传达出原文的内容，然后再对译文进行处理，以使译文更加符合译者的翻译目的。所以原文是译者翻译的基础，译者不能直接越过原文进行翻译活动。

《骆驼祥子》是一本小说，目的论能否用于指导翻译小说呢？首都师范大学张爱平学者在论文《浅谈目的论在文学翻译中的指导作用》中认为：目的论可以用来指导文学翻译。译者可以通过了解原语作者文本特点、语言的形式以及译文读者的需求，选择合适的翻译策略与方法进行翻译，以译出既忠实于原文又富含情感的优秀译文来（张爱平，2012）。在接下来的部分，笔者将从目的论的角度对摘自两个译本的案例进行译文赏析与批评。笔者希望通过分析这两个英译文对原文中特色词汇的翻译策略，为笔者以后翻译学位论文实践材料打下基础。同时，也希望对中国小说的英译研究贡献自己一份力所能及的力量。

4 《骆驼祥子》两个英译本的译文比较分析

例1."祥子在海甸的一家小店里躺了三天,身上忽冷忽热,心中迷迷糊糊,牙床上起了一溜紫泡,只想喝水,不想吃什么。"(老舍:《骆驼祥子》)

施晓菁译:For three days, Xiangzi rested in a small inn at Haidian, now burning with fever, now shivering with cold, his mind a blank. Purple blisters had appeared along his gums. He was racked by thirst but had no appetite.

葛浩文译:Xiangzi was laid up for three days in a little inn in Haidian, chilled one minute and feverish the next. He was in a fog, his mind a blank, purple blisters had erupted on his gums. All he wanted was water, he had no appetite.

对小说主人公名字的翻译,施晓菁与葛浩文都采取了音译的方式,将"祥子"译为"Xiangzi"。该译文极大地保留了原文的语言特色。笔者认为这是目的论中忠诚原则的典型体现。为了弥补目的论的不足,诺德提出了忠诚原则。笔者认为译者作为连接原文作者与目的语读者之间的桥梁,不能离原文作者过近或过远,也不能离目的语读者过近与过远。翻译就像"戴着镣铐在跳舞",脱了脚镣便不再是翻译,而是创作。施晓菁与葛浩文对于主人公名字的翻译采用了音译的翻译策略,保证了译文能够传达出原文的内容。笔者认为施晓菁与葛浩文的译文虽然中规中矩,但是保留了中文特色,不会影响目的语读者阅读体验。

例2."祥子极慢地立起来,找到了个馄饨挑儿。"(老舍:《骆驼祥子》)

施晓菁译:Slowly he stood up and made his way to a peddler selling Dumpling soup from a portable stove.

葛浩文译:Moving slowly, he got to his feet and went outside to find a wonton peddler.

馄饨是一种类似饺子的食物,生活中很常见,通常还要配上汤一起食用,是中国的特色小吃。施晓菁将其译为 Dumpling soup,葛浩文将其译为 wonton。笔者认为施晓菁的译文较好。笔者查阅资料发现 Dumpling 指的是里面有馅的食物,并不单单指饺子,施晓菁的译文还在 Dumpling 一词后面加了 soup,目的语读者可以根据这两个词勾勒出馄饨的样子。葛浩文的译文可能参照了国家市场监督管理总局、国家标准化管理委员会联合发布《公共服务领域英文译写规范》系列国家标准。在这个标准中,馄饨被音译为 wonton,笔者认为对于不熟悉中国饮食的西方人来说,并不能理解 wonton 的含义。根据目的论的连贯性原则,译文应能够被目的语读者理解,所以笔者认为施晓菁的译文较好。葛浩文的译文要是能在后面加上注释就更好了,虽然他对中国十分了解,但是不了解中国的外国人可能会对 wonton 这个词产生疑惑。所以笔者认为葛浩文的译文交际效果与施晓菁的译文相比较弱一点。

例3."好像忽然的一气增多了好几岁。"(老舍:《骆驼祥子》)

施晓菁译:As if overnight he had added years to his age.

葛浩文译：As if he had grown years older in a matter of days.

原文中的这句话老舍先生运用了夸张的手法，表现祥子大病初愈时身体虚弱的情况。通过比较上面两句译文，笔者发现施晓菁将原文中"一气"译为overnight，意为"一夜增多了好几岁"；葛浩文将其译为 a matter of days，意为"几天增多了好几岁"。笔者认为施晓菁和葛浩文的译文都距离原文的"一气增多了好几岁"的意思稍远。施晓菁和葛浩文在翻译时都考虑到了汉语与英语的语言不同，汉语多用动词，是动态的语言，英语多用名词，是静态的语言。读老舍先生的原文会给人感觉到祥子当时身体疲累伴随着呼吸起伏的样子，也表现了祥子当时身体的虚弱。施晓菁和葛浩文担心目的语读者难以理解其中蕴含的含义，"一个呼吸就长了许多岁"显得太过夸张，于是在翻译时都将"一气"的时间延长了。

从目的原则出发，笔者认为施晓菁和葛浩文的译文虽然对原文进行了稍许更改，但更改后的译文内容却更容易被目的语读者理解接受。在具体翻译过程中，译文的意思会偏离原著一点或是向目的语读者靠近一点。但只要译者把握好这其中的尺度，这也是无伤大雅的。在这句话的翻译中，施晓菁和葛浩文基于照顾目的语读者阅读体验对原文进行了稍许更改。译文虽然不是完全忠诚于原文，但也很好地表达出了原文内容。

5　结语

对比以上《骆驼祥子》的两个译文版本，笔者发现：首先，两位译者在翻译过程中都根据自己的翻译目的灵活选择翻译策略与方法，两位译者的译文都取得了很好的翻译效果。其次，两位译者的译文都符合连贯性原则，译文都是可以被目的语读者理解与接受。最后，当忠诚原则与目的原则冲突时，两位译者都优先考虑了目的原则，虽然两位译者对原文的处理不同，但是译文都能表达原文的信息，都有所创新，值得我们在今后的翻译工作中学习。

参考文献：

[1] 陈静.浅析翻译目的论三原则及其在翻译实践中的应用［J].海外英语，2016（17）：89-90.

[2] 老舍.骆驼祥子［M].北京：人民文学出版社，2008.

[3] 李明. 翻译批评与赏析［M].武汉：武汉大学出版社，2010.

[4] 邱志鹏.浅谈目的论对文学翻译的影响[J].北方文学，2017（7），226-227.

[5] 严火荣.目的论视角下《骆驼祥子》英译本的对比研究［D].杭州：浙江财经大学，2013.

[6] 张爱平.浅谈目的论在文学翻译中的指导作用［D].北京：首都师范大学，2012.

刍议中国文化对外传播的多模态
语篇构建的相关问题

唐　渠① 张惠玲②

摘　要：语篇具有多模态性，在语篇中的不同符号系统共同作用建构语篇意义。有效传播的语篇往往是不同符号共同努力的结果。中国文化的对外传播语篇必须重视多模态性，在语篇中建构和搭配不同符号资源，形成意义合力，以达到最佳的传播效果。本文梳理了多模态语篇的起源、国内研究现状，探讨了多模态语篇理论应用于中国文化传播的意义，以及中国文化对外传播的多模态语篇构建研究的主要内容，以期引发更多的相关研究，促进中国文化传播。

关键词：多模态语篇；中国文化；传播

项目基金：本文系 2019 年广西研究生教育创新计划项目（编号 JGY2019098）的成果之一。

1　多模态语篇理论的起源

多模态语篇理论起源于系统功能语言学。系统功能语言学创立者韩礼德（1977—2003）曾指出："语言用于表达文化中的内在意义，其他社会符号系统也具有同样的功能，比如，不同的艺术形式，仪式的装饰物和服装等。换句话说，文化中的内在意义是通过不同的社会符号系统实现的。"基于此认识，自20世纪 90 年代以来，社会符号学者以系统功能语法为理论基础，克雷斯与特奥·范·列温（Kress & Theo van Leeuwen，1994）建立了视觉语法，用功能的思想来描述视觉图像；奥哈洛兰（O'Halloran，1994）建立了数学符号描述系统；马丁

---

① 唐渠：桂林理工大学外国语学院副院长，教授，硕士生导师，研究方向为翻译研究、系统功能语言学、语篇分析。

② 张惠玲：桂林理工大学外国语学院硕士研究生，研究方向为语言文化、多模态语篇分析。

（Martinec，2000）建立了手势语的语义系统；特奥·范·列温（Theo van Leeuwen，1999）还构建了音乐等符号语法语义系统；贝特曼（Bateman，2008）建立了多模态语篇分析的 GeM 模型。国外的研究者更加注重多模态理论框架的构建，他们对于从纯语言文字研究转向其他符号系统的综合研究起到了引领的作用。

2 国内多模态语篇研究现状

自 20 世纪以来，国内许多系统功能语言学家与学者也开始关注和研究多模态语篇理论，同时也涌现了不少的研究者把相关理论运用到实践当中，进行多模态语篇分析。近年来国内的研究主要在以下三个方面：

首先，在多模态理论方面已有不少有益的探索和研究。李战子探讨了多模态语篇的社会符号学属性。朱永生在《多模态话语分析的理论基础与研究方法》一文中，提到了有关多模态话语的四个问题，即多模态话语的产生、多模态话语的定义、多模态话语分析的性质和理论基础，以及多模态话语分析的内容、方法和意义。杨信彰分析了多模态语篇分析与系统功能语言学之间的密切关系。张德禄探索构建多模态话语分析综合理论框架。程瑞兰、张德禄提出了进行多模态语篇模态协同模式的跨学科研究。胡壮麟提出了多模态小品中的主体模态的概念。有的学者还进行了多模态语篇理论综述研究，比如，杨增成、苗兴伟评述了多模态语篇布局结构方面的研究成果，冯德正、张德禄、凯·奥哈洛伦（Kay O'Halloran，2014）概述了多模态语篇分析的进展与前沿，以及李学宁、李向明介绍了基于 GeM 模型及其应用多模态语篇分析新进展。

其次，在多模态语篇分析方面涌现了一批理论应用型的研究成果。其中，运用克雷斯与范·鲁凡（Kress & van Leeuwen）视觉语法对多模态语篇进行分析的有郭海威和田海龙等，杨晓红和易兴霞还尝试对动态多模态语篇进行了分析。从认知方面进行应用研究的有潘艳艳、崔鉴、国防。冯德正等将修辞结构理论运用多模态语篇分析中，考察图像、文字等模态如何相互关联，建构衔接连贯的多模态语篇。其他应用研究还有周俐、陈松菁、姜雪和余忆萍等。将多模态理论应用于教学方面的研究更加丰富。

最后，将多模态语篇理论与中国文化传播结合起来的研究尚不多见。通过查阅，笔者找到了两项研究。耿敬北研究了中国文化典籍跨文化传播的多模态语篇构建，梁兵和蒋平开展了旅游语篇多模态话语分析与中国文化对外传播的研究。

国内多模态语篇的研究除了部分理论探索外，更多的是对国外研究成果的介绍和述评，以及运用国外学者的理论框架进行多模态语篇分析。把多模态语篇理论运用于中国文化语篇分析研究的更不多见。

3 多模态语篇理论应用于中国文化传播的意义

3.1 丰富非语言符号研究的理论基础

多模态语篇理论虽然取得了不少成绩，但还远不够完善。以下这些问题都是值得研究的，比如，不同符号系统在多模态文化语篇中的呈现方式、结构模式及它们在意义构建中所发挥的作用，以及不同符号系统在这些语篇中的关系类型，主体模态与其他模态的关系。值得进一步探讨的是文化语篇中不同符号系统的关系。在多模态类型语篇中不同符号系统的关系一直是学者们关注的重点，也是广受争论的问题。不同学者提出了不同的关系或者互动模型，有的移植系统功能语言学来解释词汇衔接的手段，有的移植系统功能语言学中的逻辑语义关系，有的借用修辞手段，还有的创建了自己的理论模型。在文化语篇中符号系统关系究竟如何，还有待进一步探讨。

同时，在不同文化中，非语言符号系统的差异性也是值得研究的。在不同文化类型中，语言文字系统的差异是明显的，也一直受到关注，但是对于非语言符号系统的差异研究在某些方面是不足的。比如，在不同文化的语篇中常见的颜色、数字、图形等符号是具有不同意义的。在文化传播的语篇中应该注意这些差异和区别。不同文化中非语言符号系统中符号的意义存在着差异，这些差异往往会影响跨文化的交流。

3.2 探索中国文化语篇"走出去"的有效途径

目前从多模态理论切入中国文化语篇传播的研究还不多见。更多的研究是关注中国文化对外传播的途径、框架、方法等，并针对中国文化传播中出现的问题问诊、把脉、开方。对于负载中国文化的语篇，为了达到最佳的传播效果，必须注重不同的语言符号系统的使用和整合，提升中国文化语篇的质量，满足中国文化传播的需求。

探索中国文化对外传播的多模态语篇构建将给中国文化语篇的建构提供参考和建议，从而提高中国文化语篇的质量，以利于中国文化的对外传播。对于中国文化的对外传播，学界过去一直关注翻译以及翻译的作品。翻译只是涉及不同语言符号系统之间的转换，翻译的产品只是形成了翻译作品。要使作品达到有效的传播，必须调动其他的符号资源共同参与，形成和谐的多模态语篇，最终促成作品的广泛传播。

4 中国文化对外传播的多模态语篇构建研究主要内容

在全球化和文化交流的语境下，不同的文化处于相互竞争的大环境当中。中国文化必须积极地参与全球文化的交流，进一步扩大影响力。要进一步扩大中国文化的影响力，就有必要对作为文化重要载体的语篇进行有效的设计，加强语篇的意义潜势和张力，以达到预期的传播效果。语篇的设计和生产必须考虑多模态的因素。因为语篇本身具有多模态性，语篇的意义不仅仅包括语言文字符号的意义，还包括其他诸如图形、色彩、动漫等符号的意义。从多模态的视角来研究文化语篇的构建，就是要把不同的符号系统作为参数纳入语篇研究的视野中。中国文化对外传播的多模态语篇构建应包括以下内容：

4.1　建立可供研究的不同文化语篇的分类语料库

收集国内外典型的多模态文化语篇，国外的语篇主要是美国的多模态文化语篇，根据不同的媒体类型进行梳理分类，为进一步研究提供良好的基础语料。

4.2　发掘文化语篇的多模态结构特征

对中外不同类型的语篇进行对比分析，考察文化语篇中非语言类符号系统的应用情况，如某类符号系统的使用频率和使用场合等。运用功能语法、视觉语法等工具对文化语篇进行分析，研究文化语篇中不同符号系统的关系以及作用。

4.3　不同文化的典型多模态文化语篇对比研究

收集不同文化中的书籍、期刊、报纸、电视节目，以及新媒体中典型的多模态文化语篇，形成语料库，并进行对比研究。一是在这些语篇中进行定量调查研究，考察语篇中存在的符号系统类型、频率、结构特征等。二是进行定性分析，运用功能语法、视觉语法或修辞结构等工具进行语篇分析，主要聚焦于语篇中符号系统的关系类型等方面。三是对比分析不同国家的文化语篇在多模态表现方面所存在的差异。

4.4　建立中国文化语篇的多模态模型

根据文化语篇的多模态表现特征和使用状况，构建不同媒体类型的多模态语篇模型，探讨不同符号系统的适用范围和搭配类型，以期构建利于中国文化对外传播的多模态语篇模型。探索如何运用合适的媒介手段，合理调配各种符号资源，构建负载中国文化素材的多模态语篇模式。主要从文化体系转换、跨文化模态转换和语篇跨文化传播媒介选择等层面进行研究。从语言以及多模态的角度为中国文化语篇的构建提出建议，以利于中国文化能够在全球范围得到更好的传播和接受。

5　结语

总之，中国文化对外传播的有效性受到多种因素的影响，文化战略政策起到关键的作用。同时，我们不能忽视文化传播内在的规律，文化传播语篇的多模态性的研究也应引起学界的重视，得到应有的关注和探讨，从而推动中国文化的语篇走向世界、传播四方。

参考文献：

[1] 杨增成，苗兴伟.多模态语篇布局结构研究述评[J].外语学刊，2017（6）：24-29.

[2] 国防.多模态语篇图文关系识解的对比研究：以中美读者阅读英文绘本为例［J］.外语学刊，2017（6）：14-18.

[3] 郭海威，付宏，李闰润.《环球人物》封面人物话语建构：基于多模态语篇分析的视角 [J].青年记者，2017（8）：88-89.

[4] 程瑞兰，张德禄.多模态语篇模态协同模式跨学科研究 [J].外语电化教学，2016（5）：3-8.

[5] 冯德正，张艳，王艳.修辞结构理论在多模态语篇分析中的应用 [J].当代修辞学，2016（5）：49-58.

[6] 陈松菁.舞台叙事的多模态语篇研究：基于对一次英语朗诵比赛的舞台语言使用分析 [J].外语与外语教学，2016（4）：70-78.

[7] 余忆萍，李勇忠.双重视阈下多模态语篇的动态构建：以两则可乐广告为例 [J].江西师范大学学报（哲学社会科学版），2016，49（4）：127-132.

[8] 易兴霞.动态多模态语篇中的图文关系 [J].西安外国语大学学报，2015，23（4）：50-53.

[9] 冯德正.英语教学中的人文道德教育：正面价值观的多模态语篇建构 [J].外语界，2015（5）：27-34.

[10] 崔鉴.中国后语言哲学视野中的多模态语篇研究：多模态隐转喻认知观 [J].外语学刊，2015（4）：76-81.

[11] 姜雪.论动态多模态语篇的符间关系：以电影《费城》为例 [J].东北大学学报（社会科学版），2014，16（6）：646-650.

[12] 淮艳梅.交际意图从生成到识解的过程研究：多模态语篇信息处理视角 [J].外国语文，2014，30（3）：90-95.

[13] 周俐.儿童绘本中的图、文、音：基于系统功能多模态语篇研究及社会符号学理论的分析 [J].外国语文，2014，30（3）：106-112.

[14] 李学宁，李向明.多模态语篇分析新进展：GeM模型及其应用评述 [J].现代教育技术，2014，24（6）：58-63.

[15] 杨晓红.从《百家讲坛》谈讲坛类电视节目的多模态语篇分析 [J].当代电视，2014（4）：104-105.

[16] 冯德正，张德禄，Kay O'Halloran.多模态语篇分析的进展与前沿 [J].当代语言学，2014，16（1）：88-99.

[17] 刘成科.多模态语篇中的图文关系 [J].宁夏社会科学，2014（1）：144-148.

"杂合"翻译理论研究

——以林语堂 *Moment in Peking*（《京华烟云》）的服饰配饰翻译为例

钟慧连[①]

摘　要：语言文化大师林语堂的英文小说 *Moment in Peking*（《京华烟云》）既是创作过程，也是翻译过程。后殖民主义视域下的杂合理论为译者审视翻译活动提供了一个崭新的视角。基于后殖民杂合翻译理论，本文从词汇、句法和文化三个层面对小说中服饰配饰描写的"杂合"现象进行分析探讨，希望对该领域的翻译理论研究与实践有所启示。

关键词：后殖民翻译理论；杂合；《京华烟云》；服饰配饰

基金项目：本文系广西教育厅科研项目"林语堂小说 *Moment in Peking* 的杂合翻译研究"（编号 LX2014143）的阶段性成果。

1　引言

归化与异化的交锋不管是在国内还是在西方译界，都有着很长的历史。德国翻译理论家施莱尔马赫（Schleiermacher）在 1813 年提出，翻译的途径只有两种：一种是"译者要么尽量不打扰原作者而让读者靠近作者"，另一种是"要么尽量不打扰读者而让作者靠近读者"。1995 年，美国翻译学者温努蒂（Venuti）在此基础上将前者冠名为"异化法"（foreignizing method），后者则冠名为"归化法"（domesticating method）。美国学者罗宾逊（Robinson，1997）则从后殖民理论的角度讨论了异化、归化问题。

在我国，早在 20 世纪 30 年代中期就有了归化与异化之争，代表人物有鲁迅、瞿秋白、赵景深等。后来还有傅雷的"形似神似"和钱锺书的"化境"

[①]钟慧连：桂林电子科技大学外国语学院讲师，研究方向为翻译理论与实践。

等。孙致礼（2001：32）曾这样说："中国的翻译史……一部异化与归化此起彼伏、竞相辉映的历史。"从以归化为主调，到对异化、归化的重新思考，再到 21 世纪两者的继续发展。然而，"事实上，异化翻译和归化翻译并不是互相排斥的对抗性概念，而是互相补充、相得益彰的翻译策略和方法"（蔡平，2002：41）。也就是说，译文要做到绝对的归化或者绝对的异化是不可能的。诸多研究也表明，译文都具有"杂合"性，杂合是归化和异化两种翻译策略相互交融的产物。王东风（2003：7）认为，只要异域文化进入本土文化，无论译者采用归化还是异化的翻译策略，其译文语言都不可避免地具有某种程度的杂合。归化与异化的差别只是杂合的程度不同而已。

2 后殖民主义视域下的"杂合"理论

后殖民翻译研究始于 20 世纪 90 年代后期，这一术语由美国学者罗宾逊（Robinson）首先提出。后殖民翻译理论（postcolonial translation theory）把翻译活动置于权力因素下进行探讨，认为翻译过程中存在着权力不平等的现象，并指出翻译会反作用于这种不平等性，起到缓解、平衡、融合的作用。这一理论的目的是反对文化霸权，提倡多元文化，努力把东西方之间的关系从"对抗"转变为"对话"，它赋予了翻译研究新的源泉。

"杂合"现象是后殖民文学的一个显著特点。后殖民文学有以下两种情况：一种是殖民地作家用当地语言创作的文学，另一种是移民作家或殖民地作家用宗主国语言创作的作品。"尽管这些作家的写作语言大多都是西方宗主国的语言，针对的读者基本上也都生活在西方第一世界的国家，但他们所写的主要还是发生在殖民地或第三世界国家的事情。……他们的确也有意要移植多种文化，使得作品中多种语言文化的成分并存"（韩子满，2005：8）。

Moment in Peking（《京华烟云》）是林语堂在 20 世纪 30 年代末旅居巴黎时用英文创作的一部长篇小说。全书讲述了北平（今北京）曾、姚、牛三大家族从 1901 年义和团运动到抗日战争 30 多年间的悲欢离合和恩怨情仇，堪称"现代版的《红楼梦》"。*Moment in Peking*（《京华烟云》）由英语写成，描写的却是中国的历史事件和风俗文化，属于典型的后殖民文学作品，极具杂合特点。中国文化元素在 *Moment in Peking*（《京华烟云》）随处可见，虽然是文学创作，但是需要林语堂将其从汉语翻译成英语。为了保护和传播中国文化，反对文化霸权，林语堂在创作兼翻译的过程中选择杂合中英文化，即使用了汉语的多种成分和独具汉语特色的表达手法。

本文试图从词汇杂合、句法杂合和文化杂合三个方面，对小说中服饰配饰描写的杂合翻译现象进行分析探讨。

3 *Moment in Peking*（《京华烟云》）中服饰配饰描写的杂合现象

服饰和配饰不仅反映人物的身份和地位，同时也是文化的象征。*Moment in Peking*（《京华烟云》）中不乏对人物服饰及配饰的描写，不仅展现了林语堂的文学才能，更重要的是打上了深刻的文化烙印。

3.1 词汇杂合

例 1. There was also a jade juyi, a purely ornamental but important formal wedding gift, usually placed on the table for display as a symbol of good luck...（P132）

如意，又称握君、执友或谈柄，多呈 S 形，类似于北斗七星的形状。如意寓意吉祥，也是中国社会上层人物权力和财富的象征。制作如意的材质极为多样，各色玉石、金、银、铜、铁、竹、木、陶瓷等应有尽有。林语堂将"玉如意"表达为 jade juyi，英语单词 jade 清楚表明了它的材质，同时通过音译加注释的方法最大限度地保留中国传统文化，也得到西方读者的认可和尊重文化的差异。在小说第二十一章（P379）对木兰嫁妆的描述中，林语堂也用同样的方法表达"金如意"（gold juyi）和"银如意"（silver juyi），体现词汇的杂合。

例 2. So Cassia went and found an old dress of Sunya's, made of luxuriously rich fangchou silk, that with successive washings, had become heavier and softer...（P58）

纺绸是一种丝织物，其质薄而轻，亦称素绸，常作衣里，适宜做夏季服装。中国的文学作品中也常见纺绸的身影。例如，曹禺的话剧《雷雨》第一幕："她（四凤）穿一身纺绸的裤褂、一双略旧的布鞋。"赵树理的小说《李家庄的变迁》："小喜见进来的人，穿着纺绸大衫，留着八字胡，知道有些来历……"梁都的小说《亮剑》："1927 年夏天我是下身只穿条裤衩，上身光着膀子过来的，后来土豪弄了件黑杭纺绸大褂，就是电影上财主爱穿的那种……"可见，纺绸一词也是承载着很强的文化信息的特色词。林语堂用 fangchou silk 来表达纺绸，既表达了词语的所承载的文化内涵，又便于西方读者理解。

例 3. She wore a braid, as all Manchu girls did, which hung thick and black down her slightly bent back, and her long Manchu gown was fashionably shaped instead of coming down in a straight line as of old.（P606）

这是对满族姑娘宝芬的着装描写。众所周知，被誉为中国国粹和女性国服的旗袍，是由满族妇女的长袍演变而来，由于清代及民国时期满族人被称为旗人，故将其称为旗袍。显然，林语堂这里的 Manchu gown 指的是旗袍。这种独具汉语特色的杂糅表达手法在照顾西方读者感受的同时，也使得中国文化得以保护和传播。

3.2 句法杂合

例 4. She had small feet and exquisite jet-black hair done in a loose coiffure, and wore an old broad-sleeved pink jacket, trimmed around the collar and the sleeve ends with a three-inch broad, very pale green satin. （P5）

这是对木兰母亲装扮的描写。句子包含 and 连接的并列结构，还有定语从句及其他补充成分。毋庸置疑，汉语和英语之间，无论在形态还是句法方面都存在显著的差异。从语言学角度来看，汉语和英语分属汉藏语系和印欧语系，有各自独立的体系。然而，两种语言之间又存在一些相似性，例如，在主谓词序和动宾词序上是一致的。例 4 句子既体现了相似，又反映了差异。因此，林语堂在创作中在措辞、句式安排等方面的选择显得非常重要。

例 5. Standing in the center of the open hall was a well-dressed, short old woman, leaning on a red-lacquered stick, and wearing a black band on her head, sloping toward the sides, with a piece of green jade in the center. （P61）

英语、汉语两种语言的结构差异体现在连接方式和组句方式上。英语显性，即连接词出现，体现为形合；汉语隐性，即连接词很少出现或不出现，为意合。英语常按句内主次从属关系排列，在句子主体上添加修饰语以及限定语；而汉语动词多，短句多，常按时间顺序或前因后果的逻辑关系排列，呈链状。例 5 的这句话是对曾家老祖母的服饰描写："头上戴着一个黑箍儿，黑箍儿的左右两边往下倾斜，正中间有一块绿玉。"林语堂遵循了英语的句法结构，用的是一个倒装句型。句子包含定语从句和作为补充成分的介词短语，按句内主次从属关系排列，形成严谨的树状结构，同时也照顾了汉语中逻辑关系的排列，体现了句法的杂合现象。

3.3 文化杂合

例 6. Then in a special red cardboard box was the bride's diadem of small pearls and an ornament of pearls mixed with small emeralds, in the design of the Great Dipper constellation, with down-hanging strings of colored stones. （P161）

这是对曼妮婚礼头饰的描写。diadem 的英文释义是 "an ornamental jeweled headdress signifying sovereignty"，汉语常译为 "王冠"。冠是古代帽子的总称。"凤冠"是古代皇帝后妃的冠饰，其上饰有凤凰样珠宝。明朝时期凤冠是皇后受册、谒庙、朝会时戴的礼冠，尽显雍容华贵之美。到后来按照中国传统习俗，一般女子盛饰所用彩冠也叫凤冠，多用于婚礼仪式。可以说，凤冠有着很强的中国传统文化色彩。林语堂没有按照字面意思用 phoenix crown 或 phoenix diadem 来表达，而是通过增补 "新娘戴的王冠" 等具体信息，既传达中国文化习俗，又帮助西方读者理解其深刻的文化内涵。

例 7. Both wore the official mandarin dress and hat and shoes, with squares of colored embroidery of dragons and serpents at the chest, making them look unusually large and dignified... （P169）

自古以来婚礼仪式被视为庄严、隆重的仪式。作为公婆的曾文伯夫妇受儿媳曼妮跪拜时的着装正式而庄重，穿的是官服、官帽、官靴。在对官服的描写上，林语堂用了 dragons 和 serpents 两个表示动物形象的词。自古至今，"龙"一直是中国的一个代表性标志，中国人因自己是"龙的传人"而备感自豪。然而，"龙"一词的英文对应词是 dragon（a large fierce animal with wings and a long tail, that can breathe out fire.），在西方人眼中龙是一种充满霸气和攻击性的庞然大物。而"蛇"（serpent）无论是在中国文化还是在西方文化中，是邪恶与智慧的形象，它在神话、传说等方面被赋予的神秘色彩使得人们对蛇又畏又敬。例如，在中国神话中，女娲被赋予了蛇的身躯，象征永恒生命。在西方神话中，蛇是邪恶、罪恶的代表，因为它诱惑夏娃偷吃了智慧树上的果子。林语堂保留了官服上原有的动物形象，既异化又归化，使西方读者在认知上能够产生共鸣。

4 结语

林语堂对东西方文化的了解与对中文和英文的掌握都到了炉火纯青的境界，这使他能在中文和英文两种语言之间自由驰骋，游刃有余。*Moment in Peking*（《京华烟云》）是林语堂较见功力的大作之一，它饱含中国的一些特有风俗和文化习惯。林语堂在小说中对文化特色词的翻译，归化和异化方法运用自如，东西方文化杂合，从其中的服饰配饰描写即可见一斑。其预期功能是传播中华传统文化底蕴，促进跨文化交际。杂合翻译对文学翻译有着十分重要的意义，它为目的语语言输入新鲜养分，抵制强势文化的侵蚀，使弱势文化得以优化和发展。可以说，后殖民主义视域下的杂合理论为审视翻译活动提供了一个崭新的视角，为翻译的多样性提供了依据和理论空间。

参考文献：

[1] 蔡平.翻译方法应以归化为主 [J].中国翻译，2002（5）：39–41.

[2] 韩子满.文学翻译杂合研究 [M].上海：上海译文出版社，2005.

[3] 林语堂. *Moment in Peking* [M].北京：外语教学与研究出版社，2005.

[4] 孙致礼.翻译的归化与异化 [J].山东外语教学，2001（1）：32–35.

[5] 王东风.翻译研究的后殖民视角 [J].中国翻译，2003（4）：3–8.

[6] 林语堂.京华烟云 [M].张振玉，译.长沙：湖南文艺出版社，2013.

译本分析

从目的论分析《红字》两个汉译本

马景霞[①]　李　月[②]

摘　要：《红字》是 19 世纪美国浪漫主义作家纳撒尼尔·霍桑的代表作。本文对小说《红字》内容及作者的写作背景进行了简要的分析介绍，同时概括了翻译目的论及其"三原则"，并在这个理论的基础上，着重对韩侍桁和姚乃强的汉译本进行对比分析。

关键词：《红字》；目的原则；连贯原则；忠实原则

1　引言

《红字》（*The Scarlet Letter*）是纳撒尼尔·霍桑（Nathaniel Hawthorne）的代表作。韩侍桁于 20 世纪 40 年代把《红字》翻译成中文，是国内第一位翻译此作品的翻译家，上海译文出版社出版了其译作。另一位翻译家姚乃强，在韩侍桁译作的基础上进行了复译，其译本由译林出版社出版。两位翻译家对《红字》的译文得到翻译界的不同的评论。

翻译目的论（Skopos theory）在西方功能主义理论中占据着重要的地位，研究者认为翻译是一种跨文化交际研究，扩大了目标语文化语境中目标语对翻译活动的影响，而不是仅仅局限于对语际交换过程和原文本的研究。在翻译过程中，翻译的目的体现在三个方面：一是译者翻译活动的目的；二是基于原作的译本的交际目的；三是使用特定翻译策略和方法的目的（黄海英、邓华，2015：159）。

本文选取霍桑的长篇小说《红字》，基于目的论的"三原则"对韩侍桁和姚乃强两人的汉译本进行对比分析，探讨其在翻译中的实际运用。

---

①马景霞：桂林电子科技大学外国语学院硕士研究生，研究方向为英语笔译。

②李月：桂林电子科技大学教授，硕士生导师，研究方向为翻译理论与实践、跨文化交际。

2　小说《红字》简介

霍桑在 19 世纪被誉为"美国最伟大的浪漫小说家"。霍桑称自己的小说为心理罗曼史，因为他花费了很多精力探寻事物的本质意义，且作品结构严谨，具有丰富的想象力。新英格兰清教传统对霍桑产生了很大的影响，导致其思想封闭，对进步的技术和蓬勃发展的生产力有着强烈的抵触，对社会改良抱有质疑的态度。尽管如此，西方部分人士还是比较认可霍桑这种偏激的思想的。

《红字》以 17 世纪北美清教殖民统治下的新英格兰为背景，讲述了北美殖民时期的爱情悲剧，人物刻画栩栩如生，心理描写细致入微，深受广大读者的喜爱。小说中的女主人公海丝特·白兰（Hester Prynne），虽然嫁给了奇灵渥斯（Roger Chillingworth），但二人之间并没有感情。在孤独无聊的日子里，海丝特遇见了牧师丁梅斯代尔（Dimmesdale），并爱上了这位牧师，生下了女儿珠儿。海丝特因此犯了通奸罪（Adultery），并被判在刑台上当众受辱。然而海丝特坚贞不屈，至死都没有说出孩子父亲的名字。最后，法庭让其永远佩戴鲜红的字母 A（Adultery 的第一个字母）作为惩罚。小说采用了哥特式的手法，充满离奇惊悚，同时作者从心理方面进行了细致入微的描写，有力地暴露了小说人物的内心世界，强烈抨击美国早期殖民地时期宗教统治下人民所遭受的悲苦、不公的生活。《红字》自问世以来备受好评，促进了美国文学的发展和繁荣。

3　目的论

20 世纪六七十年代，功能翻译学派应运而生。其中翻译目的论由汉斯·弗米尔（Hans Vermeer）发展起来，是翻译理论的新模式，也是功能派的核心理论。翻译目的论认为翻译是一种交际活动，翻译的目的决定了翻译策略和翻译活动。

凯特琳娜·赖斯（Katharina Reiss）是第一个提出翻译目的论的人，她在 1971 年出版的《翻译批评的限制与可能性》一书中提出这一理论，为该理论的形成奠定了基础。她认为译文与原文的完全对等在现实的语境中是很难达到的，甚至有些语境无法构成对等。德国翻译学家诺德（2001：12）认为任何行为的发生都应该有一个目的或者目标。在翻译的过程中，翻译的外部研究应是目的论的本质，所以翻译的研究核心从原文与译文两者之间的关联转移到对译文的预期效果，这不仅弥补了翻译过程中的不足，而且拓宽了翻译综合学科研究和发展的视角（仲伟合、钟钰，1999：49）。目的论提出了翻译活动的"三原则"，即目的原则（skopos rule）、连贯原则（coherence rule）和忠实原则（fidelity rule）。目的论的最重要原则是目的原则，它要求译者应使翻译的译文尽量达到目标语读者所期待的状态。连贯原则意味着翻译转化以达到目标语读者接受，具有可读性，这使得读者能够理解翻译的文化内涵和翻译的交际语境。忠实原则是指译文和原文保持一致性。"三原则"是相互联系、相互影响的。目的原则是忠实原则和连贯原则的基础和前提，是所有翻译都必须遵循的重要原则。目的原则的适用具有普遍

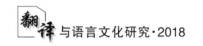

性，而忠实原则和连贯原则的适用则具有特殊性。

目的论是功能翻译理论的核心理论，在文学翻译中是否具有可应用性一直备受争议。本文以目的论为理论指导，以目的论的"三原则"分析韩侍桁和姚乃强的汉译本，探讨其在翻译中的实际运用。

4　译文分析

本文选取的两个汉译本，一个是由上海译文出版社出版的韩侍桁译本，另一个则是译林出版社出版的姚乃强译本。笔者对这两个《红字》译本的分析主要是从目的原则、连贯原则和忠实原则三个方面进行。

4.1　目的原则

目的原则是目的论"三原则"的首要原则。在目标语情境和文化中翻译的目的决定翻译的整个过程。译者需要根据翻译语境确定其主要的目的，并且以这一目的来确定采取什么样的翻译方法，是直译翻译还是意译翻译。翻译的目的决定了何种翻译需要何种形式的对等，而这种对等不是静态的字、词、句等方面的对等，而是动态的原文和译文的交际功能上的对等（郝苗，廖美珍，2016：58）。

例 1. It was none the less a fact, however, that, in the eyes of the very men who spoke thus, the scarlet letter had the effect of the cross on a nun's bosom. (Hawthorne, 2013)

韩侍桁译：不过，事实还是一样，讲这些话的人，在他们心目中，那个红字已含有如尼姑胸前十字架的意义了。（韩侍桁，1981）

姚乃强译：不过，事实是讲这样话的人，在他们的心目中，那红字具有与修女胸前挂的十字架同样的作用。（姚乃强，1996）

原文中 nun 一词在《朗文词典》的意思是"someone who is a member of a group of religious women that live together in a convent"。韩侍桁和姚乃强两位译者给出的译文分别是"尼姑"和"修女"，两个译文的目的和出发点不一样。"尼姑"是指佛教中修行的女出家人，韩侍桁的译文主要目的是传播中国佛教文化，以目标语读者为主，但是在佛教文化中，尼姑是不佩戴十字架的，而是在念佛经的时候会佩戴佛珠，这样的译文属于文化上的误译；基督教的修女是佩戴十字架的。姚乃强的译文不仅保留了原文异域文化特色，而且符合原文所要传达出的信息。

例 2. No Merry Andrew, to stir up the multitude with jests... (Hawthorne, 2013)

韩侍桁译：没有使群众哄堂大笑的说相声的人。（韩侍桁，1981）

姚乃强译：没有逗得大家哄堂大笑的快乐的安德鲁。（然后对安德鲁进行了注释）（姚乃强，1996）

Andrew 是指医生，后泛指小丑、逗乐的人。该词是英国历史文化的负载词。韩侍桁将 Andrew 译成"相声"，虽然目标语读者能够更加容易理解，但是相声是我国特有的传统曲艺节目。而姚乃强的译文传达了异域文化的特色，达到了文化传播的目的，同时采用了注释的翻译方法，这样目标读者可以更加理解原文所要传达的意思。

4.2 连贯原则

连贯原则意味着目标语必须符合语言内的连贯标准，并且在目标语文化及在使用译文的交际语境存在一定的意义。

例 3. Involved in these thoughts, she scarcely heard a voice behind her, until it had repeated her name more than once, in a loud and solemn tone, audible to the whole multitude. (Hawthorne, 2013)

韩侍桁译：因为她心里萦回着这些思怒，所以她身后虽然不止一次有人大声庄严地呼唤她的名字，全场的人都听得很清楚，而她却像是没有听见这声音似的。（韩侍桁，1981）

姚乃强译：她凝神冥怒，竟然没有听到有人在她身后说话的声音，直至有人用响亮和严肃的语调，再三呼叫她的名字，才猛醒过来。那声音之大全广场上的人称能听得清清楚楚。（姚乃强，1996）

原文中 scarcely 表示否定的意思，"scarcely...until"这一词语结构表达的意思是"直到……才"。韩侍桁的译文表达的意思是"她"最终没有听到声音，而原文所要表达是"她"最后是听到声音了。这样的译文属于误译，对词语结构含义没有理解。马万平（2010：100）认为连贯原则意味着翻译不仅符合语内连贯的标准，读者能理解译文，而且在目标语言文化中也具有一定的现实意义。姚乃强的译文准确忠实地表达出了原文的意思，并且行文流畅自然，且译文中"猛然醒过来"与原文中的 involved in 有遥相呼应的效果，译者在遵循原文的基础上，通过增词的方法使译文更加生动明了。

例 4. The impression made by his aspect, so rigid and severe, and frost-bitten with more than autumnal age, was hardly in keeping with the appliances of worldly enjoyment. (Hawthorne, 2013)

韩侍桁译：他的容貌给人的印象是那么严肃刚直，又因近古稀之年而冷若冰霜，这和他在身边极力经营的人世享乐的设施，简直可以说是不调和的。（韩侍桁，1981）

姚乃强译：他的相貌刻板严厉，加之进入垂暮之年，鹤发鸡皮，因此给人的印象与他竭尽全力营造的世俗享乐的环境和设施很不相称。（姚乃强，1996）

与韩侍桁译文相比，姚乃强的译文句间的因果逻辑关系更加明显，更符合目标语读者的阅读习惯，具有可接受性和可读性。

4.3 忠实原则

忠实原则要求译文与原文之间语际连贯。目的论忠实原则并不强调完全的"忠实"，而是给译者极大的发挥自由空间，让译者可根据实际翻译的需要对原语文本进行删减、调整或者修改，目的是为了双方的交流更加流畅自然。

例 5. I seem to have flung myself-sick, sin-stained, and sorrow-blackened-down

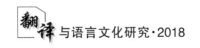

upon these forest-leaves... (Hawthorne, 2013)

韩侍桁译：我似乎已经把疾病、罪污、愁苦的身子，丢在森林落叶上面了……（韩侍桁，1981）

姚乃强译：我似乎已经把原先的——一个虚弱多病、罪孽玷身和郁郁寡欢的旧我抛进了森林里的枯枝败叶之中……（姚乃强，1996）

原文中的这句话是牧师丁梅斯代尔对海丝特所讲的一句话。丁梅斯代尔是小说《红字》中一位口才雄辩、宗教信仰极强的人。他有着渊博的知识，说的每句话都透露出宗教的气息，深受他的教民的喜爱和尊敬，并在教民中有很高的威望。因此可以说丁梅斯代尔的说话方式文学气息浓厚，而姚乃强也抓住了这一点，在其译文中采用了四字格的结构"虚弱多病、罪孽玷身和郁郁寡欢"，再次展现了原文中的优雅、古典的风格，忠实于原文的修辞手法。而韩侍桁虽然把原文的意思表达出来了，但是译文比较单调，没有再现原文的风格。

例 6. It was certainly a doubtful charm, imparting a hard, metallic luster to the child's character. (Hawthorne, 2013)

韩侍桁译：这种魅力确实令人可疑，在孩子的性格上闪现出一种刚强的，金属般的光泽。（韩侍桁，1981）

姚乃强译：这种神奇的力量令人难以置信，赋予孩子的性格一种铿锵有力的品质。（姚乃强，1996）

原文中的 doubtful 一词韩侍桁和姚乃强分别给出了不同的翻译，即"令人可疑"和"难以置信"。虽然 doubtful 一词在《牛津字典》中包含了这两个意思，但是原文是要传达出一种惊讶的情感，而不是怀疑或者质疑。相比之下，姚乃强的译文更加忠实地传达了原文作者所想要表达的情感，更符合原文。

5 结语

《红字》是霍桑杰作之一。本文从目的论的"三原则"，即目的原则、连贯原则和忠实原则，对韩侍桁和姚乃强的《红字》汉译本进行对比分析，探讨目的论在实际翻译中的应用。总体来说，姚乃强的《红字》译文要胜于韩侍桁的译文。姚乃强的译文更加简洁明了、准确贴切，符合原文的语言风格，可读性和接受性更强，能够更好地传达出原文的意思。

参考文献：

［1］Nathaniel Hawthorne. *The Scarlet Letter.* New York : World Book Inc, 2013.

［2］Nord, C. *Translating as a Purposeful A ctivity : Functionalist A pproaches Explained.* Shanghai : Shanghai Foreign Language Education Press, 2001.

［3］纳撒尼尔·霍桑.红字［M］.韩侍桁，译.上海：上海译文出版社，1981.

［4］郝苗，廖美珍.论口译目的的多元性及层级性［J］.理论月刊，2016（4）：58-63.

　　［5］黄海英，邓华.浅析翻译目的论的三原则［J］.湖北函授大学学报，2015，28（22）：159-160.

　　［6］马万平.析汉斯·费米尔的目的论［J］.语文学刊（外语教育与教学），2010（3）：99-100.

　　［7］纳撒尼尔·霍桑.红字［M］.姚乃强，译.江苏：译林出版社，1996.

　　［8］仲伟合，钟钰.德国的功能派翻译理论［J］.中国翻译，1999（3）：48-50.

交际翻译与语义翻译视角下看《岳阳楼记》
——以杨宪益译本为例

丁梦蕾①

摘　要：英国翻译理论家彼得·纽马克提出交际翻译是集中于传达源语的主旨，以译入语的语言表达习惯为主，使得译文更容易为目的语读者理解和接受；语义翻译则是旨在忠实地传递原文的艺术内涵，尽可能地保留原文内容。《岳阳楼记》因其作者范仲淹崇高的思想境界而得到许多翻译大家的传译，其中就包括杨宪益。本文以彼得·纽马克的交际翻译和语义翻译作为理论模式，以杨宪益的英译本作为研究文本，对《岳阳楼记》中有关交际翻译和语义翻译的实践进行研究和探讨，分析其使用方法和适用语境。研究认为交际翻译与语义翻译既各有侧重又相辅相成，二者不可偏执于其一，应根据具体语境进行合理选择，将二者融为一体发挥最大功效。

关键词：交际翻译；语义翻译；《岳阳楼记》

1　前言

千百年来，翻译是人类文化传播的重要途径之一，翻译实践的重要性也就注定了翻译理论研究的必要性，对于翻译标准的看法自然也就众说纷纭。

交际翻译与语义翻译这两大概念是英国翻译理论家彼得·纽马克（Peter Newmark）在其 1981 年出版的专著《翻译问题探讨》（*Approaches to Translation*）中提出的。这种二元的划分起源于西方自古以来对翻译的直译与意译之争。纽马克在前人研究的基础上进行了进一步的创造性的发挥，分别从不同角度对翻译类别、原则以及翻译方法和技巧等较全面地从理论的层面作了系统的阐述。纽马克认为，在保留译入语读者的阅读体验与保有原著语言艺术风格之间即翻译理论和翻译实践之间，存在不可逾越的鸿沟。因此他认为，要在这两者之间实现平

①丁梦蕾：武昌首义学院助教，研究方向为翻译理论与实践。

衡，办法之一就是将"交际翻译"或者"语义翻译"作为指导翻译实践的规则，而不是一再强调"等效"的翻译效果。

2 交际翻译和语义翻译

从译者角度来看，在交际翻译中，译者应追求对原作的艺术效果和深层含义的再现，同时注重读者的接受度；在语义翻译中，译者应尽可能在用词和句法层面上再现原作，力求最大限度还原原作。

从语言的功能来看，交际翻译则主要是为了向读者传递原作的各种信息，包括艺术风格、深层含义等，发挥的是语言传递信息的功能；而语义翻译注重语言的适用场合，它主要是为了还原原作的语言艺术效果，发挥的是语言的表达功能。

从语言的表达形式来看，交际翻译则重艺术效果而轻原文内容，较为主观，屈从于译入语文化，关注读者接受度，时常出现更改原文内容与形式的情况；语义翻译更贴近原文，较为客观，它屈从于原文的文化背景，多数保留原文的内容与形式。

3 交际翻译和语义翻译在《岳阳楼记》译本中的应用

3.1 交际翻译

例 1：庆历四年春，滕子京谪守巴陵郡。

译文：In the spring of the fourth year of the reign of Qingli, Teng Zijing was banished from the capital to be governor of Baling Prefecture.

由于原文里的"贬谪"一词在译入语英文当中没有与其相对应的词汇可以代替，因此译者使用了交际翻译的手法在将其译为 banished，英文为"驱逐，流放"之意。很好地在两种语言中实现了自由切换，使读者在理解原文时更轻松。

例 2：越明年

译文：After he had governed the district for a year.

此处"after he had governed the district"为译者的增译，目的是更好地为读者解释原文中的"越"这个字的意思。"越明年"此处的意思为到了第二年，而在译入语英文当中没有单独的一个单词能够表达出这个字的意思，因此译者采用了交际翻译的手法，将"越"解释为在他（滕子京）接管这个地区一年以后，方便读者理解。

例 3：予观夫巴陵胜状，在洞庭一湖。

译文：Now I have found that the finest sights of Baling are concentrated in the region of Lake Dongting.

此处译者将原文顺序进行了调换，以更加符合译入语表达的习惯。译者将"巴陵胜状"译为 the finest sights of Baling，将 Baling 保留，而将"胜状"以交际翻译的方法解释为 the finest sights，为读者清楚地展现并解释了原文中的文言文表达。

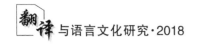

例 4：登斯楼也，则有去国怀乡，忧谗畏讥，满目萧然，感极而悲者矣。

译文：If men come to this pavilion with a longing for home in their hearts or nursing a feeling of bitterness because of taunts and slander, they may find the sight depressing and fall prey to agitation or despair.

由于中西文化以及语言表达的差异，汉语中的无主句在用英文翻译时是无法实现完全直译的，这样会出现句子由于缺少主语而产生歧义的现象。因此，此处译者为这一句添上了主语并进行了整合。原文中的"去国怀乡""忧谗畏讥"以及"满目萧然"都是中文里的四字词语，而英文当中并没有对应的词汇可以表示相同或相似意思的词汇，那么此时就需要译者运用交际翻译的方法来为目的语读者进行解释说明。

例 5：至若春和景明，波澜不惊；上下天光，一碧万顷。

译文：But during mild and bright spring weather, then the waves are unruffled and the azure translucence above and below stretches before your eyes for myriads of li.

"春和景明"意为春光和煦，阳光照耀，是原文里面的成语，为固定词，而在译入语英文当中找不到对应的词语来替换，此处作者采用了交际翻译的手法，将"春和景明"做出了对应的解释，原文中"和"为和煦的意思，"景"为日光的意思，因此译者将它们分别译为 mild and bright，很好地起到了交际翻译的作用，提高了读者的阅读效率。

例 6：沙鸥翔集

译文：When the water-birds fly down to congregate on the sands

原文中的"沙鸥"为一种水鸟，在岳阳（今湖南省岳阳市）很常见，而在欧美国家很少有这种鸟类，因此译者索性将"沙鸥"一词翻译为 water-birds，省去读者的猜测和困惑，这是很典型的交际翻译的手法。

例 7：岸芷汀兰，郁郁青青

译文：When the iris and orchids on the banks grow luxuriant and green.

在原文里，"岸芷汀兰"中的"岸芷"和"汀兰"都是指水边的美丽的花草，而"岸"和"汀"都指的是岸边的意思。此处译者将"岸"和"汀"译为 banks，在中文里"芷"为香草的一种，"芷"在译入语英文中没有对应的词，因此译者在此处选择将其翻译成 iris，英文意为鸢尾属植物，一种更为目的语读者所熟知的植物的名称，方便读者理解。

例 8：而或长烟一空，皓月千里

译文：Or when dusk falls over this vast expanse and bright moon casts its light a thousand li.

此处原文中的"皓月"为中文传统表达，表示明亮皎洁的月光，此处译者直接将其以交际翻译的方式来进行处理，译为 bright moon，避免让读者产生皓月为一个新的名词之类的误解。

例 9：渔歌互答，此乐何极！登斯楼也，则有心旷神怡，宠辱偕忘，把酒临风，其喜洋洋者矣!

译文：The fishermen sing to each other for sheer joy, then men coming up to this pavilion may feel complete freedom of heart and ease of spirit, forgetting every worldly gain or setback, to hold their winecups in the breeze in absolute elation, delighted with life.

"渔歌"是中国民歌的一种，为居住在中国沿海地区以及湖泊、港湾渔民所唱，因此具有明显的中国文化特色，如果译者不作解释，目的语读者就很难理解这个词的含义，因此在交际翻译目的的驱使下，译者将源语词序作了一个调整，将"渔歌"译为 the fishermen sing to each other，即渔民所唱的歌，这样既符合源语语言所要传达的信息，又使读者更好地理解了原文的含义。

例10：居庙堂之高，则忧其民。

译文：When such men are high in the government or at court, their first concern is for the people.

此处"庙堂之高"为原文的传统表达，指的是朝廷，而在对应的译入语英文中没有相应的词进行表达，因此译者此处采用了交际翻译的方法，将"庙堂"译为 men are high in the government or at court，传神地为读者解释了"庙堂"的含义。

例11：是进亦忧，退亦忧。

译文：Thus they worry both when in office and when in retirement.

此处的"进亦忧，退亦忧"也是原文的传统表达，表示进退两难的处境；放在原文里看则是在朝廷里做高官就为百姓担忧；隐退江湖就为君主担忧的意思。因此，此处译者选择运用交际翻译，直接译出了原文中未直接表明的引申意义。其中，"朝廷"用 office 代替，"隐退江湖"用了 retirement 来解释，方便读者快速获取原文中隐含的意义，达到交际翻译的目的。

3.2 语义翻译

例12：衔远山，吞长江

译文：Nibbling at the distant hills and gulping down the Yangtze River.

此处作者将"衔"和"吞"通过语义翻译的手法进行处理，既保留了原文的用词，没有再重新加以解释，将它们分别译成了 nibbling at 和 gulping down，并实现了前后对应。nibble at 和 gulp down 都有咬的含义，前者为轻咬，后者则为大口地吞，符合原文语境及语言艺术风格。但此处"衔远山"在笔者看来应该是"连接着远处的山"，因此译者在此处没有处理得很完善，原文中的"衔"没有在一句中体现出来。

例13：阴风怒号

译文：When louring winds bellow angrily.

此处"阴风怒号"作为原文里的词语意为寒冷的风，因此译者选择了直译，译为 louring winds，符合原文的语境。

例 14：至若春和景明，波澜不惊；上下天光，一碧万顷。

译文：But during mild and bright spring weather, then the waves are unruffled and the azure translucence above and below stretches before your eyes for myriads of li.

"一碧万顷"是中文的传统表达，意为青绿无际；这里的"万顷"不同于译入语当中的 hectares（公顷），因此译者采用了语义翻译的方法将"万顷"译为了 myriads of li，保留了中文当中的"里"这个表达方式，并在前面加上了 myriads of，表示了数量上的关系，很好地传达了源语文化内涵，同时又为读者阐释了原文内容。

例 15：而或长烟一空，皓月千里

译文：Or when dusk falls over this vast expanse and bright moon casts its light a thousand li.

"皓月千里"在原文中意为范围极为广阔的千山万水都处于皎洁的月光照射之下，形容月光皎洁。这里的"千里"形容的是月光照耀的范围，而不是真正的距离；而作者在此处选择运用语义翻译的方法沿用了原文的 a thousand li，保留了原文的韵味。

例 16：沙鸥翔集，锦鳞游泳。

译文：When the water-birds fly down to congregate on the sands and fish with scales like glimmering silk disport themselves in the water.

原文中"锦鳞"出自汉乐府诗《饮马长城窟行》，意为鱼的美称，指传说中的鲤鱼或借指远方之书信，在此处是指鲤鱼。由于文化差异，译入语文化中没有"锦鳞"一词，但为保留这个富有文化特色的词汇，译者采用语义翻译将其译为 fish with scales like glimmering silk，即"鳞片闪着微微金光的鱼"，因此读者能更容易从译文的字面意思来理解原文的含义。

例 17：处江湖之远，则忧其君。

译文：When they retire to distant streams and lakes, their first concern is for their sovereign.

此处"江湖之远"指的是远离朝廷之上，不在朝廷继续做官；在源语文化中，"江湖"的本意是指广阔的江河、湖泊，后衍生出与河流、湖泊并无关系，也不是一个实际存在的场所，其引申义指远离朝廷与统治阶层的民间，后来也泛指古时不接受当权控制和法律约束而随性所为的社会环境。"江湖"这个词极具源语文化特色，因此译者在这里运用了语义翻译的方法，保留了源语的文化特色，将"江湖"两字译为 distant streams and lakes，为读者展现源语风采的同时也解释了原文的含义，很好地契合了语义翻译的目的。

4 结语

在翻译实践当中，没有任何一种翻译方法是适合所有类型的文本的，有时"在同一篇作品中，有的部分必须采取语义翻译，而有的部分必须采取交际翻译，二者互为补充"（原虹，2003），具体运用应取决于具体的文本类型及译者的翻译目的。

以杨宪益的《岳阳楼记》译本来说，译者在绝大多数情况下选择了交际翻译。一是由于《岳阳楼记》原文不同于一般的白话文原著，它是文言文，具有言文分离、行文简练的特点；二是这篇译文的目标读者是外国读者，是有着与中国文化大相径庭的读者，文化上的差异导致了语言上的差异。而《岳阳楼记》的原文中很多的词汇和短语在中文的白话文没有对应的表达方式，就更不用说在译入语文化中找到对应的词汇表达了。翻译策略的选择与"翻译目的、原语与目标语的异同、作者对原语与目标语的态度，以及译者对目标语读者知识背景和接受力的判断"（李亦凡、郑珺，1989）等要素息息相关，因此在翻译过程当中，若是不加以解释和转换，译者很难将源语的艺术表现形式展现给读者。若是生硬地强行保留源语的语言风格和表达方式，会给读者造成不必要的阅读障碍，增加其阅读难度，最终导致语言文化上的误解，也就违背了翻译《岳阳楼记》这篇千古名篇的初衷了。

不少学者也指出，纽马克的"交际翻译"与"语义翻译"很大限度上还是囿于传统的翻译二分法，其理论背景具有局限性，原文内容与实际效果并不对称，以及在文化差异的弥合上有处理不当之处（张春慧，2009）。笔者认为像《岳阳楼记》的翻译，应更加注重读者的接受能力以及翻译语言的交际效果。对中国传统特色语言的表达应尽量传递源语语言风格特色，同时注重对这些特色词汇的解释和说明，以便外国读者能够更好地理解和接受中华文明的精髓；而对于源语语言和译入语语言文化中相同的部分，则可适当地选择语义翻译的方法，既保留了源语语言的艺术内涵，又不会让目的语读者产生歧义，巧妙地架起了两种语言文化之间沟通交流的桥梁，为两种文化的相互交融打下了坚实的基础，为将中华文明向全世界推广作出一份贡献。

参考文献：

［1］ Newmark, Peter. *Approaches to Translation*. London：Prentice Hall Internat Ltd, 1988.

［2］ 郭菁.文言英译教程［M］.上海：上海外语教育出版社，2008.

［3］ 李亦凡，郑珺.从语义和交际翻译理论的角度看《儒林外史》中文化因素的翻译［J］.时代文学（下半月），2011（4）：160-161.

［4］ 张春慧. Peter Newmark 的语义翻译和交际翻译［J］.安徽师范大学学报（人文社会科学版），2009（1）.

目的论视角下电影《怦然心动》的
译本对比研究

戴朝阳①　韦储学②

摘　要：随着各国文化交流的日益频繁以及人们对文化艺术的追求，外国电影作品不断进入中国市场，字幕翻译工作也变得越来越重要。本文以电影《怦然心动》为例，在目的论视角下对其三个不同译文版本加以对比，分析三个译文的亮点和不足，以期对电影字幕翻译工作有更深刻的了解。

关键词：《怦然心动》；字幕翻译；儿童文学；目的论；对比研究

基金项目：本文系 2017 年广西学位与研究生教育改革课题"翻译概论课程的教学与实践研究"（编号 JGY20170059）的阶段性成果。

1　引言

目的论兴起于 20 世纪 70 年代的德国，其代表人物有赖斯（K. Reiss）、费米尔（H. J. Vermeer）、诺德（Christiane Nord）。目的论认为，翻译是一项有目的的交际活动，在翻译过程中应该遵循目的原则、连贯原则、忠实原则三大原则（Vermeer，1978），以实现翻译的最终目的。张轶舟（2016）认为，桂乾元 1987年发表的《记联邦德国的三位翻译家》最早介绍了费尔梅（即费米尔）"翻译目的高于一切"这一观点，强调理论和实践不可分割的关系，但没有受到广泛关注。张南峰（1995）在《走出死胡同，建立翻译学》一文中提到费米尔的目的论可以帮助选择翻译策略，以及陈小慰（1995）发表的题为《简评"译文功能理论"》的论文对"译文功能理论"的"粗略评介"后，中国翻译界才逐渐重视

---

①戴朝阳：桂林电子科技大学外国语学院硕士研究生，研究方向为英语笔译。

②韦储学：桂林电子科技大学外国语学院教授，硕士研究生导师，研究方向为英语教学、翻译理论与实践。

目的论的研究。自 1987 年以来，许多学者也不断发表有关翻译目的论的研究成果。笔者在知网关键词搜索后发现，目的论研究主要与中国和外国语言文学、影视、贸易经济、旅游等学科相关。

继文学、戏剧、音乐、舞蹈、绘画等之后，电影作为一门新的艺术形式出现在大众视野之下。它诞生于 19 世纪的末期，逐渐发展成为受众最广泛和最具影响力的艺术。电影是一门综合性艺术，文学因素是其中重要的因素之一，因此电影也具有一定的文学性。钱绍昌（2000）总结了影视语言的五个特点，即聆听性、综合性、瞬时性、通俗性和无注性，并提出影视翻译的特殊性要求个人经验，指出影视受众的数量庞大但受关注程度之不足，多次呼吁翻译界要重视影视的翻译。基于此，本文将以《怦然心动》这部电影为例，从目的论视角对三个不同的译文版本进行比较、分析，以期探讨目的论对电影字幕翻译的积极意义。

2 《怦然心动》简介

《怦然心动》是美国儿童作家文德琳·范·德拉安南创作的一部儿童长篇小说，该小说描述了青春期中男孩女孩之间有趣的感情故事。后来，该小说被华纳兄弟影业公司翻拍成同名电影，于 2010 年 8 月 6 日上映。该书籍和电影在全球都获得了广大读者和观影者很高的赞誉。

电影以第三人称的叙事角度讲述了这样一个故事：1957 年的夏天，即将步入二年级的布莱斯·罗斯基举家搬至一个小镇上，邻家女孩朱莉·贝克对他一见钟情。他们一直是同班同学，朱莉想方设法在公开场合主动向布莱斯表达倾慕之意，布莱斯对她更多的却是无所适从和避犹不及。布莱斯认为朱莉很怪，她会自己养鸡，也会一个人爬上高高的梧桐树上自娱自乐。八年级的时候，布莱斯慢慢意识到朱莉的特别之处并开始理解她，但朱莉却觉得布莱斯内心空洞、肤浅，他们之间的误会越来越深。最后布莱斯在朱莉家的后院里种下了一棵梧桐树，重新赢得朱莉的心。

3 目的论下的译文对比

一般来说，影视字幕翻译具有很强的目的性，其即时性和大众性的特点要求字幕翻译必须要做到"以观众为中心"（张春柏，1998），同时，字幕上的语言表达也要实现如下目标：第一，语言连贯，语句的可读性强，忠实于电影的整个基调以及人物的性格特点，让观众借助字幕，跨越不同语言和文化的障碍；第二，既满足观众的娱乐性，又向观众介绍外国的文化；第三，传达影片所要表达的基本剧情信息、美感和艺术感，以及影片导演拍摄的初衷和想要传达给观众的观念。而目的论秉承"目的""连贯""忠实"三原则，要先确定翻译目的，然后才决定翻译的方法和策略。电影字幕翻译需要实现其目的性，而目的论则可以帮助译者实现电影字幕翻译的终极目标，因此借助目的论来评析电影字幕翻译有着

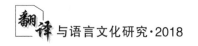

极大的合理性。

《怦然心动》在电影界刮起一股清新之风，深受大家的喜爱，因此多个字幕翻译组对其进行了翻译。本文将从词法、句法、语篇三个层面来对三个不同的字幕翻译组的译本进行评析。源语例句均选自电影《怦然心动》的英文对白；译文 1 来自某影院播放器，由某字幕翻译组完成；译文 2 选自某网站，由某字幕翻译组完成；而译文 3 来自某电影播放器，由某字幕翻译组完成。

3.1 词法层面

影视作品的语言应当符合人物自身的形象。《怦然心动》原小说是一部美国儿童文学／青少年作品，因此拍摄成电影后，字幕翻译组考虑到低龄儿童以及青少年观众的观影需要，以目的原则为基本原则，辅之连贯原则和忠实原则，站在观众的立场上，以观众为中心，在进行字幕翻译时，语言表达上的措辞和使用需要译者重视。

例 1. But finally, in the sixth grade, I took action. I hatched the plan.

译文 1：就这么挨到了六年级，我总算不再坐以待毙。想到了一个大狠招。

译文 2：不过终于，在六年级时，我采取了行动。我想出了个主意。

译文 3：终于，在六年级时，我不再坐以待毙！我想到了一个绝招！

此处从布莱斯的角度出发，讲述他为了逃避朱莉而去准备亲近朱莉的死对头——雪莉，显而易见，这里布莱斯的情绪是一种终于熬出头的高涨情绪，有些沾沾自喜。在翻译 in the sixth grade 这个介词短语时，译文 1 独具一格，添加了动词"挨到"，而不是将其简单理解为一个时间概念，保持了上下文语境的连贯性，在三个译文中脱颖而出；在翻译"I took action."时，译文 1 和译文 3 不同于译文 2 的直译为"我采取了行动"，译文 1 和译文 3 都用了否定句，并且还采用了汉语中的四字词，译成"我不再坐以待毙"。总的来说，三个版本同样遵循了目的原则，但在连贯原则和忠实原则上，作者更加倾向于译文 1，因为译文 1 有很大的可读性，也更口语化，让人易接受，很好地做到了语内连贯，更能体现出布莱斯作为一个男孩身上的稚气和活泼，忠实于人物性格。

例 2. By the sixth grade, I'd learned to control myself. Then Sherry Stalls entered the picture. Sherry Stalls was nothing but a whiny, gossipy, backstabbing flirt. All hair and no substance.

译文 1：六年级那年，我学着有所收敛。没想到半路杀出个雪利·斯道尔斯，雪利·斯道尔斯就是一个人尽可夫的长舌妇，头发长见识短。

译文 2：到了六年级，我收敛了不少。结果雪莉·斯图闯了进来。雪莉·斯图不过是个爱发牢骚、八卦、喜欢暗箭伤人的轻佻女孩，秀发迷人但徒有其表。

译文 3：到六年级时，我收敛多了，可半路杀出个雪莉。雪莉就是一个无病呻吟的长舌妇！两面三刀的淫娃！头发长见识短！

此处的情节主要讲述了朱莉的内心活动。布莱斯为了远离朱莉的纠缠，而有意与朱莉看不惯的雪莉交往，朱莉内心深感不满。上述原文便是她的内心独白。

原文中 control 一词在三个译文中都翻译成"收敛"的意思，没有简单地译成"控制"，措辞和理解相同且恰当，让观众一目了然。"...entered the picture"在译文1和译文3中采取了中文"半路杀出个程咬金"的句式，译成"半路杀出个……"，采用了归化法，将源语言本土化，译文带着中国传统文化和一丝幽默的色彩，观众都能一下子理解和接受，相比之下译文2译成"闯"就有些逊色；然而对 a whiny, gossipy, backstabbing flirt 的翻译，三个译文在措辞的解读上却出现了很大的不同。译文1将其译成"一个人尽可夫的长舌妇"，此译文存在漏译嫌疑；译文3将其译成"一个无病呻吟的长舌妇！两面三刀的淫娃！头发长见识短"，显然不合适。朱莉当时是一名六年级的学生，虽爱憎分明但是性格比较温和，用"长舌妇"一词是不符合女主人公的性格特点和人物身份。同时雪莉也是学生身份，该译文无法准确传递出主人公的性格，同时，考虑到电影的观影者也涵盖儿童以及青少年，这样的表达与电影受众的定位也不相符。而译文2在认真理解原文的基础上，将其翻译成"爱发牢骚、八卦、喜欢暗箭伤人的轻佻女孩"，将 whiny, gossipy, backstabbing flirt 每个词都分别译出，且用词相对温和，既表达出同样作为女孩子，朱莉对雪莉的讨厌和不满，又深刻地勾画出雪莉在朱莉心目中具体、负面的形象。在对下一句"All hair and no substance."的翻译中，译文1和译文3将其翻译成"头发长见识短"，利用了包含着中国传统文化的俗语，此处更能体现出朱莉对雪莉的小别扭和对雪莉的敌对情绪，而译文2利用了意译方法，不只是说"头发"，而扩充理解为"（外）表"，虽然句子的意思正确，但显得有些文绉绉，也不像一个六年级女孩常用的说话方式。总的来说，此处译文1和译文3的风格更加接近，翻译风格比较粗犷，更加口语化，但部分表达没有掌握好，译文2的风格则更加书面化一些，比较温和，但过于文绉绉也会适得其反，三个译文都有考虑到中国观众所在的环境和文化因素，很显然是以"观众"为核心了，但是并未完全考虑到"儿童"这一受众，并且有些措辞与人物性格和身份不相符，未做到目的原则。

3.2　句法层面

除了语言表达上的措辞和使用上需要多加注意外，词组和句子的内部构成的重要性也不能忽视，不仅要多注意字词和短语的表达，还要适当地、灵活地调整句子结构，采用连贯原则，注重句子的表达，考虑人物的性格特点，做到忠实原则。最重要的是，在运用中文表达原文的同时，以观众为中心，向观众传达原文的基本思想，激起观众的共鸣。

例3. This weird feeling started taking over in the pit of my stomach.

译文1：我心里涌出一种别样的感觉。

译文2：这种奇怪的感觉令我很不安。

译文3：这奇怪的感觉让我胃不舒服。

这句话反映了布莱斯的内心情感。在他和爷爷进行交流后，他开始反思自己对朱莉的"偏见"。这里的 take over，只有译文1直接明翻译成了"涌出"，译文

2 和译文 3 在表达连贯的前提下，理解成"令……不安"或"让……不舒服"。三个译文没有体现出布莱斯内心情感交替，被另一种情感占据上风的心理动态表化，但都做到了让观众理解这一基本目的，较好把意思传递了出来，翻译得比较到位。对 stomach 一词的翻译又各有不同。译文 3 将其直译成"胃"，读来生硬；译文 1 和译文 2 都采用了意译方法，而非逐字翻译，将其译成"心"或者不译，语言表达也连贯、流畅。总的来说，三个译文遵循了目的原则，让观众理解了主人公的情绪变化。在三个译文中，我们可以看到：译文 1 读来连贯；译文 2 整体一般，平平淡淡；译文 3 则有些翻译腔，不自然。

例 4. Some of us get dipped in flat, some in satin, some in gloss. But every once in a while you find someone who's iridescent. And when you do nothing will ever compare.

译文 1：有些人会渐露平庸，有些人会小有所成，还有人会出类拔萃，但你偶尔才能遇上一个光彩夺目的人，当你真正遇到这一刻，才能明白其中的美好。

译文 2：我们中有的人黯淡无光，有的色泽艳丽，有的则光彩照人，但是偶尔，你也会遇到色彩斑斓的人，当你真遇到时，其他一切都不重要了。

译文 3：有些人浅薄，有些人金玉其外，而败絮其中，有天你会遇到彩虹般绚丽的人。当你遇到这个人后，会觉得其他人都只是浮云而已。

这是布莱斯的外公切特在影片中的一段话。布莱斯对朱莉带有"偏见"，切特看在眼里，对布莱斯表达了自己的看法。这也是本部电影中最具经典的台词之一，意味深长。这段话也让布莱斯开始反思并正视自己对朱莉的情感。台词本身的结构是"some…some…some…"的表达形式，句子并不难理解，flat、satin gross 是涂料的三种常见的光泽度，用在这里形容人，有一层递进的关系，翻译起来却有一定难度。译文 1 整体来说，翻译得比较平庸，用了"有些人……有些人……还有人……"的句式，符合原文，也便于理解；但将 find someone who's iridescent 翻译成"遇上一个光彩夺目的人"就比较生硬。译文 2 采用"有的……有的……有的……"的句型同样可以接受，但是"黯淡无光、色泽艳丽、光彩照人、色彩斑斓"这些词都用来修饰人，部分可以理解，但是也会让人理解不透，而且这三个词没有突出对比的感觉，翻译还有些浮于表面，没有把原文的深层次含义翻译出来。相比之下，译文 3 就显得比较突出，更加让人容易理解。译文 3 在理解原文的基础上，使用了"金玉其外，败絮其中"这个带有中国文化内涵的成语；"彩虹般的人"和"浮云（般的人）"对比，用词妥当，修饰比较准确，句式通顺。总的来说，三个译文都很到位，译文 3 最有可取之处，让观众更容易理解。

3.3 语篇层面

一般来说，在电影中不会出现较长的语篇，多出现短对话，但是这部电影的叙述形式比较特别，电影中有大段的旁白穿插着讲述故事情节，所以在此处可将大段的旁白理解为语篇。为了确保语篇翻译的质量，每个小句的语言必须流畅、衔接和连贯，这就要求译者在通读、理解原文的基础上，以观众为中心，再进行翻译才是正确的做法。

例 5. A painting is more than the sum of its parts. A cow by itself is just a cow. A meadow by itself is just grass, flowers. And the sun peeking through the trees is just a beam of light... I began to notice how wonderful the breeze smelled. Like sunshine and wild grass. I couldn't stop breathing it in filling my lungs with the sweetest smell I'd ever known... From that moment on, that became my spot. I could sit there for hours, just looking out at the world. Some days the sunsets would be purple and pink. And some days they were a blazing orange setting fire to the clouds on the horizon.

译文 1：一幅画绝非简单拼凑就能完成，一头牛只是一头牛，草地也只长满了青草和花朵，阳光照进大树的枝丫亦不过缕缕薄光，但你若能将它们衔接拼凑，却能收获意想不到的成果……沁人心脾的微风迎面扑来，夹杂着阳光和野草的芬芳，我忍不住大口呼吸，让肺里溢满甜美醉人的气息……从那一刻起，我彻底爱上了这里，我可以坐上好几个钟头，静静欣赏这世界，落日时而泛着微醺的紫红，瞬间布满天边的晚霞。

译文 2：一幅画并不是各个部分的简单相加，奶牛单独看就是奶牛，草场就其本身也只是草和花，而穿过树枝的阳光也不过是一线光束……我开始嗅到微风中的曼妙气息，像是阳光和野草的芬芳，我贪婪地呼吸着，让最清甜的空气充满身体……从那刻起，这里就成了我的一个小天地。我能在那一待几个小时，就从上面眺望这个世界，有时候落日是紫色和粉色的，有时则是炽烈的橘黄色，燃烧着地平线上的云。

译文 3：一幅画可不仅仅是它各个部分的简单组合，一头牛只是一头牛，草地只是一片长满青草和花朵的土地，透过树枝的阳光也不只是一束光线而已……我感觉可以嗅到微风的芬芳，就像阳光和野草。我忍不住深呼吸，让肺中充盈着我有生以来最美好的气息……从那刻起，那里就成为我最喜欢的地方。我可以坐在树上几个小时，看着这个世界，有时候，日落是粉红或者紫色，有时候，橙色的余晖点燃地平线的晚霞。

此处的剧情背景是，偶然一次爬上梧桐树取风筝的朱莉看到了让其惊艳的美景，此后她就一直喜欢爬上高高的梧桐树上，在自己的小天地看风景，也慢慢明白了父亲曾对她说的道理。译文 1 对朱莉内心独白的翻译反映出了一个女孩子细腻的内心情感，比如，"And the sun peeking through the trees is just a beam of light..."，译文 1 将其译成"阳光照进大树的枝丫亦不过缕缕薄光"，译文 2 和译文 3 则简单译成"穿过树枝的阳光也不过是一线光束"和"透过树枝的阳光也不只是一束光线"。译文 1 使用的"枝丫"和"缕缕薄光"相比译文 2 和译文 3 使用的"树枝"和"一束光线"，更具诗意，更好地实现了翻译目的。针对原文"I began to notice how wonderful the breeze smelled. Like sunshine and wild grass. I couldn't stop breathing it in filling my lungs with the sweetest smell I'd ever known..."的翻译，译文 1 所选用的"沁人心脾""扑面而来""夹杂""芬芳""溢满""甜美醉人"等词，均优美准确，恰到好处地表达了原意；译文 2 将 breathe 译成

"嗅"，非常巧妙，但是"让空气充满身体"这一表达形式不合适，让人不知所云；译文 3 带着翻译腔按照字面意思将其译成"忍不住呼吸"，读来干涩，但是"充盈"一词的翻译也很形象，使得这个动作更加立体，用词准确。在对语篇的最后两句话"Some days the sunsets would be purple and pink. And some days they were a blazing orange setting fire to the clouds on the horizon."进行翻译时，译文 1 将其译成"落日时而泛着微醺的紫红，瞬间布满天边的晚霞"，没有逐字翻译，而是采用了意译的方法，译文描绘了一幅夕阳西下的画面，让观众易于理解，欣赏起来也更具有美感，"时而"等连词的使用也使得行文更加流畅；译文 2 则将其译成"落日是紫色和粉色的，有时则是炽烈的橘黄色，燃烧着地平线上的云"，完全使用了逐字翻译形式。"落日是紫色和粉色的""燃烧着地平线上的云"这几处表达都没有新意，也没有展示任何美感，读起来显得很枯燥。译文 3 将其翻译成"有时候，日落是粉红或者紫色，有时候，橙色的余晖点燃地平线的晚霞"。"余晖点燃晚霞"这种表达很具有新意，也很有画面感。这三个译文，虽然读来都能理解，也各有亮点，并且都采用了中国受众熟悉的语言表达，但是整体而言，译文 1 更具有文学性，也很简洁，通顺和连贯更加到位，让观众能够更加通顺地理解，也更符合中文表达形式，较好实现了翻译目的。

4　结束语

随着目前电影业市场的不断扩大以及多元文化深入的碰撞和交流，我国对外文电影的需求越来越大，因此电影字幕翻译也应当被赋予更多的重视。影视字幕翻译绝不是一项轻松的工作，译者已经被从边缘从属地位推至中心舞台（张海鸥，2005），因而电影字幕翻译工作者们也应当承担起更多的责任。本文从目的论视角下对《怦然心动》的三个不同字幕组翻译的译文进行对比，从词法、句法、语篇三个层面探讨了目的论在字幕翻译中的应用，提出了字幕翻译应该与具体的情况相结合，从翻译的目的原则、连贯原则、忠实原则等方面进行思考，努力实现翻译目的。

参考文献：

[1] Vermere, H. *A Framework for a General Theory of Translation.* Shanghai：Shanghai Foreign Language Education Press, 2001.

[2] 卞建华，崔永禄.功能主义目的论在中国的引进、应用与研究（1987—2005）[J].解放军外国语学院学报，2006（5）：82-88.

[3] 陈小慰.简评"译文功能理论"[J].上海科技翻译，1995（4）：41-42.

[4] 何其莘，仲伟合，许钧.高级文学翻译 [M].北京：外语教学与研究出版社，2009.

[5] 桂乾元.记联邦德国的三位翻译家 [J].中国翻译，1987（3）：47-49.

[6] 李新新.中国的影视翻译研究 [J].西华大学学报（哲学社会科学版），

2005（S1）：102–104.

[7] 钱绍昌.影视翻译：翻译园地中愈来愈重要的领域［J］.中国翻译，2000（1）：61–65.

[8] 张春柏.影视翻译初探［J］.中国翻译，1998（2）：50–53.

[9] 张海鸥.译者主体性在影视字幕翻译中的体现［J］.电影评介，2008（9）：42–44.

[10] 张南峰.走出死胡同，建立翻译学［J］.外国语，1995（3）：1–3.

[11] 张轶舟.翻译目的论在中国的研究现状综述［J］.山海经（故事），2016（2）：239.

《理想丈夫》两个汉译本的对比研究

王秀荣①　易永忠②

摘　要：本文节选英国戏剧《理想丈夫》之张南峰和文心的两个汉译本，通过分析戏剧翻译的文学性和舞台性的特点，从戏剧的可阅读性和可表演性两个方面对译本进行对比研究，比较两个译本的优劣之处。译者在进行戏剧翻译时，应兼顾可阅读性和可表演性，做到在文学性与舞台性上的统一。

关键词：《理想丈夫》；可阅读性；可表演性

1　引言

喜剧《理想丈夫》（*An Ideal Husband*）由英国小说家、剧作家王尔德创作。《理想丈夫》讲述的是英国外交部次长官齐尔顿爵士在年轻时以职务之便，获利致富。他将内阁机密泄露给了安海男爵，以此为代价换取了光明的政治前途，从此便平步青云、一帆风顺。可安海男爵死后，当年齐尔顿爵士写给安海男爵的那封密函，却落入了男爵情妇谢弗利太太之手。谢弗利太太以公开此信函为要挟，威逼齐尔顿爵士在下议院公开支持她重资投机的阿根廷运河计划。故事几经周折，齐尔顿爵士最终选择反对谢弗利太太的阿根廷运河计划。故事最后，他不仅战胜了邪恶，维护了人民的利益，而且获得了政府的提拔（刘文娟，2007）。

妙语连珠的《理想丈夫》具有鲜明的现代喜剧美学特征，在英国文学史上被批评家称作是唯美主义的代表。在人物对话方面，王尔德非常准确地在诸多意义相同或相近的词中运用了最贴切的词语。在特定的场合，他又用读者意想不到的语言和词汇，达到意想不到的艺术效果。并且，他擅长使用对比和排比的句法结构和写作手法，这些句法除了能起到加强语气的效果外，还能使作品具有强烈的节奏美感（衣莉，2000）。

---

①王秀荣：桂林电子科技大学外国语学院硕士研究生，研究方向为英语笔译。

②易永忠：桂林电子科技大学外国语学院教授，硕士生导师，研究方向为翻译理论与实践。

2 戏剧翻译

戏剧是一种特殊的语言艺术形式，具有二重性，即文学性与舞台性。因而戏剧翻译也具备了文学性和舞台性。任何想把戏剧文本硬性分割成阅读文本和表演文本的观点，都是不切合实际的。戏剧翻译有别于小说翻译和诗歌翻译，戏剧翻译除须遵循可表演性的标准，还须遵循可阅读性（文学性）的标准（孟伟根，2009）。

对于一般翻译作品如小说和散文，读者都有足够的时间适应作品中陌生的文化。读者在阅读过程中，对陌生的文化元素根据需要可进行深思熟虑，反复阅读推敲。戏剧翻译受舞台表演的瞬时性和大众性的制约，观众必须在瞬间获取戏剧的全部信息，没有机会对演出内容进行消化与吸收。因此，许多观众难以在演员稍纵即逝的演出中做出相似的反应，而能供译者可选择的补偿手段又十分有限的。舞台表演的制约对于戏剧翻译而言是十分重要的，因为戏剧的生命在于它是为舞台而作，戏剧翻译的最终目的是舞台表演。如词与动作的协调、话语的节奏、译文的口语化等（孟伟根，2008）。

3 《理想丈夫》两个汉译本的文学性对比研究

戏剧翻译作为文学作品，具备一般作品共同的要求，比如，塑造人物的典型形象，揭示深刻的主题等。翻译作品必须具有独立的欣赏（阅读）价值，即可阅读性（文学性）。戏剧艺术的本质是以表现人的情感、心灵、人性为宗旨，挖掘人性、揭示人物的内心。因此戏剧的文学性不仅体现在人物语言、文字、意境上，更体现在对人性的深度挖掘和揭示人性的复杂性上（席珍彦，2012）。

例1. Mrs Cheveley : (In her most nonchalant manner) My dear Sir Robert, you are a man of the world, and you have your price, I suppose. Everybody has nowadays. The drawback is that most people are so dreadfully expensive. I know I am. I hope you will be more reasonable in your terms.

谢弗利太太：（泰然自若、极其冷淡地）爵士，您是个老于世故的人，相信您也有个价钱的。现在人人都有价钱，可惜大多数人都太贵了，我自己也是这样。希望您不会要价过高吧。（张南峰翻译）

谢弗利太太：（完全一副漠然的样子）我亲爱的罗伯特爵士，你可是世界级人物，有你自身的价值，我认为。当今之日，谁都有自己的价值。退却就意味着大多数人身价百倍了。我知道我是的。我希望你说话更加理智一点。（文心翻译）

戏剧中的人物对话是人物性格特征形式的重要表现之一。剧中谢弗利太太是位精明、自私且唯利是图的反面角色。她喜欢衣着光鲜、招人耳目（肖敏、闫爱花，2016）。张南峰的译文展示谢弗利太太说话时泰然自若、极其冷淡的模样，突出了她在和齐尔顿爵士对话时的精明和老练。而译文"老于世故""您不会要价过高吧"不仅前后联系紧密，而且使译文更具文学性，揭露出谢弗利太太唯利是图的本性和善于世俗游戏的本质，让读者回味无穷。相比之下，文心的译文过于直译，仅有表层的意思，并没有将谢弗利太太的意图和潜台词的含义完全体现出来，译文相对缺乏文学性。

例 2. Mrs Cheveley : Oh, no! This is the game of life as we all have to play it, Sir Robert. sooner or later.

谢弗利太太：哪儿的话呀！齐爵士，人生如赌博嘛，我们大家早晚总得玩它一手哇！（张南峰翻译）

谢弗利太太：哦，不！这是我们大家迟早都要玩的游戏，罗伯特！（文心翻译）

与生活对话语言相比，戏剧对话的语言有其独特之处。戏剧对话语言允许有一定程度的舞台化、高雅化、套语化、书面化、古语化。在翻译时，译者应关注戏剧语言语义基础上译文本身的文学性、表现力、个性化、风格化等实际艺术效果（王晓农，2014）。谢弗利太太知道此次要挟齐尔顿未必能取得成功。在她看来，政治既是一场精明的游戏，也是一场赌博，应该赌一把。张南峰的译文为"哪儿的话呀"，语气词表现出对这种"游戏"不以为然，巧妙地展示出谢弗利太太自私、精明、虚伪和善于世俗游戏的本性，符合她用语言表达其尊贵身份的形象。将 game 比喻成"赌博"，既表现出戏剧艺术和生活交汇的特征，又体现出谢弗利太太唯利是图的特征，使译文更具文学性。

4 《理想丈夫》两个汉译本的可表演性对比研究

表演是戏剧演出的基础，因为只有通过人物的表演，才能展现出戏剧全部的艺术价值。因此，表演要受到舞台演出的制约，译作必须符合舞台艺术的要求（席珍彦，2012）。戏剧翻译必须遵循可表演性原则，译文应适合演说；戏剧人物的交流互动是由对话来完成的，因此戏剧对话具备口语化、动作化和性格化的特征。（王桂芳，2010）

例 3. Sir Robert Chiltern :(Rises indignantly) If you will allow me, I will call your carriage for you. You have lived so long abroad, Mrs Cheveley, you seem to be unable to realise that you are talking to an English gentleman.

齐尔顿爵士：（愤慨地站起来）我们就到此为止吧，我替您把马车叫来。谢太太，您大概在国外待得太久了，好像不知道，您是在跟一个英国绅士说话呢？（张南峰翻译）

齐尔顿爵士：（生气地站起来）您要是允许我，我这就给您叫马车，您在国外生活的时间太长了，您好像没有明白在和一个英国绅士讲话吧。（文心翻译）

对话发生的背景是在谢弗利太太对齐尔顿爵士进行暗示，如果齐尔顿爵士按她说的做，他便可获得一笔可观的回报。当时，齐尔顿爵士因出众的才华、正直的品格而身居经济委员会的副主席一职。他认为政治生活是一项高尚的职业，公众生活与个人生活必须严格区分开来。戏剧的表演性，体现在其语言的动作性上，这也是戏剧语言区别于其他类文学体裁语言的关键之处（高壮丽，2016）。在张南峰的译文中，当谢弗利太太提出建议时，齐尔顿爵士"愤怒"地站起来，体现出爵士语言的动作性，使作品具有很强的气氛感。"我们就到此为止吧"，表现出当时爵士不愿再将对话继续下去，将他的愤怒和正直表现得淋漓尽致，语言得体，又不失绅士风度，十分符合齐尔顿爵士的身份和本性。而文心的译文则稍显平淡，缺少舞台表演色彩，无法将人物个性准确地展示出来。

例 4. Mrs Cheveley : It was a swindle, Sir Robert. Let us call things by their proper names. It makes everything simpler. And now I am going to sell you that letter, and the price I ask for it is your public support of the Argentine scheme. You made your own fortune out of one canal. You must help me and my friends to make our fortunes out of another!

谢弗利太太：哼，齐爵士，这可是一场骗局呀。我们还是实话实说吧，这样就什么问题都简单了。现在我要把这封信卖给您，而您要付的代价，就是凭外交部次长官的身份支持阿根廷运河计划。您是靠运河发的财；现在，您得帮我和我的朋友也靠运河来发财！（张南峰翻译）

谢弗利太太：它是一个骗局。让我们按事情的正确名字叫它们好了。这样一切都简单多了。现在我要把这封信卖给你，我所要的价钱就是你公开支持那个阿根廷计划。你从一条运河里发了家，你一定要帮助我和我的朋友从另一条运河交交好运！（文心翻译）

该对话发生的背景是谢弗利太太以信件为要挟，威胁齐尔顿爵士与其同流合污，要求齐尔顿爵士在下议院公开支持阿根廷运河计划。张南峰的译文采用了意译的翻译手法和归化的翻译策略。受舞台性的制约，戏剧翻译具有无注性，译文应尽量贴近目的语，以适应译入语观众的解读能力和欣赏能力。张南峰的译文含有语气词，直截了当地表明说话的内在含义和意图，不仅展现了谢弗利太太善于谈判的精明特征，而且语言的表达方式更符合汉语的表达习惯。而文心的译文采用直译的翻译手法，表达方式不符合汉语的表达习惯，受舞台表演性的制约，观众容易产生歧义和出现晦涩难懂的情况。相比之下，张南峰的译文更接地气，更容易理解。

在最后一句话的句法上，原作品使用对比和排比的手法。在表演时，该句法不仅起到加强语气的效果，而且使作品具有一种强烈的节奏美感。张南峰的译文采用了对比和排比的手法，译文有三个小短句，共 26 个汉字。文心的译文未使用排比和对比的手法，共 32 个汉字，由两个短句组成。受舞台表演的即时性的制约，译文为了便于观众的理解和记忆，应多使用通俗易懂的、非正式性的、短小精悍的句式。而烦琐、复杂的长句易使观众产生困扰，影响观众对译文的理解，从而影响其对表演的接受度。因此，译者必须认真斟酌台词语言，选择易理解、易接受、口语化的短小句式，进而保证语言的流畅性和口语化程度（钟钰，2016）。将两个译本从可表演性的角度加以对比，无论是话语的节奏，还是译文的口语化程度，张南峰的译文均更胜一筹。

5 结语

戏剧翻译的特点是兼顾可阅读性和可表演性，也是对文本诠释的过程，它既要面向阅读文本的读者，也要照顾到演员在舞台演出中的台词和对白，使其便于观众理解（钟钰，2016）。本文对张南峰和文心的《理想丈夫》汉译本进行对比研究，认为张南峰的译文在可阅读性和可表演性方面均优于文心的译文。

戏剧翻译的文学性与舞台性是互相依存、密不可分的（王桂芳、李昌盛，2010）。译者在进行戏剧翻译时，应努力兼顾可阅读性和可表演性，做到译作在文学性与舞台性上的统一。

参考文献：

[1] 高壮丽.戏剧翻译中语言动作性的解读：以《李尔王》四个汉译本为例 [J].哈尔滨学院学报，2016，37（5）：107-111.

[2] 刘文娟.论《理想丈夫》的西方现代喜剧美学特征 [J].平顶山学院学报，2007（4）：71-73.

[3] 孟伟根.戏剧翻译研究述评 [J].外国语（上海外国语大学学报），2008，31（6）：46-52.

[4] 孟伟根.论戏剧翻译研究中的主要问题 [J].外语教学，2008，30（3）：95-99.

[5] 席珍彦.再现人物的神韵：戏剧对白翻译的舞台性和文学性刍议 [J].当代文坛，2012（5）：154-159.

[6] 衣莉.唯美主义的典范之作：论王尔德《理想丈夫》的语言特点 [J].兰州大学学报，2000（S1）：138-140.

[7] 肖敏，闫爱花.从电影《理想丈夫》的字幕翻译看王尔德作品在现代中国的传译 [J].梧州学院学报，2016，26（4）：54-57.

[8] 王晓农.论莎剧汉译中文学性与表演性的兼顾问题：以王宏印《哈姆雷特》译本民歌汉译为例 [J].浙江外国语学院学报，2014（3）：106-112.

[9] 王桂芳.论戏剧翻译的可表演性原则 [J].天水师范学院学报，2010，30（1）：115-118.

[10] 王桂芳，李昌盛.语用翻译对戏剧翻译的适用性 [J].牡丹江大学学报，2010，19（3）：84-87.

[11] 钟钰.试论经典英国戏剧翻译的可表演性原则及策略 [J].戏剧文学，2016（12）：97-100.

基于尤金·奈达的功能对等理论下的
汉英旅游翻译策略分析
——以《独秀峰摩崖石刻》为例

陈　晔①

摘　要：本文以尤金·奈达的功能对等理论为指导，以《独秀峰摩崖石刻》第三章的汉译英案例分析，总结翻译旅游文本中关于名称翻译、古文翻译、文化特色词汇三方面翻译的策略，采用直译、意译等技巧，忠实、有效地译出原文，从而促进桂林旅游业的发展。

关键词：奈达理论；旅游翻译；策略分析

基金项目：本文系桂林电子科技大学学位与研究生教育改革项目"以服务广西为导向的翻译硕士'旅游翻译'课程改革研究"；桂林电子科技大学研究室课程建设项目"'旅游文本翻译'专业学位研究生课程案例库"的阶段性成果。

1　引言

随着经济的快速发展，旅游业也日益兴盛。桂林作为国际旅游城市，是中国首批国家历史文化名城，旅游业是桂林的重要产业。独秀峰及靖江王城作为桂林的著名景点，具有一定历史性、文化性，是极为宝贵的旅游资源。因此，将独秀峰及靖江王城的历史文化宣传出去，让中国文化走出去，同时促进桂林的旅游业发展，带动桂林经济文化的发展，吸引更多海外游客，从而达到跨文化交际的传播与交流。

2　汉英旅游文本的特点

贾文波（2004：109-117）指出，汉语旅游文本大多重言辞华美，多用四言八

---

①陈晔，桂林电子科技大学外国语学院硕士研究生；研究方向：英语笔译。

句，多仰仗辞藻的渲染而非物象的明晰展示，因而"文采浓郁"。崔薇（2014：158-159）也指出，汉语旅游文本特别注重语言形式，不仅运用一些华丽的辞藻，还会用一些修辞手法，如排比、拟人、隐喻等。相比汉语旅游文本，英语旅游文本就显得简洁许多，更注重信息的传达。李明（2007：209）认为英文的旅游文本大多风格简约，结构严谨而不复杂，行文用字简洁明了，表达直观通俗，注重信息的准确性和语言的实用性，景物描写多用客观的具象罗列来传达实实在在的景物之美，力求再现自然环境，让读者有一个明晰的印象。崔薇（2014：158-159）认为英文旅游文本应当言简意赅，以写实为主，容易让读者记住文本内容，很少掺杂个人情感以及宣扬历史和文化内涵。基于二者的不同特点，张光明（2009：222）认为，旅游文本的翻译与旅游文本本身一样，具有"向游客传递，介绍景点信息""打动读者"的功能。翻译的原则"要做到准确，通俗，明晰，译文要有吸引力，能雅俗共赏，使各种不同文化层次的读者能易于理解，乐于接受"。

3 文献综述

3.1 尤金·奈达的功能对等理论概述

为使源语和目的语之间的转换有一个标准，减少差异，美国著名翻译理论家尤金·奈达（Eugene A. Nida）从语言学角度出发，根据翻译的本质，提出了著名的"动态对等"翻译理论，即"功能对等"。所谓"功能对等"，指的是翻译时不求文字表面的死板对应，而要在两种语言间达成功能上的对等。在这一理论中，尤金·奈达指出，"翻译是用最恰当、自然和对等的语言从语义到文体再现源语的信息"（郭建中，2000：65）。奈达有关翻译的定义指明，翻译不仅是词汇意义上的对等，还包括语义、风格和文体的对等，翻译传达的信息既有表层词汇信息，也有深层的文化信息。"动态对等"中的对等包括四个方面：词汇对等、句法对等、篇章对等、文体对等。

在这四个方面的对等中，奈达认为，"意义是最重要的，形式其次"（郭建中，2000：67）。形式很可能掩藏源语的文化意义并阻碍文化交流。因此，在文学翻译中，根据奈达的理论，译者应以动态对等作为翻译的原则，准确地在目的语中再现源语的文化内涵。奈达认为译者可以遵循以下的三个步骤来再现源语文化、消除文化差异。第一，努力创造出既符合原文语义又体现原文文化特色的译作。然而，两种语言代表着两种完全不同的文化，文化可能有类似的因素，但不可能完全相同。因此，完全展现原文文化内涵的完美的翻译作品是不可能存在的，译者只能最大限度地再现源语文化。第二，如果意义和文化不能同时兼顾，译者只有舍弃形式对等，通过在译文中改变原文的形式达到再现原文语义和文化的目的。第三，如果形式的改变仍然不足以表达原文的语义和文化，可以采用"重创"来解决文化差异，使源语和目的语达到意义上的对等。

1964 年，尤金·奈达出版了重要专著《翻译科学探索》，并提出动态对等的翻译理论；1986 年，他出版了《从一种语言到另一种语言》，在书中，他以"功能对等"取代"动态对等"，从而使其含义更加清楚。1981 年英国翻译理论家彼得·纽马克（Peter Newmark）在《翻译问题探讨》中详细地分析了语义翻译和交际翻译的这两种翻译方法的特点和区别。语义翻译是把重点放在原文的语义内容上，较为客观，力求保留原文的文化、词汇和句法特色，忠实于原文作者；而交际翻译则把重点放在读者的理解和反应上，较为主观，以译文的可读性为主，注重译文读者的反应，向读者群准确地传递原文的交际信息。英国语言学家福斯（J. R. Firth）在《语言分析与翻译》（1938）一文中详尽地阐述了结合翻译进行的语言分析的观点，进而提出了"全面翻译"的概念，即要全面运用一切可能的手段传达意义，在语法、词汇、词的搭配和语境等四个层次上进行语言分析。雅克布逊（R. Jakobson）（1926）较早注意到翻译问题与普通语言学理论的关系，他认为，翻译实际上就是语符和信息的诠释，将一种符号翻译成另一种符号，因此翻译是语言学方法中不可分割的组成部分。功能对等强调的首先是意义上的对等，其次才是文体对等。

3.2 独秀峰及周边环境概述

　　独秀峰位于广西桂林市市中心的靖江王城内，它是靖江王城景区不可分割的部分。独秀峰孤峰突起，陡峭高峻，气势雄伟，素有"南天一柱"之称。此外，在山的东边山脚有一处天然岩洞，南朝刘宋时期的文学家颜延元常在岩洞内读书写诗，此岩名为读书岩，是桂林最古老的名人胜迹。颜延元曾写下"未若独秀者，峨峨郛邑间"的佳句，独秀峰因此得名。当晨曦辉映或晚霞夕照，孤峰似披紫袍金衣，故独秀峰又名紫金山。独秀峰的峰顶是观赏桂林全城景色的最好去处，自古以来为名士所向往。登 306 级石阶可至峰顶，峰顶上有独秀亭。明代旅行家徐霞客到桂林一个多月，因未能登上此峰而遗憾。清代袁枚有诗曰："来龙去脉绝无有，突然一峰插南斗。桂林山水奇八九，独秀峰尤冠其首。三百六级登其巅，一城烟水来眼前。青山尚且直如弦，人生孤立何伤焉？"诗人不仅笔写山形，且借山形抒胸臆，为咏独秀峰名篇之一。

　　靖江王城地处桂林市城市中心地区漓江西岸，是明太祖朱元璋的侄孙朱守谦被封为靖江王时修造的藩邸，也是我国目前保存最为完好的明藩王府第，现为全国重点文物保护单位。朱守谦建造王府历时 20 多年，自建成至今已有 627 年的历史，比北京故宫建成的时间还早。靖江王城从建成到清代的 257 年中，这里曾住过 12 代 14 位藩王。

　　独秀峰峰壁摩崖石刻星罗棋布，在太平岩内有世界文化奇观——"太岁"摩崖石刻。独秀峰有自唐以来的历代石刻 136 块，均列为全国重点文物保护单位。最有价值的石刻当数 800 年前刻于读书岩前的《大比宴享即席劝驾诗》，诗中所言"桂林山水甲天下"，早为世人所传颂。清代慈禧手书的"寿"字刻于独秀峰南麓，此字乃慈禧六十大寿时书赠广西巡抚张联桂的回礼。张联桂为炫耀慈禧之厚爱，将慈禧的题字镌刻于此。"南天一柱"刻于独秀峰东面，单字径约 3.3 米，是桂林 2000 多块摩崖石刻中字体最大的石刻。

3.3 《独秀峰摩崖石刻》概述

廖国一的《独秀峰摩崖石刻》于 2013 年出版。该书根据文献记载以及实地考察，初步查清了独秀峰摩崖石刻的分布情况及数量，梳理了独秀峰摩崖石刻历史发展的脉络，从体例、内容两方面对独秀峰摩崖石刻进行分类，并从史学价值、文学价值、美学价值和书法价值四个方面对独秀峰摩崖石刻进行深入研究，对全面了解和认识独秀峰摩崖石刻及靖江王城历史文化有着较为重要的意义。

4 翻译策略分析

4.1 名称翻译

4.1.1 直译法

直译法，顾名思义就是"传达字面意思"。这种方法可以用在意义对等的基础上翻译某一事或物，这样既保留了源语言的意义和内容，又可以让目的语读者理解。例 1 中的诗名，例 2 中的画像作品名以及例 3 中的年代名称都用直译法进行翻译。

例 1. 而李佩蘅的《独秀峰题诗二首》、龚南金的《独秀峰题诗二首》、胡午亭的《独秀峰题诗四首》、梁肇晋的《独秀峰题诗三首》等摩崖诗刻，也属于一石多诗。

试译：*Two Poems of the Solitary Beauty Peak* by Li Peiting, *Two Poems of the Solitary Beauty Peak* by Gong Nanjin, *Four Poems of the Solitary Beauty Peak* by Hu Wuting and *Three Poems of the Solitary Beauty Peak* by Liang Zhaoji and other co-authors fall into the category of one stone and multiple poems.

例 2. 独秀峰摩崖石刻中有 9 件是画像作品，分别是元代丁方钟画孔子像；明代第十一代靖江王朱任昌《刘海戏蟾图》《□□□独秀山面图》《□□□独秀峰背图》《张天师像》与泉口老人题"依样"二字的葫芦画像碑刻。

试译：Nine of the Solitary Beauty Peak steles are portraits. They are Confucius' portrait by Ding Fangzhong in the Yuan Dynasty, *Liu Hai Plays with a Toad*, the *Solitary Beauty Peak Front View*, the *Solitary Beauty Peak Back View* and *Master Zhang's Portrait* by Zhu Renchang, the 11th King of Jingjiang in the Ming Dynasty, calabash tablet with two characters "Yi Yang" by an old man.

例 3. 北宋熙宁年间（1068—1077），桂林府学迁到城东南隅（在今桂林市桂林中学校园内），元祐年间（1086—1094），桂州知府（今桂林）孙览在唐代府学的旧址建立"五咏堂"，记载了兴安人蒋时于南宋乾道八年（1172 年），领其徒十数人，在独秀峰下肄业的情况。

试译：During the years of the Xining period in the Northern Song Dynasty (1068—1077), the Guilin state-run school moved to the southeast side of the city(now Guilin Middle School)... During the years of the Yuantuo period in the Yuan Dynasty

(1086—1094), Sun Lan, the Prefect of Guizhou space (now Guilin), set up the "Wuyong Hall" ... says In 8th year of the Qiandao period in the Southern Song Dynasty (1172 年), Jiang Shi led a dozen apprentices to teach and study under Solitary Beauty Peak.

4.1.2　意译法

意译法指译文在遵循原文的语义的基础上，译者根据目标语言的语言习惯和句式形式进行变换，更侧重原文意义的传达，而不拘泥于表面的文字结构（金雨杉，2015：126）。在文化不对等或空缺的情况下，照顾读者的认知，译者尽量在目的语文化中找出可以与名称相匹配的内容。

例 4. 如南宋广西提点刑狱王正功《□判府经略大中丞公宴贺之诗》中……明代广西右参政杨表的《太平岩诗》……明代府江兵备副使升苑马寺卿葛中选的《登独秀峰诗》……清朝广西提学使闵叙的《题独秀峰诗》……

试译：from *Poem on the Banquet* by Wang Zhenggong, the governor of Guangxi, in the Southern Song Dynasty... from *Poetry of Tianping Cave* by Yang Biao, the governor of Guangxi in the Ming Dynasty... from *Climbing the Solitary Beauty Peak* by Ge Zhongxuan,the governor of Fujiang in the Ming Dynasty... from *Poetry Inscribed on the Solitary Beauty Peak* by Min Xu, the governor of Guangxi in the Qing Dynasty...

此段中官名"提点刑狱""右参政""府江兵备副使升苑马寺卿""提学使"并没有直译出，而是采用意译法进行翻译，统一用 governor 翻译上述官名。中国古代官名众多，没办法在英文中找到对应的词翻译，如果强行直译，会引起歧义，也会让读者不理解。对于是用 governor 还是 official 哪个更符合意义对等原则，笔者通过查阅资料对比之后认为选择 governor 一词更为贴切原文。

4.2　古文翻译

译者在进行古文的英译中，首先，要了解原文内容、背景、文章的整体思想和想要表达的情感；其次，要查查古文中一些词的意思，有些词可能与现代汉语的意思不符，有些词中包含一些典故；再次，把古文翻译成现代白话文；最后，根据白话文的意思翻译成英文，这样就能得到比较标准的内容。

例 5. 洞口微云恣卷舒，石岩相对一蓬庐。赋才晋宋多夷旷，好景古今难贮储。茗碗已惊浮雪浪，斋厨俄听响鲸鱼。子云识字终何用，且读人间未见书。访颜氏读书岩，论茗鼓琴裴回久之预者四人机宜刘襄、监郡朱良弼、司理蔡仁。绍兴甲戌三月二十七日，知府事吕愿忠题。

试译：The clouds in front of the cave rolled up and stretched out. There was a stagecoach at the opposite side of the cave. There were many talented people in the Jin and Song dynasties. However, it was hard to retain this boom, either in ancient or modern times. The tea was ready. I would not have come to myself unless awakened by the sound of tea making. From the temple kitchen came the sound of cooking fish and rice. Yang Xiong said that what was the point though one was literate? To delight ourselves, let's just read books that haven't been read by worldly people. Governor Liu Xiang, Zhu Liang Bi, Cai Reng and I, paid a visit to "Du Shu Yan", which is famous for Yan Yanzhi, a writer in the Southern Dynasties. We lingered for a long time, making tea and playing Chinese zither. March 27th, Shao Xing period in the Southern Song Dynasty (1154), Lü Yuanzhong wrote.

例5中的古文是于南宋绍兴二十四年（1154年）刻在独秀峰读书岩的吕愿忠的《访颜氏读书岩》一诗。首联两句描写了读书岩的自然环境，突出了读书岩适合读书的清静的特点，勾勒了读书岩的初步形象。颔联是诗人回想晋宋时期颜延之在这里读书终于成才，表达了对颜公的倾慕。然而回首如今斯人已去、事迹空传，只留下读书岩这一景点引人怀想；茶已煮、饭已造，而浑然不觉；"惊""听"两字正好说明了思古时间之久、感情之深；惊回首，今世已不同往日。尾联诗人借扬雄事迹叹读书无用，暗含了同为书生自己的命运，表现了诗人只希望读书、远离时事的心态。

文中"蓬庐"这一词的意思可参照百度对该词的解释："古代驿传中供人休息的房子。犹今言旅馆。"此处译为茅庐，即指颜延之筑庐读书岩下的茅庐。用"there be"句型翻译体现出它的客观存在性。"子云"指扬雄，子云是扬雄的字。"识字终何用"的解释有两种，一是扬雄自评，即其关于"赋"的"雕虫小技、壮夫不为"之论；二是指扬雄后期政治生涯中跟随王莽的伪朝。识字何用之问表达了吕愿忠对文人命运的自嘲与无奈。"预"是参与之意，此处译为同行人。

对中国古文中时间的翻译一直是英译中的重点，既要忠于原文，又要让目标读者理解，如果读者是外国人，对中国历史不熟悉，不知道绍兴二十四年是哪一年，所以笔者在翻译时尽量把具体年代直接写出，这样一目了然，也易于读者理解。

例6. 方伯黄公下车以来，未期年，而百废俱兴。缘天气爽朗，步磴独秀峰，峰势犖崒，石径欹险，太白鸟道，当不是过。余振衣追随，直造其巅，游自骋怀，乐乃忘倦，何必梦游天姥方为月生概，故识之。三韩张惟远题。

试译：Since Mr. Huang took office, his management of the town business was flourishing in less than one year. It was a comfortable day, so we climbed the steep Solitary Beauty Peak via the rugged stone road. However, the Solitary Beauty Peak's road is more rugged and steep compared to the road entering Sicuan. I prepared myself to followed Huang's footsteps until we arrived at the top of the Solitary Beauty Peak. I looked around the scenery, stretched my arms, and joyfully forgot the feeling of fatigue. This kind of experience was so amazing that I did not need to visit Tianmu Hill in my dream. Zhang Weiyuan wrote it down.

例6是清代广西右参议张惟远的《独秀峰题记》。这篇游记讲述的是在天气晴朗的日子里，张惟远陪同黄国材一起登独秀峰，只见峰势高峻，石径崎岖，犹如太白鸟道，令人心慑。他们登上山顶以后，游目骋怀，感觉耳目一新，令人忘倦，并感慨景色此峰独秀，何必梦游天姥山呢。

文中"方伯"是地方长官之意，也是布政使的别称，这里指的是"黄公"也就是广西布政使黄国材。"下车"的意思是官员初到任。"太白鸟道"出自李白《蜀道难》中的诗句"西当太白有鸟道"，用来形容入蜀道路的艰难险峻，也泛指路途艰险，这里则形容登独秀峰石径的狭窄。"梦游天姥"的典故出自李白《梦游天姥吟留别》，天姥山在今绍兴新昌县东 2.5 千米，传说古时有登山者在登此山时听到过仙人天姥的歌声，山因此得名。

4.3 文化特色词汇翻译

中国文化特色词指中国语言独有的语言表达形式，包括一些概念、政治术语、短语和汉语民族文化特色鲜明的词语等（侯智媛，2017：208–209）。这些词语蕴含着中国几千年文化，具有独特的中国文化特色，很难用另一种语言来表达。对相关背景知识的认识是翻译文化特色词汇的基础。有时，如果不了解真实的文化背景，翻译就会出错，因此需要尽量在翻译中实现对等。

例 7. "福"字本义是祈求上天或神灵保佑人人丰衣足食。随着时代的发展，物质生活水平的提高，人们对"福"提出了更高的要求，认为"全寿富贵之谓福"。后来又发展到"五福"，"福者有五，一曰寿，二曰富，三曰康宁，四曰修好德，五曰考终命"。这一"五福"又演变成"福、禄、寿、财、喜"的"五福"。

试译：The original meaning of the character "Fu" is to ask God or the gods to bless everyone with enough food and clothing. With the development of the times and the improvement of material life, people suggested a higher request for "happiness," that included lifelong richness and nobleness. Later, "Fu" grew to mean "Five Blessings" longevity, wealth, health, morality and a natural end to life. These "Five Blessings" later evolved into the "Five Blessings" of "happiness, prosperity, longevity, wealth, and joy."

例 7 中"五福"和"福、禄、寿、财、喜"属于文化概念词。"五福"原出自《书经》和《洪范》，是古代中国民间关于幸福观的五条标准，也可以说是五种祝福，就翻译成 Five Blessings，既表达出了词本身的含义，也更便于外国读者理解。

关于"福、禄、寿、财、喜"的翻译，其中"禄""财"的意思相近，都可以译成 wealth，为避免重复，就用一次。但要突出五种祝福，就要选用另一个词来代替，笔者在这个问题上也思考了很久，一开始译成 happiness，good salary，longevity，wealth，joy，但这样显得有点混乱而且不够简洁。根据现代汉语字典解释"禄"本义是福气、福运，还有禄祚（福分和寿命）；禄命（古代宿命论者认为人生的盛衰、祸福、寿天、贵贱等均由天定）；禄相（有禄的相的样子。旧时相术认为人的形体、气色等与人的贵贱贫富、天寿等有关）；禄气（食禄之气运），古代称官吏的俸给、俸禄之意。"财"是钱和物资的总称。笔者最后选用 prosperity 这个词来翻译"禄"："Prosperity is the state of flourishing, thriving, good fortune or successful social status. Prosperity often encompasses wealth but also includes other factors which can be independent of wealth to varying degrees." 。wealth 的解释是 "Wealth is the abundance of valuable resources or valuable material possessions."。由此可见"禄""财"分别译成 prosperity 和 wealth 合理。

例 8. 在前述独秀峰东麓清代书法家郭司经所书的"福"字的附近，还刻有郭司经的一副草书福寿对联："福如东海长流水；寿比南山不老松。"

试译：In the aforementioned east foot of the Solitary Beauty Peak, near the Qing Dynasty, calligrapher Guo Sijing of the word "Fu" also engraved his Fushou couplet in cursive script "happiness lasts like the East China Sea's vast running water, life spans over like the South Mountain timeless pine tree".

本例中"福如东海长流水；寿比南山不老松"是文化概念词，这一句的意思是福气和东海的水一样，天天流不断，形容福气多；寿命和南山上老松树一样，永远存在，形容寿命长。这词的翻译可以参考网络上的英文解释："Chinese idiom '福如东海，寿比南山' literally means good fortune is as boundless as the East China Sea and life is as long as South Mountain (on Hainan island). According to legend, drinking water from the East China Sea brings good fortune, and people living on the South Mountain lived longer and healthier lives. This phrase is often used as a blessing for the elderly, wishing them a long and abundant life."。

5 结论

翻译不仅是英汉两种语言之间的转换，还是文化之间的交流和融合，更是译者在原作基础上的再创造的过程，需要译者结合功能对等理论，根据具体的语言环境，采用合适的翻译策略，使译文既能呈现原作者的思想内涵，又能适应目标读者的需求，更好地实现有效传达。本文结合《独秀峰摩崖石刻》第三章的汉译英案例，分析了旅游文本翻译中的翻译技巧，以便更好地翻译桂林旅游文本使外国读者能更准确地理解原文本，促进旅游业和经济的发展。

参考文献：

[1] Firth, J. R. *Linguistic Analysis and Translation*. London：Oxford University Press, 1957.

[2] Henry, O. *100 Selected Stories*. Worldworth editions ltd, 2012.

[3] Newmark, P. *Approaches to Translation*. Shanghai：Shanghai Foreign Language Education Press, 1981.

[4] Nida, E. A. *From One Language to Another：Functional Equivalence in Bible Translating*. Shanghai：Shanghai Foreign Language Education Press, 1986.

[5] 崔薇.旅游文本的特点与翻译 [J]. 产业与科技论坛，2014（4）：158-159.

[6] 郭建中.翻译中的文化因素：异化与归化 [J]. 外国语（上海外国语大学学

报），2000（23）：65-67.

[7] 侯智媛.具有中国文化特色词语的翻译研究 [J].校园英语，2017（14）：208-209.

[8] 贾文波.应用翻译功能论 [M].北京：中国对外翻译出版公司，2004.

[9] 金雨杉.基于奈达功能对等理论下的英汉翻译策略：以《麦琪的礼物》为例 [J].商业故事，2015（21）：126.

[10] 李明，陈准民，陈建民.商务英语翻译（英译汉）[M].北京：高等教育出版社，2007.

[11] 廖国一，李欣妍.独秀峰摩崖石刻 [M].桂林：广西师范大学出版社，2013.

[12] 张光明.英语实用文体翻译 [M].合肥：中国科学技术大学出版社，2009.

功能对等视角下的汉语四字格成语英译

——以张培基《英译中国现代散文选（四）》为例

陈舒婷① 罗美玲②

摘　要：四字格成语作为汉语的一种特色词汇，反映了中国的风俗习惯、精神风貌和意识形态，为汉语学习者提供了一个了解中国文化的特殊渠道。汉语四字格成语的英译受到普遍关注，但对散文中的四字格成语英译的研究还远远不够。张培基《英译中国现代散文选（四）》出版以来，备受翻译家和读者喜爱，下文以第四卷为例，探讨功能对等理论指导下散文中四字格的翻译。

关键词：功能对等；英译中国现代散文选；四字格成语；翻译

1　引言

据《辞海》定义，成语是熟语的一种，是习用的固定词组，在汉语中多由四个字组成。多数汉语四字格成语来源于中国古籍《诗经》。《诗经》中几乎每行诗歌都由四个汉字组成，如"窈窕淑女"出自《诗经·周南·关雎》的诗句"关关雎鸠，在河之洲。窈窕淑女，君子好逑"，意思是体态美好又有德性的女子。《诗经》中产生了大量的汉语四字格成语，随后出现的骈文更进一步促进其发展。对称结构是现代汉语中一种较为特殊的结构格式，而韵律则是指语言的节奏规律。中国著名语言学家吕叔湘（1984：407–413）曾说，"现代汉语韵律的重要发展趋势便是'现代汉语韵律形式'"。汉语四字格成语的结构对称也是如此，通常前两个字和后两个字是对称的，汉语四字格成语的结构对称可从意义、语法形式、韵律层面进行分析。意义对称有以下三种：第一种是四字格成语中前两个字和后两个字的意义相同或相近，如"装腔作势"中的"装腔"和"作势"都比喻故意做出某种虚假的情态。第二种是前两个字和后两个字的词性相

---

①陈舒婷：桂林电子科技大学外国语学院硕士研究生，研究方向为文学翻译、旅游翻译。

②罗美玲：桂林电子科技大学外国语学院副教授，硕士生导师，研究方向为英汉翻译。

反，如"避实就虚"中的"避实"意为"回避要害问题"，而"就虚"指的是"只谈无关重要的方面"。第三种是前两个字和后两个字形似或相近。语法结构上，汉语四字格成语中前两个字和后两个字的关系大致可分为两种关系，即并列关系和偏正关系。韵律结构上，汉语四字格成语除了在意义上有重复性，在韵律上也颇具重复性。四字格成语韵律结构复杂多样，有 AABB 式、AABC 式、ABAC 式等词语，如"堂堂正正""心心相印""倾国倾城"，这类成语不仅为散文平添了可读性和感染力，还体现了散文的有效性和表现力，因此，四字格成语具有韵律美的特征。

英文当中也有类似的 goody-goody、shill-shally、walkie-talkie 等词汇，但英语音节的复杂性和多样性导致英语的叠词不如中文丰富。英文中的叠词或重复词大多出现在拟声词当中，或用于表示强调语气，通常见于俚语和其他非正式文本中，因此很大限度上也局限了此类词汇的衍生能力和适用范围。

在翻译实践中，美国翻译理论家尤金·奈达发现，许多译者将文本格式放在首位，即只考虑行文格式本身。在他看来，译者若能挣脱原文本形式和结构的束缚，就能更好地反映出原文本的精神和思想，因此他倡导译者将关注点从文本的形式转移到目标语读者的反应，进而提出功能对等理论，以帮助译者在源语和译入语间实现不同程度的达意（尤金·奈达，1982：12-13）。要掌握功能对等理论，须先理解翻译的本质。尤金·奈达（1982：12-13）认为翻译的目的是在译入语中重现与源语文本最为接近的最自然的对等表达。翻译的本质涉及源文本的重现，用对等取代一致性，追求最自然、最接近源文本的对等，意义先于格式等方面。翻译过程中真正需要考虑的是译入语的接收者，而非译文形式。总而言之，译入语读者的感受可以作为评判译文质量的准绳。

根据功能对等理论，译者为了达到最自然、最接近源文本的翻译，必须在翻译过程中完成四个步骤，即语法分析、转化、重构和检验。语法分析涉及源语言的词语组合，语法关系，结构表达，层级结构分析以及两种意义，即所指意义和内涵意义。转化是指将经分析的文本转化为另一种语言。此外，为了达到功能对等，译者在转化过程中进行一些调整是不可避免的，更是不可忽视的。重构是指将源语的深层结构转换成目的语的表层结构，也就是译者应将转化后的文本重构以期译入语读者能够完全接受。检验是指将完成转化的文本交由以译入语为第一语言的具有普遍代表性的读者，检验译文的准确性、可理解度、风格对等。通过完成以上四个步骤，译者能清晰地区分书面语言和口语，并考虑语言的社会层次、环境水平、地域方言等。

2　功能对等视角下汉语四字格成语英译的分析

下文将从意义对等、风格对等、文化对等三个方面探讨功能对等理论在《英译中国现代散文选（四）》的四字格成语翻译中的应用，希望读者在鉴赏汉语四字格成语的同时加深对功能对等理论的理解。

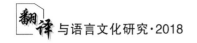

2.1 意义对等

尤金·奈达（1982：12-13）曾说，翻译的首要目的是向目的语接收者重现与源语言文本最为接近的自然的对等译文，这需要译者进行大量语法和词汇的调整。语法分析过程中涉及两种意义，即所指意义和内涵意义。词语的意义指某种物体、事件、属性或人感觉或想象的抽象事物，是辞典收录的词的基本意义，在该词所有意义中占中心地位。译者通过语法成分分析，如分析成分层次和重要次序等便可知该词的所指意义。然而，由于源语言和目标语存在各方面差异，有时仅凭字面意思不足以达意，容易造成误解，甚至闹出笑话。如 "罗雀掘鼠" 常形容某人积极寻找粮食充饥，又比喻想尽办法，筹措款项，如果译成 to net birds and dig out rats（用网捕捉鸟，挖洞捕捉老鼠），明显会使人产生误解并且逻辑混乱，让人莫名其妙。在这句四字格成语中，"罗雀" 和 "掘鼠" 都属主谓关系，两者结构上的并列呈现了一幅食不果腹、只能以鸟和老鼠充饥的画面。如此语法分析，有助于把握成语的核心意义成分，即其所指意义 contrive ways and means when in straits（极度匮乏中尽力筹集物资）。如将 "梁上君子" 翻译为 gentleman on the beam（在房梁上的君子）会让目的语读者摸不着头脑，译为 burglar or thief（窃贼）较佳。张培基《英译中国现代散文选（四）》中，此类佳译颇多。

例 1. 蜈蚣毒蝎是毒虫，但使用得当不也能以毒攻毒地治病吗？

译文：Centipedes, snakes and scorpions are venomous, but, when properly used, they cure disease by combating poison with poison, don't they?（张培基，2012：76）

"以毒攻毒"，指用有毒的药物来治疗因毒而起的疾病，成语结构属于偏正关系，可用做谓语、定语和宾语。经语法分析可知，译文准确地转化并传达了作者本意。

内涵意义涉及人的情绪和感受，体现在交流中参与者对某个词的反应，因而比所指意义更为复杂。尤金·奈达（1982：91）认为人们平常避而不谈的一些词，不管是褒义的还是贬义的，都包含着丰富的内涵意义。在中国，人们常用 "狗" 来比喻下流卑微之物，如果将 "狼心狗肺" 翻译成 "狼的心和狗的肺"，目的语读者可能会不明白词语的内涵意义。

例 2. 这样的跋扈乖戾之气如果不早早纠正过来，将来长大到为社会服务，必将处处引起摩擦不受欢迎。

译文：If they continue to be so cocky and willful without correcting themselves as soon as possible, they will never get along well with other people some day as members of society.（张培基，2012：62）

"跋扈乖戾" 为形容词，两者为并列结构。"跋扈" 多形容人专横粗暴，"乖戾" 指人的性格、言语、行为的别扭，不合情理，而今该成语常形容人为所欲为，无所顾忌。原文中此四字格成语意在描述当代年轻人的坏脾气，因此，译者在翻译时同样也使用了两个形容词 cocky 和 willful。

例 3. 但在一时盛名之下，往往不够艺术价值的劣画也都招摇过市，欺蒙喜爱的收藏者，被市场上来回倒卖，互相欺骗。

译文：The problem is that inferior paintings of low artistic value, often, under cover of high reputation, <u>openly beguile</u> avid art collectors and people rush for speculative buying and reselling of them, cheating each other.（张培基，2012：201）

为了实现内涵意义对等，译者应考虑文中的情感因素。"招摇过市"是动词，意为故意在群众面前虚张声势，夸耀自己，以引起别人的注意。原文描述了粗制滥造的劣画伪装成真品流通于市，欺骗消费者一事。所以，译者将该成语译成 openly beguile，体现其情感因素。

例 4. 然而它们的造型，僵硬呆板，不像大自然的山峦，<u>鬼斧神工</u>，有着美妙的线条，蕴含着迷人的神韵。

译文：They are stiff and stereotyped in form, unlike real mountains which are <u>a masterwork of nature</u> with beautiful lines and implicit enchanting grace.（张培基，2012：265）

"鬼斧神工"的字面义为鬼神制作出来的精美杰作，形容技术高超，几乎不是人力所能达到的。由于涉及了宗教和迷信等因素，"鬼"（Ghost）"神"（God）等词须在译文中尽量避开。因此译者将这一四字格成语理解为经过时间的洗礼、在大自然的雕琢下形成的壮美景色，将"鬼斧神工"译为 a masterwork of nature 正是追求内涵意义对等的体现。

2.2 风格对等

尤金·奈达（1982）认为翻译时意义第一，风格第二，"译者不能像翻译散文一样地翻译诗歌，也不能像翻译直叙文本一样翻译说明性材料"。风格对等虽然次于意义对等，在翻译中尤其在增强译文对等效果上无疑发挥极其重要的作用，但这并非易事，毕竟译者要面对各种互相矛盾的因素（尤金·奈达，1982：12）。如译者努力转化最为自然的译文，却不能做到形式上的对等。下文将从语境一致性、语言审美、修辞三个方面探讨功能对等指导下汉语四字格成语翻译的风格对等。

"语境一致性比词语一致或逐字对应更具优越性。"（尤金·奈达，1982：12）在不同语义环境下，无法在目的语中找到源语文本里某个对应的词并且完全对等。因此译者应该思考直译产生的译文是否自然、具误导性，产生搭配错误或涉及历史方面的问题。在此情况下，了解语境可以帮助译者解决各种问题并选择接收者语言中适合的对应词汇。

例 5. 然而，我立刻就到了一个可以<u>安身立命</u>的地方，这就是北大图书馆。

译文：Fortunately, I soon found a place <u>where I could settle down to a tranquil life and get on with my work</u>, that is, Peking University Library.（张培基，2012：135）

例 6. 在那个动荡的世界，能觅到一处可以<u>安身立命</u>的清净世界且有书读，简直是太令人兴奋了。

译文：How happy I was to have, in time of turmoil, this quiet haven plus books <u>so</u>

that I could settle down and get on with my pursuit of learning. (张培基，2012：142)

例 5 和例 6 两句中，"安身立命"所在的语境不同，意义上也有细微差别。例 5 中作者倾诉自己与北京大学图书馆的特殊感情，将北京大学图书馆视为得以容身并投入工作的地方。而例 6 中，作者想要强调读书的重要性，将北京大学图书馆视为一个能让他远离动荡不安，潜心钻研的地方。译者感受到了这两种语境下细微的意义区别，很好地达到了译文与原文的对等。

例 7. 这是无可厚非的，入国必须检查，这是世界公例。

译文：That was all right because entry inspection was an international practice. (张培基，2012：158)

例 8. 为了美观，略施装饰，无可厚非，斥之伪，有点刻薄。

译文：Nevertheless, a little embellishment for the sake of nice appearance is not altogether inadvisable, and it is a bit harsh to denounce it as falsehood. (张培基，2012：211)

入境检查是世界各地普遍接受并且统一执行的，例 7 中的"无可厚非"表示检查是可以理解的，因此将其译为 all right 以符合语境的一致性。而例 8 中的"无可厚非"本可翻译为"... is beyond reproach"等，但是这样翻译语气略重，与原文表达的意思有出入，因此译为 is not altogether（或 completely） inadvisable。

审美表象对文学作品极为重要，因为一篇优美的文章需要依靠审美表象以增强渲染力和生动形象的效果。因此译者翻译时应该最大限度地重现源语文本中的美。为此，译者首先应当准确地理解和判断出原文中具有审美价值的文段并进行转化和重组。

例 9. 肥大的水蜜桃、大个儿西瓜、又黄又圆的香瓜、白嫩的鲜藕摆在一起，竞妍斗艳。

译文：Array side by side were juicy honey peaches, plump watermelons, yellow round muskmelons, fresh tender lotus roots, vying with each other to be the most beautiful. (张培基，2012：152)

"争"和"斗"都是与人比拼之意，"妍"与"艳"发音相近，都指相貌美艳、具有吸引力。总言之，"争妍斗艳"意为与人比美。但译者并没有选用 compete 或 contend 这类词，而是用了 vie 以期将译文的优雅美感提升到更高的境界。

例 10. 但今日书店书摊上琳琅满目，一片花里胡哨，连书名都认不出来。

译文：But, today, bookstores and bookstalls are a riot of loud glaring color, so much so that the book titles are overshadowed and become hardly recognizable. (张培基，2012：211)

"花里胡哨"属于形容词，用于形容人衣着打扮华美纷杂或颜色过分鲜艳繁杂。该词在原文中描述的是图书在书店和书架的情况，因此译者选用了短语 a riot of, riot 作为名词其基本含义就是骚动、暴乱。短语 a riot of 便能很好地体现出被包装得五颜六色的书充斥着当今图书市场的景象。

例 11. 天昏地暗，<u>飞沙走石</u>。

译文：It turned dark all round and <u>the fierce wind sent sands flying about and pebble hurtling through the air</u>.（张培基，2012：254）

名词"飞沙"和"走石"意为"飞扬的沙砾"和"翻滚的石头"。"沙砾"的指示意义 sand 在英语中一般是不可数名词，但是译者在此特意将"沙"翻译成复数形式的 sands，旨在译文中体现出原文所描绘的严酷环境，重现风格对等的美感功能。

在翻译散文作品时，译者有责任还原原作的修辞手法。然而，由于语言差异，很难完全再现原文修辞手法的功能。因此，译者不仅需要在分析原文时留意其修辞手段、风格特色，还要在理解原文的基础上适当增加原文暗含的修辞手段。

例 12. 往下看萤火虫一样的光亮渐渐消失，很快街道被黑色完全包围，<u>万籁俱寂</u>，只有远处传来的微弱的犬吠声。

译文：Then, when the distant fires flickering like fireflies, gradually died out, the streets became pitch dark and <u>silence reigned everywhere</u> except for the faint barking of far-off dogs.（张培基，2012：20）

"万籁"指自然界中万物发生的各种声音（every sounds in the universe），"俱静"指都安静了（being quiet），因此，万籁俱寂是指形容周围环境十分宁静，一点儿声音也没有。原文中"万籁俱寂"的主语是万籁，也就是 sound。译者考虑在目标语中增添拟人的修辞手法，因此选择了 silence（寂静）作译句中的主语，reign（统治）作谓语动词以体现这个成语的美感和灵动。

2.3 文化对等

一个民族的文化因其语言的发展而得以继承和发扬，而语言作为文化的载体能够直接客观地反映该民族的文化和语言使用者的精神风貌。汤普森认为，文字是以符号形式存在的文化的一部分（奈达，1914-2011：162）。汉字四字格成语在中华民族几千年的历史长河中得到孕育与发展，蕴含许多民间传说、宗教故事、英雄传奇、历史记载等文化因子，可以说是中国文化中最具特色也是最重要的语言符号之一。译者应该做到的第一步，是认识并全面理解一篇文本中的文化特征和背景，当然也可以适当地改变原文的意象以及表达，以便在目的语中达到文化对等。

例 13. 祖逖<u>闻鸡起舞</u>，那才是志士奋励的榜样。

译文：The story of Zu Ti <u>rising at cockcrow to practise swordplay</u> should be a good example for all men of resolve to learn from.（张培基，2012：62）

成语"闻鸡起舞"源于《晋书》中的一个历史故事。故事主人公祖逖为报效国家，夜闻鸡啼立即起床操练武艺。此后人们用这一成语赞扬发奋图强、保家卫国的有志之士。读者看到"闻鸡起舞"即可知道这句成语用于形容勤奋的人，而且武术与剑术作为中国的传统运动为越来越多的人所熟知。所以在翻译时，译者没有采取任何的改动便能很好地达到译文中的文化对等，直接明了地向目的语读者展示中国的文化。

例 14. 想我这么一把年纪，距离<u>灰飞烟灭</u>的日子已经不远了，似乎再也没有什么事情需要"保密"了。

译文：Being an old man already <u>with one foot in the grave</u>, I felt I no longer had anything to hold back at all. （张培基，2012：176）

"灰飞烟灭"源自唐代佛经《圆觉经》，经宋代著名文学家苏轼在其作品《念奴娇·赤壁怀古》引用而广为人知。"灰飞烟灭"原指凡事都会像灰烟一样消失，后用于形容美好的事物转瞬即逝。原文中，作者用这一成语表达命不久矣。为了重现文化上的对等，译者选用了一个英语的成语 with one foot in the grave，让目的语读者更好地理解其意。

例 15. 外国人也包装，也走人情，也行贿，但以包装做欺蒙则我们传统中早有提示：<u>金玉其外，败絮其中</u>。

译文：People in foreign countries are also particular about packaging, and also bribe with gifts, but we have a longer tradition of hoodwinking customers by means of packaging, as witness <u>the ancient Chinese saying, "Gold and jade without, rubbish within"</u>. （张培基，2012：211）

"金玉其外，败絮其中"一词出自明代刘基的《卖柑者言》。文中刘基用这句成语形容柑子的外表像金像玉，里面却如破棉絮，但他实指某些华而不实，外表光鲜美丽而无修养内涵的人。在例 15 中作者用这句成语批评市场上泛滥的过分鲜艳的产品包装。译者考虑到这句成语中的文化内蕴后，并没有选择省译而是将这句成语中的意象都完全表现在了译文中，并且增添 the ancient Chinese saying，向目的语读者传播中国的文化知识。

3 结语

为更好地使中国文化"走出去"，译者需要励精图治，翻译好汉语四字格成语。然而，许多译文还无法准确地传达汉语四字格成语的意义、风格或文化精神。翻译汉语四字格成语的关键，在于采取切实可行的措施、遵循的原则以及译文对意义、风格、文化对等的重现。本文还存在局限性和不足之处，真诚地希望本文能够为功能对等理论运用下的汉语四字格成语翻译研究有所启发。

参考文献：

[1] Jin, D.& Nida A.E. *On Translation*. Beijing: China Translation and Publishing Corporation, 1984.

[2] Nida, A. E. *Fascinated by languages*. Amsterdam/Philadelphia: John Benjamins Publishing Company, 2003.

[3] Nida, A. E.& Charles R. T. *The theory and practice of translation*. Leiden:

Brill Academic Publishing, 1982.

　［4］　Nida, A. E. *Toward a science of translating* ［M］. Shanghai : Shanghai Foreign Language Education Press, 1994.

　［5］　金隄.等效翻译探索［M］.北京：中国对外翻译出版公司，1998.

　［6］　吕叔湘.汉语语法论文集［M］.北京：商务印书馆，1984.

　［7］　连淑能.英汉对比研究［M］.北京：高等教育出版社，2010.

　［8］　马国凡.四字格论［J］.内蒙古师范大学学报，1987（3）：51-58.

　［9］　张培基.英译中国现代散文选（四）［M］.上海：上海外国语出版社，2012.

从目的论角度下看
电影《绣春刀Ⅱ：修罗战场》字幕翻译

谢存存①

摘　要：优秀的影视作品是文化交流和传播的重要途径，其中字幕翻译功不可没。本文试从德国功能翻译理论的目的论角度，对电影《绣春刀Ⅱ：修罗战场》的字幕翻译进行研究，浅析字幕翻译的特点和译者所用的翻译策略和方法。本文认为，针对字幕翻译的特殊性，功能主义理论对字幕翻译策略的指导具有很大意义，可以让观众更好地理解影片，促进文化的传播和交流。

关键词：目的论；字幕翻译；翻译策略

1　引言

随着全球化进一步发展，国家间的文化交流日益加深。电影作为一种文化载体，以其直观有效的方式成为一种重要的文化交流方式。近些年，中国电影行业发展迅猛，很多优秀的国产片也走出了国门，向世界展示中国文化，增强了中国电影在国际市场上的影响力。在此过程中，字幕翻译行业也起了非常大的作用。电影字幕翻译已经成为翻译研究的一个重要领域，译者应该对其有足够的重视（钱绍昌，2000：62）。好的字幕翻译是向世界展示中华文化的基础。

字幕可以分成两种，即语内字幕和语际字幕。语内字幕是指字幕与电影的语言相同。语际字幕是指在保留影视原声的情况下将原语译为目的语叠印在屏幕下方的文字，现在人们通常提到的字幕翻译指的是语际字幕的翻译（李运兴，2001：38）。字幕翻译受时间和空间限制，需要对原语言进行浓缩，将口语转化成书面语，并与原图像、声音进行配合，这些都要求字幕翻译者精简而又充分表达原来的信息。影视语言有大众性，它从一开始就注定是一种大众化的艺术，这种特性要求影视语言必须符合大众的受教育水平（张春柏，1998：50）。相应的字幕

---

①谢存存：广西大学外国语学院硕士研究生，研究方向为英汉翻译。

翻译也必须满足这个条件。在电影字幕翻译过程中，译者既要考虑到目标语观众的期待和需求，也要尽量表达出导演想传达的信息。一个好的字幕翻译不仅能够还原字幕原意，还能让观众轻易捕捉文字背后的意蕴，从而赢得更多的票房。

2 目的论

20世纪六七十年代，为解决语言学中出现的种种问题，德国功能派提出了功能翻译理论，将研究的重点转向目标文本而非源语言文本，其核心为德国功能派学者汉斯·费米尔（Hans Vermeer）提出了"目的论"（Skopos Theory）。"目的论"认为翻译过程中的原则是专注于翻译活动本身的目的，如字幕翻译并非只是翻译，而是一种有目的的行为。该理论将目的论放在中心地位，重视译文所产生的预期效果（钟伟合、钟珏，1999：48）。它认为翻译必须遵循目的原则、连贯原则和忠实原则三个原则。其中目的原则为翻译主要原则，每篇文本都有特定的目的，译者应该根据其目的决定要采用什么样的翻译方法。目的原则可以表述为"用一种使文本在其使用的情景中达到预期功能，和文本使用者想要文本达到其预期功能的方式相一致的方式来翻译"（Vermeer，2000：23）。连贯原则要求译文能够被目标语读者接受、符合其语法，不仅要达到语言的连贯，还要达到文化背景及情景的连贯。忠实原则要求翻译要忠实源语言，这一原则可能在某些具体翻译的时候与目的原则相矛盾，这要求译者根据翻译目的对翻译策略作出相应的调整。汉斯·费米尔提出的"目的论"为中国的影视作品字幕翻译提供了强有力的理论支撑。

3 目的论指导下《绣春刀Ⅱ：修罗战场》字幕翻译策略和方法

为了解决字幕翻译中遇到的问题，译者会在目的论三个原则的指导下，采用不同的翻译策略和方法来处理。本文从以下的四种翻译策略和方法对《绣春刀Ⅱ：修罗战场》字幕进行分析，证明其翻译策略的可行性。

3.1 归化式翻译

韦努蒂认为归化式翻译就是"置换国外文本的语言及文化差异，给目的语读者提供一种可读性强的文本"（Venuti，1995：26）。中外文化的历史差异导致观众有时无法直接理解原语言的内容，如果遵循忠实原则直接翻译，势必造成混乱。归化式翻译将源语言本土化，使用目标读者可以接受的方式来进行翻译，拉近了目标语读者和电影的距离，即使是外国电影，观众也可以体会到电影想表达的情感。以下是字幕归化式翻译的几个例子。

例1. 绣春刀Ⅱ：修罗战场

译文：Brotherhood of Blades Ⅱ: The Infernal Battlefield

"绣春刀"是明朝特务机关锦衣卫、御林军概念性质的佩刀，后来成了锦衣卫的代名词，这个词属于文化特有词，没有对应翻译，可以将"绣春"进行音译。因为《绣春刀Ⅰ》和《绣春刀Ⅱ：修罗战场》都以锦衣卫的兄弟情义为重要线索，将兄弟之情翻译出来更好，Brotherhood of Blades 能体现出"绣春刀"作为片名的含义，也更能为外国读者接受。修罗战场来自佛家词汇，阿修罗，天龙八部众之一，是欲界的大力神或是半神半人的大力神，易怒好斗，骁勇善战；阿修罗与帝释天战斗之所在，名为修罗场。人们通常用修罗场来形容惨烈的战场，后来引申为"一个人在困境中做绝死的奋斗"。如果将修罗战场直接翻译为 inferno（地狱，炼狱），则可能会引起误解，需要将战场引出来，而 the infernal battlefield 更能表达惨烈战场的意思。

例 2.凌总旗要<u>呛行</u>。

译文：Lieutenant Ling, don't you dare <u>steal this case</u> from me?

例 3.你这一句啊，静海师父这辈子的<u>修行</u>就毁了。

译文：This one sentence could ruin Master Jinghai's life's <u>work</u>.

例 2 中"呛行"是中国特色词汇，意思为抢生意，电影里面因为一个案子双方发生争执，这里译为 steal this case，简单明了，贴近了外国观众，还原了原来的意思。例 3 中"修行"指静海师父一生中所做的善事。佛教将行善积德作为自己一生的工作，所以这里直接翻译成 work，非常利于理解。

3.2 异化式翻译

异化式翻译是归化式翻译的补充，但与归化式翻译策略相反，异化式翻译策略要求翻译时有意保留源语中的现实材料或采用目的语中的古词语，也为目的语读者提供一次"前所未有的阅读经验"（王东风，2002：26）。异化式翻译能尽可能地保留源语言的语言和文化特色，使观众接受文化差异，把他们尽量带入外国情景。随着文化交流日益加深，外国观众对中华文化了解不断加深，字幕的异化处理方式也会随之增加。

例 4.这明<u>贼</u>!

译文：Look at these Ming <u>Bastards</u>!

例 4 中的"贼"并非偷窃东西之人，而是辽军对明军的蔑称。译文里面用 Bastards（卑鄙小人，讨厌鬼），保留了原文里面人物的鄙视态度，形象生动，易于理解。在清晰传递源语言意思的基础上，适当的异化含义更能够表达人物形象，增加观众理解。

3.3 缩减式翻译

由于字幕翻译时间和空间的限制，字幕翻译中的目的语需要对原语言作出相应调整，在翻译实践中可以采用替换法和减译法。替换法包括替代和转换两种方法，"缩减法可分为三种：浓缩、压缩性意译和删除。浓缩即只译出原文信息的精髓要旨；压缩性意译指用较为简短的语句译出原话的意义；删除当然就是完全略去不译了"（李运兴，2001：39）。这部电影属于古装电影，字幕中会出现很多蕴含特殊的文化意义的文化负载词，直接翻译会导致外国观众误解，译者在很多地方采用替换法和减译法。以下是《绣春刀Ⅱ：修罗战场》中替换法和减译法在字幕中的运用。

3.3.1　替换

替换指的是用目标语说法代替原文中的说法。虽然文化不同，但是人们看待一种事物或现象的态度或理解可能是一样的。用目标观众更熟悉的文化意向和词语来替换原文里的现象，更能促进观众的理解。

例 5. 给我盯紧了。

译文：Keep your eyes peeled.

例 6. 大人可是明时坊的该管上官？

译文：Is this district under your jurisdiction?

例 7. 江西道水灾的折子。

译文：Here's an urgent report on Jiangxi's recent flood.

例 5 里面"盯紧了"可以译为 watch them carefully，但是英语里面有相应的俗语"Keep your eyes peeled."，与原文意思类似。此类采用替换翻译策略，使表达更加地道，更贴近外国观众。例 6 中"明时坊"是北京城内的一个坊，由于字幕翻译的空间限制和时间限制，将它用 this district 代替，与电影中场景同步，不作解释也不会影响外国观众的理解。例 7 中"折子"指各地官员向皇帝上报各地情况的一种文书形式，译文直接使用说英语的国家的人经常使用的 report，完全符合西方文化。

3.3.2　减译

字幕翻译需要与原语言速度同步，所以不能对口语化的语言进行逐字翻译，需要压缩、简化或者删除一些不重要的信息，来确保字幕的简洁和流畅。

例 8. 不是让你去镇抚司衙门请件作来验尸吗？

译文：I told you to get the coroner from headquarters.

例 9. 宰了这两个，我们好回营。

译文：Get rid of these two, we can head back.

例 10. 若不是其他三路援兵始终不到……

译文：The reinforcements never showed up...

例 11. 杀了你，大人我一样尽兴。

译文：Killing you directly is equally entertaining.

例 8 的译文并未将"验尸"翻译出来，因为"件作"的职业就是验尸，不需要重译。例 9 同样省略掉了"营"这个词，但是联想到他们的士兵身份，也就不难猜出是营地了。例 10 中"三路援兵"中也只翻译出了"援兵"，将非重点的"三路"一词省略，也不会影响观众的理解。例 11 采用了浓缩法，将"大人我"一词省去，译文用两个短句连成了一个句子，既缩减了空间，又凸显了重要信息。从上面的例子可以看出，替换或减译后的译文更加简洁明了，既节省了空间又突出了重点。

3.4　重建

字幕翻译的特性要求字幕翻译必须简洁易懂、通畅流利，对字幕直译可能对观众造成困扰时，语言的重构就会变得非常有必要。在目的论原则下，打破语言的原有构造，对语言进行重新改造，使其更加贴近观众，并没有违背"忠诚原则"，而使语言更加自然、流畅。

例 12. 一根筷子挪窝了我要你好看。

译文：Nobody touches anything, or you'll regret it.

例 13. 上官在此，有你招呼的份吗？

译文：I'm your superior, and you have no business here.

例 14. 这是锦衣卫的地界，轮得着你们差遣吗？

译文：This area belongs to the Imperial Guard, You have no authority here.

例 12 中可以看出译文并没有把"一根筷子""挪窝""好看"之类的词翻译出来。原语言是暗示语，所以并非要表达这些词的意思。译文将这句话变为明示，表现出了说这句话时的强硬态度，更好地烘托了环境。例 13 中"招呼"也并非是要打招呼，而是不要插手的意思，译文打破原有的形式，将问句变成了陈述句，将意思直接表达出来，更易理解。例 14 中"差遣"不能理解为派某人去做某事，而是没有权利管辖这一地区的意思，例 14 与例 13 一样，这句话属于上级讲给下级，将中文的反义问句变成具有命令意味的陈述句，符合语境。

4 结论

本文以目的论为指导，对电影《绣春刀Ⅱ：修罗战场》的字幕翻译进行了分析，并罗列出了几点翻译策略。利用归化式、异化式、缩减式和重建等翻译策略和方法，使字幕翻译能够尽可能多地考虑到观众，便于观众理解和接受。采用异化的翻译策略，可以更加准确地传递影片的内容，表达影片的内涵。随着各国经济软实力的发展，电影已经成为一种重要的文化交流的方式，字幕翻译的作用也日益凸显，为文化交流做出巨大贡献。电影《绣春刀》系列字幕翻译成功地将中国传统文化中彰显的兄弟情义、对爱情的追求、对黑暗社会的反抗淋漓尽致地展现给世界，有利于传播中国文化，增强中国文化的影响力，同时也使从事字幕翻译的译者深思，如何采用多样化的翻译策略解决字幕翻译问题，增强中国文化的影响力。

参考文献：

［1］ Venuti, Lawrence. *The Translator's Invisibility : A History of Translation.* London : New York : Routledge. 1995.

［2］ 李运兴.字幕翻译的策略［J］.中国翻译，2001（4）：38-40.

［3］ 钱绍昌.影视翻译：翻译园地中愈来愈重要的领域［J］.中国翻译，2000（1）：61-65.

［4］ 王东风.归化与异化：矛与盾的交锋［J］.中国翻译，2002（5）：24-26.

［5］ 张春柏.影视翻译初探［J］.中国翻译，1998（2）：50-53.

［6］ 钟伟合，钟珏.德国的功能派翻译理论［J］.中国翻译，1999（3）：47-49.

外语教学

全球语言服务行业背景下
译后编辑者培养研究①

冯全功②　　张慧玉③

摘　要：全球化信息时代促进了机器翻译的持续发展，作为机器翻译的必要补充，译后编辑是提高机器翻译质量的重要途径，也是实现人机交互翻译的重要表现，它已成为语言服务企业新的业务增长点。本文从译后编辑的行业需求、译后编辑能力、译后编辑课程设置、译后编辑教学（包括教学师资、教学方法、授课对象等）以及译后编辑工具的选择等方面探讨了译后编辑者的培养途径，进而指出在高校开设译后编辑课程可以在很大限度上增强翻译专业毕业生的职业竞争力，满足全球语言服务行业对译后编辑者的需求。

关键词：译后编辑；译后编辑者；翻译教育；语言服务行业

基金项目：本文系教育部人文社会科学研究项目"应用翻译研究与翻译教育发展"（编号 13YJA740040）与中央高校基本科研业务费专项资金资助项目"经济全球化视域下本地化翻译理论构建"（编号 NKZXTD1402）的阶段性成果。

1　引言

　　随着全球语言服务行业的快速发展，我国翻译教育事业蓬勃兴起。迄今国内已有 152 所高校相继设立了翻译本科专业，206 所高校设立了翻译硕士专业学位（Master of Translation and Interpreting，简称 MTI），以培养符合社会需求的翻译人才。翻译研究者和教师紧跟国内需求与国际潮流，开设了本地化翻译、计算机辅

---

　　①北京大学王华树老师、对外经济贸易大学崔启亮博士以及《外语界》编辑部施清波老师对本文提出了宝贵的修改建议，在此谨致衷心的谢意。

　　②冯全功：南开大学翻译学博士，浙江大学外国语言文化与国际交流学院副教授，硕士生导师，研究方向为翻译修辞学、中国文学外译研究、职业化翻译研究。

　　③张慧玉：南开大学管理学博士，浙江大学外国语言文化与国际交流学院副教授，硕士生导师，研究方向为语言政策与规划、翻译理论与实践。

助翻译、翻译项目管理、语言服务行业概况等一批特色翻译课程，为培养应用型、实践性与职业化翻译人才做出了探索与努力。信息技术与语言服务行业的发展为翻译研究者提供了前所未有的机遇，研究者应开拓和挖掘语言服务行业中的可研究资源，逐步实现翻译教育与翻译研究的产学研一体化。正如杨平（2012：9）所言，"翻译研究应在不断深化和扩大对翻译活动本体研究成果的基础上，进一步拓展研究的视野和空间，关注与翻译行业相关的整个翻译社会的研究，如全球化、信息化时代翻译行业发展的特点与规律、翻译行业管理、翻译行业与其他行业的互动关系、翻译行业与社会经济文化发展的互动关系、翻译产业经济、翻译产业技术、产学研结合与翻译专业人才教育等"。研究对象的拓展为翻译研究增添了新的维度（职业维度），也为翻译教育提供了新的内容（以职业为导向的特色翻译课程）。机器翻译后的译后编辑（Post-editing，简称 PE）在全球语言服务行业中具有强大的应用潜力，也是语言服务企业新的业务增长点。在国内，译后编辑是一个较新的领域，已引起部分译界学者重视（如魏长宏、张春柏，2007；刘斌，2010；李梅、朱锡明，2013；崔启亮，2014 等）。然而，译后编辑教学与译后编辑者培养研究在国内仍属空白领域。鉴于译后编辑的重要性，有必要将其系统引入翻译教学（尤其是 MTI 教育），以增强翻译专业毕业生的职业竞争力。

2 译后编辑的行业需求

无论机器翻译技术多么先进，也很难实现"全自动、高质量"的翻译。要想达到高质量的翻译目标，必须有人工的译后参与，这就是所谓的"译后编辑"。译后编辑指对机器翻译的初始译文进行修改与加工的过程，编辑加工的程度一般视客户报价、客户需求、文档类型、机译产出质量、文档使用寿命以及其他因素而定。对译后编辑的需求主要源自两个方面：一是由全球化与本地化的深入推进引发的对机器翻译的大量需求，这种需求是人工翻译远远无法满足的；二是对所译材料类型和质量需求的变化，如对机器翻译质量期望值的降低、概要翻译（Translation Gisting）的出现（Allen，2012：299–300）。其他影响因素还包括产品发布周期越来越短，企业对产品翻译预算的缩减等（崔启亮，2014：70）。在国外，不管是翻译职业领域还是翻译研究领域，译后编辑都已成为一个热门话题。在世界不同国家和地区，尤其在翻译需求比较旺盛的欧洲与北美洲，很多语言服务供应商已拥有或开始招聘全职译后编辑人员。

2010 年翻译自动化用户协会（Translation Automation User Summit，简称 TAUS）对全球语言服务供应商的专题调研表明，49.3%的供应商经常提供译后编辑服务，24.1%的供应商拥有经过特殊培训的译后编辑人员，其他则分发给自由译者，但译后编辑的业务份额还相对较小（86%的供应商小于 10%）（TAUS，2010）。2012 年欧洲语言行业协会（Europen Language Industry Association，简称 ELIA）对协会公司会员的专题调研表明，42%的公司处理涉及译后编辑的项目，22.2%的公司拥有经过特殊培训的译后编辑人员，72%的公司从客户方接收机译产出以供译后编辑，57.1%的公司认为译后编辑对自己的公司而言是一个具有很大潜力的商业机遇（Bajon et al.2012）。2012 年全球自由译者报告显示，54%的译者继续以某种形式在其翻译和与翻译有关的项目中使用机器翻译，其中 32.8%的译者是为译后编辑翻译初稿①。随着机器翻译技术的发展以及全球对翻译需求的增加，机器翻译与译后编辑在语言服务行业中的作用得到了广泛认可，尤其是大型公司的认同。比如，从 2004 年起 SDL International 已拥有 300 余人组成的译后编辑团队，以处理大量的翻译需求；微软公司的大部分翻译业务也由机器翻译完成。对部分语言服务供应商而言，如 Acclaro, IT Translations, EQHO Communications 等，译后编辑已成为其主导业务之一。众包翻译（Crowdsourcing Translation）的操作模式及跨境电商的翻译服务通常也由机器翻译与译后编辑完成。不管是营利的还是非营利的翻译服务，译后编辑都将在其中发挥越来越重要的作用。正如译言网的一篇文章所言，机器翻译和译后编辑代表着"翻译的未来"②。

3 译后编辑者的能力构成

语言服务行业对译后编辑者有很大的需求。锡克（Thicke，2013）认为，机器翻译可通过提供高效率、快产出、低成本与高质量的服务起到革新行业的作用，但行业内部译后编辑者却严重匮乏。国内对译后编辑的应用与研究都相对滞后，译后编辑者的培养问题更是亟须解决。培养译后编辑者首先要对译后编辑的能力有所了解，唯有如此才能对症下药，有针对性地进行培养，提高学生的译后编辑能力。译后编辑能力主要是编辑能力与翻译能力的有机结合，具体包括原语与目的语的运用能力、主题知识、认知能力、工具（软件）运用能力与跨文化交际能力等。相对而言，译后编辑对风格与美学知识不是十分重视，不求语言的精雕细琢，对文化因素也不是十分敏感或者是所处理的文化因素相对较少，尤其是轻度译后编辑③，这决定了译后编辑并不适合文学类翻译。

针对译后编辑能力，国外学者开展了一定研究。奥布莱恩（O'Brien，2002）认为除了一些公认能力（如原语与目的语运用能力、专业领域知识、工具运用能力等）之外，一名成功的译后编辑者还需掌握机器翻译知识、术语管理技能、译前编辑/受控语言技能、基本的编程技能、语篇语言学技能，并能运用宏命令，为机器翻译编制字典，对机器翻译具有积极的态度等。里科和托雷洪（2012：169–170）认为译后编辑需要三大范畴的能力，即语言能力、工具能力与核心能力，其中语言能力包括至少两种语言和文化的交际与语篇能力、文化与跨文化能力、主题领域知识（能力），工具能力包括术语管理、词典维护、基本编程能力和机器翻译

---

①参见网址：http://www. proz.com/industry-report/.

②参见网址：http://article.yeeyan.org/view/410039/365856.

③轻度译后编辑（Light PE）是针对充分译后编辑（Full PE）而言的，两者是一种连续体的关系，轻度译后编辑对机译产出不需要过多地加工编辑，质量要求相对较低。

知识（包含对机器翻译产出的容忍与积极态度），核心能力包括态度或生理／心理能力、策略能力。需要说明的是，态度或生理／心理能力主要指如何处理译后编辑过程中的主体性问题，如制定与应用译后编辑细则、对顾客期望（译文质量）的充分满足、克服不确定性、容忍低质量译文等，策略能力主要指对译后编辑程度的精明决策、对译后编辑指示的严格遵循与对风格问题的果断舍弃（即使面对低质机译产出）等（里科、托雷洪，2012：170）。冯全功、张慧玉（2011）曾把职业翻译能力分为历时翻译能力和共时翻译能力，其中前者包括双语知识、文化知识、风格知识、认知能力，后者包括专业领域知识、职业知识、实用翻译理论（技巧）知识、翻译工具（软件）运用能力、信息检索能力、文献编辑能力、基本管理能力、团队合作精神等。从广义而言，译后编辑能力也可认为是职业翻译能力的有机组成部分，并对之有所拓展与丰富，毕竟职业翻译能力是动态发展的。从狭义而言，译后编辑能力基于职业翻译能力，但并不限于职业翻译能力，两者多有重叠、各有侧重，如前者更强调编，后者更强调译；前者更注重工作效率，后者更注重译文质量；前者对机器翻译系统具有更大的依赖性，后者针对的主要是人工翻译（包括对翻译记忆系统的运用）；前者对原语能力的要求较低（甚至可以不懂原文进行轻度译后编辑），后者必须熟练掌握原语（至少能够充分理解原文）。译后编辑能力的构成因素有些也可认为是从事译后编辑的特殊要求，如基本编程能力、译前编辑能力、对机器翻译的了解等。

书面语言实践都需要一定的编辑能力，译后编辑尤其如此。编辑能力包括目的语的阅读与写作能力，对文本层面及细节的关注能力，对文本、作者、语境、读者等的高度敏感性，对编辑作为过程和结果的了解与掌握（克鲁格，2008：45–53）。针对译后编辑而言，一般编辑能力更加重要，如对文本知识的了解（包括文本类型、文本目的、内部衔接与连贯等）、对文化差异与意识形态的了解、对所耗时间的管理与掌控、对排版的合理设计、对数字标点符号的敏感性、对编辑伦理与职业化的体认等。一般编辑能力的研究成果也有望对译后编辑能力的合理构建以及译后编辑者的培养有所启示。

4 译后编辑课程设置与教学

4.1 译后编辑课程设置

在 2013 年第五届职业翻译交流大会上，有部分专家提到译后编辑的问题，如刘群的"翻译新技术及其应用"演讲，并且第一机动会场（SDL 专场）的主题就是"大数据时代的海量内容翻译：结合译后编辑的机器翻译"。这表明译后编辑已经得到国内业界和学界的重视。译后编辑者的培养也要随之跟上，尤其是在高校翻译教育中。

国内外对译后编辑课程设置已有一定研究，并将其付诸实践。奥布莱恩（2002）曾写过一篇主要探讨译后编辑课程设置的论文。欧洲联盟于 2012—2014 年资助了一个名为"自动社区内容编辑门户（Automated Community Content

Editing Portal)"的项目，举办过译后编辑研讨班。我国的香港中文大学开设了"计算机编辑技能"的课程，一些语言服务企业也开始提供译后编辑培训，并提供译后编辑证书，如 2014 年 Welocolize 联合 TAUS 提供的译后编辑课程、SDL 提供的译后编辑培训课程等。奥布莱恩（2002）的译后编辑课程主要由理论与实践两大模块组成，前者包括译后编辑介绍、机器翻译技术介绍、受控语言写作（Controlled Language Authoring）介绍、高级术语管理、高级语篇语言学以及基本编程技能等，后者包括不同文本类型与不同机译系统的译后编辑实践、不同目的（如获取信息或出版发行）的译后编辑实践、术语管理实践、受控语言与非受控语言文本译后编辑对比分析、语料分析、宏命令编写等。香港中文大学"计算机编辑技能"课程的主要内容包括计算机翻译编辑的目的与策略、翻译编辑技能、译前编辑方法、译前编辑的数据定制（Data Customization）、交互式编辑、译后编辑的词汇/句法/语义/语用/文化方面、计算机编辑与计算机辅助翻译整合后的辅助翻译系统等①。SDL 的译后编辑培训课程由三大模块组成，即机器翻译与译后编辑的历史与发展、机器翻译技术与引擎研发、译后编辑（理解译后编辑与高效的译后编辑）与对 SDL Trados Studio 中 SDL BeGlobal Baselines 的使用②。

鉴于机器翻译与译后编辑在信息时代的重要性，国内高校翻译专业，尤其是 MTI 学位点有必要开设译后编辑课程，培养学生的译后编辑能力，增强其职业竞争力，拓宽毕业生的就业渠道。参考国内外对译后编辑的研究，主要是相关课程设置研究，笔者认为译后编辑的课程设置可大致包括 12 个模块，具体如表 1 所示。

表 1　译后编辑课程的主要模块简介

课程模块	内容简述
机器翻译	机器翻译的历史、原理、缺陷、评价与应用，不同机译系统（如基于规则、基于统计、混合引擎）的产出比较，常用在线机译系统介绍，云翻译技术/大数据，企业级机器翻译解决方案，定制化/即时机器翻译等
译前编辑	受控语言写作原则、流程与工具，典型行业（公司）的受控语言简介，原语文本格式编辑，为翻译而写作/受控翻译简介，译前编辑的策略与方法（如歧义消解、句子切分、逻辑重组、指代明示、风格指南等）

①参见网址：http://traserver.tra.cuhk.edu.hk/pgcourses/outline/TRAN6602.pdf.

②参见网址：http://www.translationzone.com/learning/training/post-editing-machine-translation/#tabs.

续表

课程模块	内容简述
译后编辑概述	译后编辑的行业需求、目的（吸收信息或传播信息等）、类型（轻度与充分、内向型与外向型①）、原则（如 TAUS）、策略、方法、工具、效率、评估（原始质量与客户需求）、定价，对原始机译产出的容忍等
行业应用现状	译后编辑在全球语言服务行业中的应用现状与潜力，公司需求与要求，典型案例评介，典型公司（如 SDL、Welocalize、微软）的译后编辑业务流程等
机器翻译常见错误分析	机器翻译常见错误类型及其原因，错误与罚分机制，机译产出常见错误处理（如语义/语法/语用/形态/术语/拼写/标点/符号/数字/格式错误、增译漏译、歧义、一致性、文化冲突等）
译后编辑工具的介绍与运用	译后编辑软件开发与使用，主流机译系统译后编辑工具，主流 CAT 软件的译后编辑功能（SDL Trados, Déjà Vu, Wordfast），DQF Tools②，SDL BeGlobal Baselines，Tcloud 与 Google Translator Toolkit，一般编辑软件（EditPlus, MLEditor）等
文本（语篇）知识概述	文本性（如意向性、信息性、衔接、连贯、可接受性等），文本类型介绍，语域理论，语篇信息结构，交际对等与语篇翻译等
译后编辑实践 I	内向型译后编辑的特点（轻度编辑）、目的（吸收信息）、原则（以可理解为标准）、典型案例对比分析（与原始机译产出）、操作实践等
译后编辑实践 II	外向型译后编辑的特点（充分编辑）、目的（传播信息）、原则（注重充分性）、典型案例对比分析、不同文类的操作实践等
机器翻译与计算机辅助翻译	两者的区别与联系以及各自的适用范围、功能整合的现状与趋势、翻译记忆预处理（完全匹配或接近完全匹配的模糊匹配）之后的机器翻译与译后编辑、交互式机器翻译应用现状与前景等
基本编程介绍	编程原理、标识符、数据类型、类型转换、运算符和表达式、控制语句、常见语料处理问题专题、正则表达式、宏命令与文本编辑等
其他	译后编辑定价策略、译后编辑与翻译审校的区别、机器翻译中的术语管理、MT 与 TM 工具的互操作性、停用词表、译后编辑对机器翻译技术的回馈、本地化/技术传播与译后编辑、译后编辑主要问题及对策等

①内向型译后编辑与外向型译后编辑是从内向型翻译与外向型翻译衍生而来的，前者旨在接收与理解信息，后者旨在扩散或交流信息。

②DQF (Dynamic Quality Framework) Tools 由翻译自动化用户协会组织研发，用户可以对机译产出进行编辑，评估译文的充分性与通顺度，对比译文、基于错误类型计算译文错误等。

为提高译后编辑课程的教学效果，设置译后编辑课程需要注意以下几点：（1）小而专的机译系统（如定制化、专业化、即时机译系统）代表着未来机器翻译的发展方向，有望为译后编辑者带来更多的机会。（2）技术文档、使用指南、产品手册、支持文档等结构化内容尤其适合译后编辑，这些文档的创作（技术写作）如果采用受控语言（即以句型短小、句法简单、语义单一、逻辑清晰等为主要特征的人工语言），能够在很大限度上提高机器翻译的效率，从而降低人工编辑的程度。换言之，对于多语发布的文档采用为翻译而写作（如使用受控语言）的方式不失为一种明智的选择，这在本地化领域同样适用。（3）语篇知识模块引入主要是针对充分编辑而言，以使译文达到可出版的质量，轻度编辑则无须过多地考虑译文的文本性（如衔接、连贯、情景性、可接受性等）。（4）机译系统的常见错误分析及译后编辑者的实践总结可为机译系统的研发提供反馈，以改善机译系统的性能。（5）内向型与外向型翻译并不是截然分离的，译后编辑的程度还要考虑众多其他因素，所耗精力与成本应以少于完全人工翻译所耗为限。（6）译后编辑实践最好选择不同文类的典型文本，尽量采用机器翻译的原始产出，鼓励使用不同的机译系统对同一文本进行实践操作。（7）对翻译记忆的模糊匹配（如匹配率在85%以上的）可采用译后编辑，但以省时为限（与机器翻译/译后编辑相比）。（8）机器翻译与翻译记忆的整合利用是语言服务行业的技术发展趋势，许多翻译软件与机译系统已拥有这一功能，如 SDL Trados, Déjà vu, Google Translator Toolkit, Tcloud 等，对此应予以重点介绍与应用。

译后编辑在全球语言服务行业中大有作为，已被广泛采用，代表着未来翻译服务的发展趋势，尤其是职业化的海量翻译，将成为语言服务企业新的业务增长点，开设译后编辑课程正是为了适应这一行业趋势。译后编辑课程模块简要勾勒出授课内容，能够推动译后编辑教学的有效展开。

4.2 译后编辑教学

首先，在全国高校应用型、职业化师资相对比较匮乏的情况下，开展译后编辑教学的首要任务便是培养译后编辑方面的师资。师资培养大致可通过自我学习和机构培训两种途径。前者指教师自主学习译后编辑的理念、原则、方法、应用现状等，并进行积极实践，多与业内人士沟通与交流，力争达到胜任译后编辑教学的要求；后者指有关培训机构或企业对高校翻译师资进行有针对性的译后编辑培训，如中国译协举办的全国高等院校翻译专业师资培训（已经引入译后编辑知识介绍，如王华树的"现代翻译技术概论"）及语言服务行业机构（如 SDL、Welocalize、传神、双泽、昱达等）的专业培训。在自我学习或专门培训的基础上，相关教师与业内人士或培训机构也可组织撰写译后编辑方面的专业教材（注重理念与案例），以便为教师教学提供参考。

其次，高校译后编辑课的讲授要遵循实践为主、理论为辅的原则，通过理论与实践的互动提高学生译者的译后编辑能力。在教学过程中，具体可选取行业内译后编辑的最佳实践（best practice），通过对比分析原始机译产出与最终译后编辑产品的案例分析，探索如何有效地进行译后编辑。企业的培训模式可提供借鉴，如 SDL 与 Welocalize 都非常重视行业内部的最佳实践，通过对具体案例的分析与学习来提高学员对译后编辑的认识与实践能力，同时也会介绍一些机器翻译原理等理论知识。业界与学界最好联合建立一些最佳实践案例库，实现资源共享，为高校的译后编辑教学提供便利。

再次，译后编辑课程的授课对象主要为翻译本科专业高年级学生和 MTI 学生，尤其是后者，因译者具有一定翻译能力，这是进行译后编辑的前提。这与 MTI 培养的应用型与职业化目标也是高度一致的。在校学生的翻译水平基本上还没有达到职业水平，对他们进行译后编辑培训比对职业译者进行培训更为合适。因为一般而言，学生译者对机器翻译产出的容忍度更高，或者说对译文质量的期望值较低，更有利于实现所耗精力与译文质量之间的平衡，从而提高翻译的效率。译后编辑教学当前最重要的任务是使翻译专业本科学生和 MTI 学生了解译后编辑，了解业内行情，并进行一定量的译后编辑实践。当然，学生也可以通过参加业内的培训或在企业内实习来增强自己的译后编辑能力。

最后，就教学方式而言，有条件的高校可单独开设译后编辑课程（如北京大学的 CAT 专业），在师资等方面条件尚未成熟的高校也可把译后编辑内容融入计算机辅助翻译或本地化等其他相关课程，或举办一些译后编辑的专题讲座，先积累一定教学经验，等条件成熟后再另设课程。目前，国内外高校还鲜有单独开设译后编辑课程的，虽然译后编辑在企业内部的实践已经有几十年的历史，但是也只有部分企业提供少量的译后编辑培训。总之，高校要紧跟语言服务行业的趋势，积极为自己创设条件，尽早把译后编辑纳入翻译课程体系之中。

5　译后编辑工具的选择

作为译后编辑的重要组成元素，译后编辑器（Post-Editing Tool），尤其是智能化的译后编辑工具引发了学界的关注（黄河燕、陈肇雄，1995；韩培新，1996；李梅、朱锡明，2013），但较为完善且得到（商业化）推广的译后编辑工具还非常少见。以下介绍几种相对常用的译后编辑器，以供译后编辑教学之用。

Google Translator Toolkit 是一个比较成熟的在线机译系统，支持对机译结果进行译后编辑，功能强大。具体而言，在该系统中原文和译文分别呈现在两个窗口，编辑时会自动呈现句子层面上一一对应的原文和译文，译文句子在一个独立的编辑框内出现，一句译文编辑完后可点击编辑下一句，也可返回上一句，还具有查找与替换、分割与合并翻译片段、新增注释、拼字检查等编辑功能以及词条（术语）与翻译记忆库等辅助翻译功能，这在一定程度上体现了机器翻译与翻译记忆技术相结合的趋势。

传神公司研发的 Tcloud 翻译软件（作为插件内嵌于 Microsoft Word 之中）也十分适合译后编辑操作（教学），既含有机译系统又具有翻译记忆（术语）功能（分为本地语料和公共库），而且有独立的原文译文对照编辑区（功能相对比较简单，编辑框内没有复制、剪切等功能）。Tcloud 的优势包括：与 Microsoft Office 紧密结合，集成的辅助查询系统，全方位的术语批注，简洁而高效的翻译窗口，拥有多种软件支持版本，此软件在商业翻译实践中经常得到运用。笔者曾开设过计算机辅助翻译本科生课程，较为详细地介绍了译后编辑器，学生反映 Tcloud 最为实用、最易上手。

TAUS 组织研发的 DQF tools 提供独立于供应商的操作环境，既可以对翻译内容进行评估（包括充分性、通顺度与错误计算等），又可以对机译产出进行编辑（包括对不同引擎的机器翻译产出进行对比），也是一种不可多得的译后编辑工具①。其他可供选择的还有如 SDL 译后编辑培训使用的自主研发软件 SDL BeGlobal Baselines（通过 SDL Trados Studio 可获取使用权）等。

如果翻译记忆库中匹配的内容没有或不是太多，大多主流计算机辅助翻译软件也可直接进行机器翻译，如 Trados 自动翻译之后的状态显示为 AT（Automatic Translation），此时译员可在编辑区对当前翻译单元进行译后编辑，确认之后译文送入翻译记忆库以备后续使用。但是，目前多数计算机辅助翻译软件自带（外连）的机译系统是收费的（如根据所译字数收费），体现了"软件即服务"（Software as a service）的特点，可能这并不利于译后编辑教学。但是这种机器翻译与翻译记忆的联合应用已成为语言服务行业的主流趋势，被学（业）界称为"MTM"（机器翻译 + 翻译记忆）（王华树，2013）或"TM+MT 技术"，崔启亮（2014：69）则称之为"集成翻译工作环境"中"广义的译后编辑"。译者如能善于综合利用这些翻译工具与软件，将会极大促进翻译效率提高。

6 结语

在信息全球化时代下，需要处理和翻译的信息大量增加，这是机器翻译持续发展的直接动力。机器翻译技术的发展以及人们对机器翻译质量期望值的提升是译后编辑悄然兴起的重要原因。为提高机器翻译的质量，除提升机译系统本身的性能外，译后编辑（包括为提高译后编辑效率的译前编辑）是不可缺少的一环。作为语言服务企业新的业务增长点，译后编辑是人机交互翻译的重要表现，也可为机器翻译的改进提供反馈，代表着职业化翻译的发展方向，值得深入研究。本文对译后编辑人才培养进行了初步探索，尤其在课程设置方面，旨在引起国内学界对译后编辑的重视，逐步把译后编辑作为特色课程之一（其他课程如本地化、技术写作、项目管理等）纳入翻译教育体系之中，以增强翻译专业学生和 MTI 学生的职业翻译能力和职场竞争力，使其成为能满足全球语言服务行业发展需求的优秀翻译人才与译后编辑人才。

原载《外语界》2015 年第 1 期

①参见网址：https://evaluate.taus.net/evaluate/dqf/dynamic-quality-framework.

参考文献:

［1］ Allen J. Post-editing. In Somers H (ed.). *Computers and Translation : A Translator's Guide*. Shanghai : Shanghai Foreign Language Education Press, 2012. 297-317.

［2］ Bajon F. et al. MT Post-Editing : "The Language Service Provider Perspective". http ://tagungen. tekom. de/fileadmin/tx_doccon/slides/241_MT_Post_Editing_the_Language_Service_Provider_perspective. pdf, 2014.

［3］ Kruger H. Training Editors in Universities : Considerations, Challenges and Strategies. In Kearns J(ed.). *Translator and Interpreter Training : Issues, Methods and Debates*. London : Continuum International Publishing Group, 2008.

［4］ O'Brien S. Teaching Post-editing: "A Proposal for Course Content". http: //www. mt-archive.info / EAMT-2002-OBrien.pdf, 2013.

［5］ Rico C & Torrejón E. Skills and Profile of the New Role of the Translator as MT post-editor. *Revista Tradumàtica : Tecnologies de la traducció*, 2012, (10) : 166-178.

［6］ TAUS . Postediting in Practice. http ://www. translation automation. com / reports/postediting-in-practice, 2013.

［7］ Thicke L. Post-editor Shortage and MT ［J/OL］. *Multilingual*, 2013 : 42-44.

［8］ 崔启亮.论机器翻译的译后编辑 ［J］. 中国翻译, 2014 (6)： 68-73.

［9］ 冯全功, 张慧玉.以职业翻译能力为导向的 MTI 笔译教学规划研究 ［J］. 当代外语研究, 2011 (1)： 33-38.

［10］ 韩培新.智能译后编辑器 IPE ［D］.北京： 中国科学院计算技术研究所, 1996.

［11］ 黄河燕, 陈肇雄.一种智能译后编辑器的设计及其实现算法 ［J］.软件学报, 1995 (3)： 129-135.

［12］ 李梅, 朱锡明.译后编辑自动化的英汉机器翻译新探索 ［J］.中国翻译, 2013 (4)： 83-87.

［13］ 刘斌.英汉机译中的译后编辑及其实现 ［J］.中国电化教育, 2010 (7)： 109-112.

［14］ 王华树.现代翻译技术概论 ［R］.北京： 暑期全国高等院校翻译专业师资培训, 2013.

［15］ 魏长宏, 张春柏.机器翻译的译后编辑 ［J］.中国科技翻译, 2007 (3)： 22-24.

［16］ 杨平.拓展翻译研究的视野与空间 推进翻译专业教育的科学发展 ［J］. 中国翻译, 2012 (4)： 9-10.

心理词汇研究对大学非英语专业
汉译英教学的启示

邵　宏①

摘　要：非英语专业大学生所接受到的专业的英语教育有限，导致其当中的很多人在汉译英实践中遇到了很大的困难，而心理词汇研究则可以给大学非英语专业汉译英教学提供一种新的视角。实证研究表明，大学生的英语心理词汇状况与其汉译英表现呈现显著相关关系。英语心理词汇网络中语义联系比例越高，其汉译英表现越好。该研究给大学非英语专业汉译英教学带来的启示就是大学英语教师需要帮助大学生重组英语心理词汇网络，从而带动其汉译英能力的提升。

关键词：心理词汇；非英语专业大学生；汉译英教学；相关研究

1　引言

　　大学生的英语能力不仅包括听、说、读、写四大方面，还应该包括翻译能力。在中国本土的汉语语境中学习外语时，中国英语学习者在学习的过程中无法避免汉语思维和英语思维的碰撞，那么大学英语教师就应当在教学中因势利导地培养中国英语学习者的双语转换能力或翻译能力。

　　在题型改革后的大学英语四、六级考试中出现了新的翻译题型即段落汉译英，学生们普遍表示该题型太难，对于这种反馈，大学英语教师们应当不会感到太过意外，原因在于大学英语教学没有把学生翻译能力的培养作为教学重点，因此学生们很难形成良好的翻译能力；即便教学过程中有翻译练习，但其最多只能算是"教学翻译"，因为这种练习只是为了帮助学生巩固在课文中学过的重要词汇和短语，还没有深入到双语转换能力教学的层面上。大学中非英语专业学生群体是庞大的，帮助他们提高翻译能力的目标是不容易达到的，因此对于大学英语教师来说，非英语专业汉译英教学具有挑战性，我们也因此更需要探索

---

　　①邵宏：桂林电子科大学外国语学院副教授，研究方向为英语教育、应用语言学、翻译研究。

有效的汉译英教学的路径，接触与翻译教学相关的新视角。

2　文献综述

翻译不仅是一项语言活动，也是一种心理活动。从这个意义上说，翻译上的问题不外乎译者的心理和所译的文字及其两者间的关系方面的问题（王柳琪、刘绍龙，2009：20）。非英语专业大学生所进行的汉译英实践亦属于这样一种翻译心理过程，他们的翻译心理极大地影响着其翻译成果。

词汇是语言意义的主要来源，它在语言运用中起着至关重要的作用。汉译英翻译作为输出性的过程，依赖于对词汇的充分掌握，尤其是二语心理词汇。而心理词汇即词在永久记忆中的表征，也叫作内部词库或心理词典。词在人脑中不是随意堆放的，而是按一定顺序排列的，这种特定结构的心理词汇会在翻译过程中得到快速的提取，译者通过其完成翻译任务。在翻译的过程中，相关的心理词汇未能得以快速提取的原因有可能是二语心理词汇储存不当导致其不能立即激活，或是联系不强导致其不能通过原语刺激词激活。因此，二语心理词汇重组相当重要，学习者只有掌握了一个准确有序、合理存储的词汇语义网络，才能相对自由地斟酌词汇并通过选择策略来优化译文产出（刘鹏，2011：166）。我们可以说，大学英语教师如果能帮助非英语专业大学生形成良好的心理词汇网络，那么他们在翻译过程中就有可能产生较好的译文。

心理词汇是指在长期记忆中形成某种结构的词汇知识。我们要了解一个词，必须了解其语音、形态、句法，以及语义。一个词的词义包括语义和所指义，语义是指一个词与其他词之间的关系，而所指义是指词与现实世界中物体和事件的关系。在词汇语义网络中，词都表现为节点，这些节点通过各种关系与网络中的其他词形成关联。我们激活词汇知识的过程叫词汇通达，词汇通达会受到词频、语音特征、形态特征的影响，它还会受到词汇的歧义性和语境中的近义词的影响（卡罗尔，2000：102）。当我们提及心理词汇时，我们心中就不应当只有一个个孤立的词汇，而应当要把握具体词汇以及词汇之间的语义关系，也就是要把握形成语义网络的词汇。只有形成这样的词网，大学生才能有效提取所需词汇，完成翻译任务。当使用某个具体词的时候，大学生不光要了解其各种意义，还要了解其各种属性，在口笔译中通过组合语法形式将各种聚合语义连接起来形成最终的译文，所以大学生英语心理词汇网络的质量很可能会影响其翻译质量。

研究者刘绍龙、胡爱梅（2012：27–29）通过实证研究表明，二语水平高者的心理词汇网络中的概念节点间的连线趋短、联结强度趋大、激活扩散趋强；二语水平低者的心理词汇网络中的概念节点间的连线趋长、联结强度趋小、激活扩散趋弱。这种心理词汇网络的差异特征，将对基于语义系统的翻译词汇搭配提取产生影响。语义联系比例的多与少可以表现二语心理词汇网络发展水平的高与低，可用作目标词汇翻译提取效率和提取特征的重要参照系。从他们的实证研究中我们可以了解到，拥有高质量词汇网络的学生，在汉译英的翻译中，其翻译的速度和质量是又快又好的；反之，拥有低质量词汇网络的学生，其翻译的速度和质量相对来说是又慢又差的。从这项研究中，我们同样可以发现心理词汇状况与翻译表现的某种相关关系。

3 心理词汇状况与汉译英表现的相关研究

3.1 实验设计

笔者设计了一个相关实证研究：探究非英语专业大学生的英语心理词汇状况与其汉译英表现的关系。如果这两者存在相关，那么我们的汉译英教学便可以从中获得一定的启示，即在我们的汉译英教学当中，我们可以有意识地促进大学生英语心理词汇的增长，完善其英语心理词汇网络，从而带动其汉译英能力的提升。

3.2 实验材料

笔者设计了一份问卷，分为两部分。第一部分包括 15 个刺激词，它们是"rely, nervous, brave, concentrate, assist, truth, expert, container, tourist, foolish, agriculture, violent, manager, invest, enjoy"，每个刺激词要求受试者写出 3 个立刻想出的反应词。第二部分是将一个汉语文本翻译成英语，文本如下："为了促进教育公平，中国已投入 360 亿元，用于改善农村地区教育设施和加强中西部地区农村义务教育（compulsory education）。这些资金用于改善教学设施、购买书籍，使 16 万多所中小学受益。资金还用于购置音乐和绘画器材。现在农村和山区的儿童可以与沿海城市的儿童一样上音乐和绘画课。一些为接受更好教育而转往城市上学的学生如今又回到了本地农村学校就读。"

3.3 实验过程

笔者将问卷发放给 25 位有资格报名参加大学英语四级考试的大学一年级学生，请他们用 1 个小时来完成问卷填写。笔者初步浏览问卷，发现有 3 份问卷的翻译部分未完成，故将其剔除。最终获得 22 份有效问卷。第一，通过人工方式来将每个同学的反应词进行分类。理想的状况是每个刺激词有 3 个反应词，那么每个同学可以写出 45 个反应词（15×3）；如果有反应词空缺，便记为零反应。反应词语义分类标准为：聚合型语义反应词（同义词和反义词），组合型语义反应词以及语音反应词和零反应（这后两种反应词一起计数）。第二，根据上述标准统计各类频数，将前面两种类型的语义反应词相加计算出每个学生语义反应词总数，获得第一组数据（标注为语义反应）；然后计算出每个学生的语音反应词和零反应的总数，从而获得第二组数据［标注为语音反应（包括零反应）］。第三，汉译英部分的完成情况请两位大学英语教师评分（满分 10 分制），统计出每个同学的翻译分，获得第三组数据（标注为翻译分）。第四，将这三组数据输入Microsoft Excel 表格，通过该表格的数据分析功能计算出这三组数据的相关系数。

3.4 实验结果

Microsoft Excel 表格数据分析功能计算出来的结果如下表所示。

表1　相关系数计算结果

类别	语义反应	语音反应（包括零反应）	翻译分
语义反应	1		
语音反应（包括零反应）	−1	1	
翻译分	0.858227	−0.85823	1

通过表1，我们可以清楚地发现语义反应和语音反应（包括零反应）呈现绝对相关关系，r=1或r=−1，一个学生语义反应词多了，其语音反应词就少了。这个是不言而喻的。我们需要着重关注的是语义反应与翻译分的相关系数r=0.858227（r＞0.5）呈现显著正相关关系；语音反应（包括零反应）与翻译分的相关系数r=−0.85823（r＜−0.5）呈现显著负相关关系。通过该实验结果，我们可以得出，如果某学生的英语心理词汇网络主要由语义关系来联结，其汉译英的表现便会更好；相反，如果某个同学的英语心理词汇网络主要由语音关系来联结，其汉译英的表现便会更差。另外，笔者计算出翻译分前11名和后11名的各自平均分，高分组的平均分是7.14分，低分组平均分是3.55分，两组数据没有呈现差异（P=1.0998＞0.05），但是前者的平均分还是高出后者平均分3.59分。笔者也计算出高分组的语义反应平均次数是39.55次，低分组的语义反应平均次数是14次，两组数据也没有呈现差异（P=1.067＞0.05），但是前者的平均次数还是高出后者25.55次。从这组计算结果也可以证明：心理词汇网络主要是语义联结的学生，其汉译英的表现要优于其心理词网由语音反应占主导的学生。

4　上述相关研究对于非英语专业汉译英教学的启示

上述相关研究结果给非英语专业汉译英教学的启示即在于，若要提高大学非英语专业学生在汉译英实践中的翻译水平，大学英语教师应当要帮助大学生重组其英语心理词汇网络。那么，如何帮助他们重组英语心理词汇网络呢？

第一，大学英语教师在常规教学中，要引导学生关注所学词汇的聚合语义关系。我们可以布置学生做单元词汇分类练习，让学生分成学习小组，利用集体的智慧共同探讨新单词的语义分类，比如，近义词、反义词、上下义词、整体部分词、同一语义场的词汇等。学生可以通过这些语义分类，将所学的词汇纳入一个语义网中，这样有利于汉译英过程中英语词汇的记忆和提取。

第二，大学英语教师在常规教学中，要引导学生关注所学词汇的横组合语义关系。在词汇教学中，教师要提醒学生不仅要关注单词的发音、拼写和中文意思的记忆和学习，还要关注单词的词性、形态和英文释义，因为这些可以帮助学生了解英语词汇之间的语义联结组合，对于加强用英文组词成句的能力来说至关重要。

如果不关注词汇的语义联系，学生在汉译英的过程中便有可能遇到各种词汇难以翻译的问题。如某学生在其 45 次反应词中，语音反应（包括零反应）占据 44 次，占总反应词的 97.8%，语义反应只有 1 次，只占总反应词的 2.2%。这个个案显得很极端。但是这个例子却反映出其英语心理词汇网络主要由语音反应来联系，这反映在其汉译英表现中，就是各种词汇语义问题，最后翻译分为 3 分。如下例句：

例 1. improve educational facilities of countryside

例 2. strengthen the compulsory education in the rural areas of the central and western regions

例 3. These money is used to improve educational facilities and buy books.

例 1 中，该生只知道用这个耳熟能详的词 countryside，这里可以使用其近义关系的词组 in rural areas。在翻译中，学生要能熟练比较相关聚合语义词汇，选出适合语境的相关语义色彩的词汇来完成翻译任务。例 2 中，"中西部"的表达可以使用简洁的 in the midwest；该例的横组合也不够简洁明了，例 2 可改译为 strengthen the rural compulsory education in the midwest。例 3 中，"资金"翻译为 money，显示出其词汇网络中聚合同义词的缺乏，翻译成 fund 更适合语境；且 these 和 money 的横组合搭配也不恰当，"改善"只能让其想到 improve，"购买"只能让其联想到 buy，这表现出该生词汇网络语义联系的不足或是相关语义词汇的缺乏。显然在该语境中还有更好的词汇可用，例 3 可改译："The fund is used to modify teaching facilities and to purchase books."。以上的翻译探讨是围绕该生的问题来展开的，并未考虑整个文本翻译的衔接连贯。如果从整体上来评价，该生翻译的逻辑衔接亦有问题，译文不够简洁，还有漏译错译，故翻译分为 3 分。总体看来，该生对于词汇语义的聚合关系和组合关系都非常生疏，其英语心理词汇网络中语音反应占绝对地位，因而其翻译的时候暴露了大量翻译问题。

第三，在大学英语常规教学中，教师应当强调预制语块的学习，预制语块包括各种词组、习惯搭配和各种惯用句型。这种语言单位的学习也是心理词汇知识网络的有机组成部分，具有很强的心理现实性。这种预制语块大量积累之后，学生拿来稍做变化即可用于翻译实践，甚至不用变化就能使用。吴华佳和刘绍龙（2011：115）认为，预制语块是整体存储于心理词库中的固定语言组块，预制语块在翻译过程中具有积极作用。相对于独立单词而言，在心理词库中存储的预制语块本身具备"词频性""整体性"和"范例性"等效应优势，从而使得译入语词汇提取迅速、流畅，选词规范、准确，用词自然、地道。预制语块研究对翻译教学也具备启示作用，所以英语教师在英语词汇教学中要加大预制语块的教学和研究，帮助学生掌握相当数量的语块，这将有助于学生提升翻译能力，在汉译英过程中，快速有效地完成翻译任务。

5 结语

汉英翻译过程属于心理过程，牵涉的因素众多，本文只做了单因素即英语心理词汇与汉译英表现的相关研究，并从中获得了某些有益的启示。复杂的翻译心理过程的其他相关因素，比如，译者的策略使用、译者的记忆特点及其信息处理心理等，都值得我们去研究和探讨，其研究成果对于大学翻译教学一定会大有裨益。

参考文献：

［1］ Carroll, David W. *Psychology of Language.* Beijing : Foreign Language Teaching and Research Press, 2000.

［2］刘鹏.重组二语心理词汇在汉译英过程中的重要性（英文）［J］.语文学刊（外语教育与教学），2011（1）：166.

［3］刘绍龙，胡爱梅.词汇翻译提取效率和操作机制的认知研究：基于不同二语水平者的实证调查［J］.中国翻译，2012（4）：27-29.

［4］王柳琪，刘绍龙.翻译信息转换模型的认知心理学研究：基于符号加工范式的思考与构建［J］.中国翻译，2009（6）：20-24.

［5］吴华佳，刘绍龙.预制语块在翻译过程中的效应优势及实践［J］.扬州大学学报（人文社会科学版），2011（5）：115-120.

高中生英语学习自我效能感
对英语学业成就目标定向和英语学习焦虑的影响

周寒琼①

摘　要：本文通过量表式问卷对573名高中生进行了调查，采用定量研究，探讨了高中生英语学习自我效能感对英语学业成就目标定向和英语学习焦虑的影响。最终得到结论：高中生英语学习自我效能感在英语学业成就目标定向和英语学习焦虑之间具有中介效应。

关键词：高中英语学习；自我效能感；中介效应

1 引言

外语学习焦虑不同于其他学科的学习焦虑，它是学生学习语言过程中产生的一种特有现象。艾丽沙与多尔马奇（Alishah & Dolmaci，2013）认为英语学习焦虑是个体在外语学习过程中，由于未能克服学习障碍或无法达到预期水平而形成的紧张恐惧的情绪。国内外已有大量文献从内源性因素和外源性因素两方面对英语学习焦虑的影响进行研究，其中内源性因素包含了英语学习自我效能感和英语学业成就目标定向。王璐（2013）通过对大学生的定量研究，发现成就目标定向与外语学习焦虑存在相关性。但总体上从英语学科角度研究二者之间联系的文献较少，并且结果也存在一些差异，因此具有进一步研究的必要。

自我效能理论、社会学习理论的创始人艾伯特·班杜拉（Bandura）提出自我效能感这一概念用以描述个体对自己是否有能力完成某一行为所进行的推测和判断。特鲁伊特（Truitt，1995）发现，韩国学生在学习英语的过程中，焦虑水平高的学生比焦虑水平低的学生更感到学习英语困难，学习英语的自我效能感更低。国内文献也叙述了学生英语自我效能感对英语学习焦虑有直接影响（邱月玲，2008；张日昇，2003；赵燕，2006；谢可爱，2013）。自我效能感和成就目

---

①周寒琼：淮北师范大学外国语学院硕士研究生，研究方向为英语教学。

标定向的关系研究大多集中在心理学领域（石雷山，2012；梁宇颂，2000），从英语学科开展的研究较少。

因此，本研究以高中生为研究对象，探讨英语学习自我效能感对英语学业成就目标定向和英语学习焦虑的影响，并找出可能存在的中介效应。

2 研究方法

2.1 研究对象

采用简单随机抽样方法，从江苏省连云港市、淮安市、南通市、扬州市这4个城市中的5所学校共抽取531名高中生，涵盖高一、高二、高三3个年级，向其发放531份问卷，回收有效问卷458份。

2.2 测量工具

2.2.1 英语学习自我效能感量表

采用仲彦（2004）编制的《英语学习效能感问卷》，共20个项目，采用5点积分。整个量表采用正向记分方式，即分数越高表明学习效能感越高。总量表的α系数为0.87。

2.2.2 英语学业成就目标定向量表

采用刘惠军（2003）等人编制的《成就目标定向量表》，共包含29个项目，分为掌握趋近目标、掌握回避目标、成绩趋近目标和成绩回避目标四个维度。四个分量表的α系数分别是：0.82、0.77、0.69、0.69，总量表的α系数是0.86。量表采用5点正向记分。

2.2.3 英语学习焦虑量表

采用王才康（2000）翻译修订的《英语学习焦虑量表》，共包含33个项目，采用5点正向记分。总量表的α系数为0.89。

2.3 数据处理

对有效问卷数据进行编码、录入后，运用SPSS16.0对数据进行分析处理。

3 结果与分析

3.1 高中生英语学习自我效能感、英语学业成就目标定向和英语学习焦虑的相关分析

表1 高中生英语学习焦虑、英语学习自我效能感和英语学习成就目标定向的相关分析

类别	1	2	3	4	5	6
英语学习焦虑	1					
英语学习自我效能感	-.650**	1				

续表

类别	1	2	3	4	5	6
成绩趋近目标	−.085	.631**	1			
成绩回避目标	.638**	−.581**	−.141**	1		
掌握趋近目标	−.393**	.590**	.372**	−.324**	1	
掌握回避目标	.609**	−.392**	−.057	.340**	−.255**	1

注：** 表示 P<0.01。

表 1 显示，英语学习焦虑与英语学习自我效能感、英语学业成就目标掌握趋近之间负相关显著，与成绩回避目标和掌握回避目标之间正相关显著，与成绩趋近目标相关性不显著。英语学习自我效能感与成绩趋近目标、掌握趋近目标之间呈显著正相关，与成绩回避目标、掌握回避目标之间呈显著负相关。

3.2 英语学习自我效能感在英语学业成就目标定向和英语学习焦虑之间中介效应分析

依据第一部分的研究结果，采用温忠麟（2004）等人提出的中介效应检验程序，分别对英语成就目标定向的三个维度进行回归分析（因为焦虑对成绩趋近目标的相关性不显著，所以不对其进行回归分析），以探究英语学习自我效能感在学习焦虑与成就目标定向之间的中介效应。

第一步，通过英语学业成就目标的各个因子对英语学习焦虑进行回归分析，得到模型一；第二步，通过英语学业成就目标的各个因子对英语学习自我效能感进行回归分析，得到模型二；第三步，在英语学业成就目标的各个因子和英语学习焦虑之间加入英语学习自我效能感，进行回归分析，得到模型三。

3.2.1 英语学习自我效能感在英语成绩回避目标和英语学习焦虑之间中介分析

表 2 英语学习自我效能感在英语成绩回避目标
和英语学习焦虑之间中介分析

步骤	因变量	自变量	R^2	F	B	ß	t
模型 1	B	A	.406	310.861	1.887	.638	17.613
模型 2	C	A	.338	231.444	−1.028	−.581	−15.213
模型 3	B	A	.524	249.473	1.162	.393	9.857
		C			−0.705	−.422	−10.585

A：英语成绩回避目标　B：英语学习焦虑　C：英语学习自我效能感

表2显示，回归模型第一步，英语学习成就目标中的成绩回避维度对英语学习焦虑具有极其显著的正向预测作用，英语成绩回避目标可以解释英语学习焦虑的学习焦虑40.6%的变异量（p<0.001），回归系数显著，可以进行下一步；回归模型第二步，英语成绩回避目标对英语学习自我效能感具有显著的负向预测作用，可以解释英语学习自我效能感33.8%的变异量（p<0.001）；回归模型第三步，将变量英语学习自我效能感加入回归方程发现，英语成绩回避目标对英语学习焦虑的回归系数显著，根据温忠麟（2004）的《中介效应检验程序和应用》的研究，说明英语学习自我效能感在英语成绩回避目标和英语学习焦虑之间的中介效应显著。建立路径关系如图1所示。

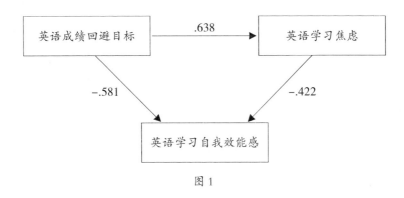

图 1

3.2.2. 英语学习自我效能感在英语掌握回避目标和英语学习焦虑之间中介分析

表3　英语学习自我效能感在英语掌握回避目标
和英语学习焦虑之间中介分析

步骤	因变量	自变量	R²	F	B	ß	t
模型1	B	D	.371	267.655	2.808	.609	16.360
模型2	C	D	.154	82.487	−1.081	−.392	−9.082
模型3	B	D	.570	300.699	1.931	.419	12.505
		C			−0.812	−.486	−14.508

D: 英语掌握回避目标　B: 英语学习焦虑　C: 英语学习自我效能感

重复表 2 分析过程，得出结论：英语学习自我效能感在英语掌握回避目标和英语学习焦虑之间的中介效应显著。建立路径关系如图 2 所示。

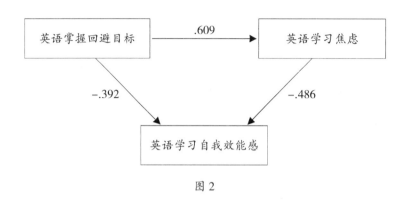

图 2

3.2.3. 英语学习自我效能感在英语成绩回避目标和英语学习焦虑之间中介分析

表 4　英语学习自我效能感在英语掌握趋近目标
和英语学习焦虑之间中介分析

步骤	因变量	自变量	R^2	F	B	ß	t
模型 1	B	E	.154	82.729	−1.287	−.393	−9.096
模型 2	C	E	.348	242.519	1.156	.590	15.573
模型 3	B	E	.422	165.501	−.047	−.041	−0.321
		C			−1.073	−.641	−14.497

E：英语掌握趋近目标　B：英语学习焦虑　C：英语学习自我效能感

重复表 1 分析过程发现，将变量英语学习自我效能感加入回归方程，英语掌握趋近目标对英语学习焦虑的回归系数不显著，根据温忠麟（2004）的《中介效应检验程序和应用》的研究，这条路径需要进行 Sobel 检验。检验结果显示，Z 值为 −0.74（p>0.05）。因此，英语自我效能感在这两个因子之间的中介效应不显著。

4　结语

本文虽然是从单一的英语学科进行研究，但结果佐证了心理学家宾特里奇与林恩布林克（Pintrich & Linnerbrink, 2001：251-269）的假设：掌握回避、成绩回避目标与特质焦虑、状态焦虑存在显著正相关，并检验出英语学习自我效能感在英语成绩、掌握回避目标和英语学习焦虑之间起到部分中介作用。

现在，高考是大多数高中生通向大学的必经之路，分值占比较大的英语科目的地位不言而喻。因此，许多高中生在英语学习方面焦虑情绪严重。这种情绪无论对学生的生理成长、心理健康或是学习成绩都存在着不利影响。英语学习自我效能感和英语学业成就目标定向分别对学习焦虑产生影响。但是，英语学习自我效能感的中介作用表明，当一个学生以常模标准来评价自身英语学习成就，想避免表现得比别人差时，或者他以自我比较为标准判断英语学习是否成功时，如果他的学习自我效能感较高，则可以减轻学习焦虑。英语教师不妨在分别考虑两者影响的同时，关注成就目标定向在不同水平的自我效能感上时对学习焦虑的影响。

参考文献：

[1] 刘丽，张日昇.青少年应激及其应对研究综述［J］.心理发展与教育，2003，19（2）：85-90.

[2] 邱月玲.通过团体训练提高学生的自我效能感［J］.中小学心理健康教育，2008，8（6）：7-9.

[3] 石雷山，高峰强，王鹏，等.成就目标定向对学习倦怠的影响：学业自我效能的中介作用［J］.心理科学，2012，35（6）：1393-1397.

[4] 王璐.大学生成就目标定向与外语学习焦虑［D］.武汉：华中科技大学，2013.

[5] 谢可爱.重点高中学生英语学习效能感、英语学习焦虑与英语学习成绩的关系研究［D］.武汉：华中师范大学，2013.

[6] 梁宇颂.大学生成就目标、归因方式与学业自我效能感的研究［D］.武汉：华中师范大学，2000.

[7] 赵燕.中学生英语学习焦虑及其内源性影响因素研究［D］.南京：南京师范大学，2006.

[8] 王才康.外语焦虑量表（FLCAS）在大学生中的测试报告［J］.心理科学，2003，26（2）：281-284.

[9] 刘惠军，郭德俊.考前焦虑、成就目标和考试成绩关系的研究［J］.心理发展与教育，2003，19（2）：64-68.

[10] 仲彦.非英语专业学生英语学习自我效能感与学习策略实证研究［D］.重庆：西南师范大学，2004.

[11] 温忠麟，张雷，侯杰泰，等.中介效应检验程序及其应用［J］.心理学报，2004，36（5）：614-620.

任务型语言教学对英语专业学生学习动机
和自我效能感影响的实证研究

董　婵① 蓝　岚②

摘　要：通过对广西医科大学外国语学院 177 名英语专业学生的调查问卷，运用对数据的描述性统计分析，探讨学生对任务型语言教学模式的态度、学习动机和自我效能感的关系。调查结果为教师进一步完善任务型教学模式，合理设计任务，激发学生的学习动机和培养自我效能感提供了参考依据。

关键词：任务型语言教学；学习动机；自我效能感

基金项目：本文系 2017 年广西医科大学教育教学改革一般项目 A 类——任务型语言教学对大学生英语学习动机与自我效能感影响的实证研究（编号 2017XJGA12）；2014 年度广西高等教育教学改革工程一般项目——任务型语言教学模式下《基础英语》课堂任务的分析和设计研究(编号 2014JG B124) 的阶段性成果。

1　引言

20 世纪 80 年代，语言学家普拉布（Prabhu）构建了任务型教学法的雏形，通过其对外语教学的改革，给任务型教学的研究打下了基础。任务型教学模式是近年来国内外英语教学界比较提倡的一种教学模式，它基于完成交际任务，以计划和操作为中心内容，通过师生共同完成语言教学任务，使外语学习者自然地习得语言，达成外语学习的进步（岳守国，2002）。

外语学习的基本条件有三个：语言接触、语言使用和学习动机（程可拉：2006）。学习动机作为学习者个体差异的一个重要因素，在学习过程中对学习者语言的输入、理解和输出都发挥着重要作用，对学习者学习语言的热情、课堂参与度和语言学习效果等也会产生重大影响。自我效能感是指个体在特定情境中对自己某种行为能力的自信程度，即自己在面临某一具体的活动任务时，是否相信自己或在一定程度上相信自己有足够的能力去完成该活动任务。它不仅影响学生的学业目标

---

① 董婵：广西医科大学外国语学院讲师，研究方向为英语教学、语言学。
② 蓝岚：广西医科大学外国语学院副教授，研究方向为翻译理论与实践。

选择、付出的努力、意志控制，还影响他们所选择的学习策略。以往研究发现，优秀的语言学习者具有的一个重要特质，就是拥有强大的接受挑战的能力。自我效能感高的学生胜任感强，相信自己的能力，认为通过自己的努力能够达到目标，面临困难和挑战时坚持性高，并会积极寻找解决方法；而自我效能感低的学生则怀疑自己的能力和努力，容易放弃。

本文通过调查英语专业的学生对于任务型教学模式的态度，分析其态度对学习动机和自我效能感的影响，进而帮助广大教师在设计和实施任务时，进一步提高学生的自我效能感和学习主动性，使其增强自信，最终达到提高学生综合运用语言能力的目的。

2 研究方法

2.1 研究对象

参加本研究问卷调查的是广西医科大学外国语学院 2015 级、2016 级、2017 级英语专业的 177 名学生，最终回收有效问卷 175 份。

2.2 研究工具

调查问卷由两个部分组成：第一部分是个人信息，包括学生的性别、年级、英语水平及每天学习英语的时间。第二部分包括三个量表，即任务型教学模式的态度量表、自我效能感量表和学习动机量表。任务型教学模式的态度量表从学生对任务型教学模式的了解、自我评价、能力分析这三方面进行调查，该量表的克朗巴哈系数（简称 Cronbance's α 系数）为 0.768（>0.7），说明具有较好的信度。自我效能感量表采用 Ralf Schwarzer 编制的自我效能感量表中文版，其 Cronbance's α 系数为 0.882（>0.7）。学习动机量表采用的是高一虹等编制的英语学习动机问卷，包括内在兴趣、成绩、学习情境、出国、社会责任、个人发展和信息媒介 7 种学习动机，其 Cronbance's α 系数为 0.896（>0.7）。上述量表均较成熟，内容效度较好。

2.3 数据分析

本研究中使用的各量表均采用 Likert Scale 5 分等级量表，从"完全不同意"到"完全同意"分别对应 1—5 级，数字越大表明赞同程度越高。问卷数据采用 SPSS19.0 处理和分析。

3 结果和讨论

表 1 对任务型教学模式看法的描述统计结果

类别	任务型教学和传统教学的比较	完成任务过程中的自我评价	完成任务后的能力分析
项目数	3	5	6
均值	4.74	4.86	3.278
标准差	0.669	0.633	0.667

表 1 为英语专业学生对任务型教学模式看法的描述统计结果。从接受性方面来说，均值为 4.74，和传统的教学模式相比较，学生认为采用该教学模式所取得的学习效益比较明显，学习兴趣较高。在完成任务的过程中，学生的自我评价得分较高，均值为 4.86，这表明任务目标使学生更清楚地了解通过任务所要达到的最终学习成果，与教师的交流增强了学生的自信心和归属感。在学生完成任务后的能力分析方面，学生认为通过结对、小组等活动增强了交际能力和语言表达能力，但学生认为有时教师设计的任务并不太适合自身的水平，不能体现学生的真实语言能力，因此该项的均值相对较低。

表 2　自我效能感与学习动机的描述统计结果

类别	自我效能感	内在兴趣动机	成绩动机	学习情境动机	出国动机	社会责任动机	个人发展动机	信息媒介动机
项目数	10	6	5	5	3	3	5	2
均值	2.259	3.601	3.053	2.954	3	3.775	4.019	3.380
标准差	0.631	0.805	1.088	1.000	1.05	0.868	0.778	0.899

表 2 的统计结果显示，英语专业学生的自我效能感均值为 2.259，这表明英语专业学生自我效能感普遍偏低，这一结果和国内众多学者的研究结果一致，说明学生在英语学习中遇到困难时，应对问题的自信心还有待提高。

在 7 种学习动机中，内在兴趣动机、社会责任动机、个人发展动机和信息媒介动机的均值相对较高，其中个人发展动机的均值最高，为 4.019。成绩动机、出国动机和学习情境动机则表现一般，其中学习情境动机的均值最低，为 2.954。个人发展动机是指激发个体进行学习活动，并使行为朝向一定的学习目标的一种内在过程，关系个人的前途发展。对英语专业的学生来说，其掌握英语的能力对今后就业有着至关重要的影响。社会责任动机的均值为 3.775，近年来，随着中国进一步扩大对外开放领域，中国文化"走出去"的战略让学生意识到作为英语专业的学生有责任让世界了解中国。内在兴趣动机包括了学生对语言的爱好和对英语文化的喜爱，属于学生的内在动机。学生当初选择英语作为专业，其中一个较为重要的原因就是自身对英语感兴趣。在进入大学后，英语专业学生可从多方面深入地学习其感兴趣的英语语言和文化，因此这一动机的均值也较高，为 3.601。学习情境动机与教材、班级和老师有关，此动机的均值较低，说明学生认为这几项因素对其的影响较小。

表3　学生对任务型教学模式的态度与自我效能感、学习动机之间的相关度

学生对任务型教学模式的态度	自我效能感	内在兴趣动机	成绩动机	学习情境动机	出国动机	社会责任动机	个人发展动机	信息媒介动机
Pearson 系数	.41*	.93*	.129	.055	.082	.164	.205	.108

注：*.在 0.05 水平（双侧）上显著相关。

表 3 皮尔逊（Pearson）系数 r 相关分析结果显示，学生对任务型教学模式的态度与自我效能感之间存在着正相关系，即自我效能感较高的学生，更喜欢教师使用任务型教学模式。在动机方面，成绩、学习情境、出国、社会责任、个人发展、信息媒介等动机与态度为低相关，相关系数的绝对值低于 0.3。态度与内在兴趣动机呈显著正相关，相关系数为 0.93。这表明，内在兴趣动机较高的学生更赞同使用任务型教学模式。因此，教师在教学过程中可充分利用任务型教学模式的优势，增强学生的内在兴趣动机，把学生的学习主动性、积极性和创造性调动起来，获得最佳的教学效果。

表 4　学生自我效能感与学习动机之间的相关度

自我效能感	内在兴趣动机	成绩动机	学习情境动机	出国动机	社会责任动机	个人发展动机	信息媒介动机
Pearson 系数	.25*	.057	−.070	.445*	.556**	.521*	.386**

注 *.在 0.05 水平（双侧）上显著相关。**.在.01 水平（双侧）上显著相关。

表 4 显示，自我效能感与内在兴趣呈低相关，与出国、社会责任、个人发展和信息媒介动机呈中等正相关。这一结果说明，学生自我效能感越高，学生的社会责任和个人发展动机就越强。社会责任动机涉及学生对国家的贡献和父母对其的期望，个人发展动机涉及学生对前途的思考。学生具有较高的自我效能感，就会相信自己有能力使用有效的学习策略，并将其应用到实际学习活动中，同时，学生有毅力和决心解决学习中遇到的问题，自主学习能力较强，这对学生的学业成就有促进作用。

4　对教学的指导意义

4.1　激发学生的学习动机，充分发挥学生的主体作用

根据上述的调查结果，大部分学生对任务型语言教学模式较为认可。因此，教师应充分利用优势，充当好引导者和指导者的角色，在教学中培养学生的主体

地位意识。教师在设计任务环节时，一是要考虑激发学生的好奇心与学习兴趣，尽可能营造真实的语境，使用英文原版的材料，如英文歌曲、杂志、电影等能真实反映目标语文化的材料，增强学生的内在兴趣动机。美国语言教育家斯蒂芬·克拉申（Krashen，1985）指出，要给学习者输入 i 和 i+1 两种语言，i+1 表示超出当前水平一点点、学习者能够习得的新语言项目。二是设计具有梯度性、关联性和趣味性的任务，以避免出现学生因任务太难而放弃的情况，让语言教学有一个循序渐进的过程，增强学生的参与动机，更有效地完成学习任务。

首先，在任务准备阶段，教师作为引导者，须帮助学生明确树立自己的任务目标，让学生充分了解完成任务后会在语言能力的哪些方面有所提高，激发学生学习语言的动机，同时，教师须做好与学生任务相关的文化背景、词汇、句型准备。其次，在任务开展环节，教师促使学生通过彼此合作，互相讨论，具有更强的主动性和决策性，这可以在更大限度上激发学生学习动力。再次，教师在学生完成任务后，鼓励学生对任务结果进行呈现，增加学生的成就感和自我效能感，通过积极反馈让学生更愿意为完成任务而努力（学生会将完成指定任务的外在动机转化为内在兴趣动机）。最后，教师还要引导学生对任务过程进行自我评价，对过程中出现的问题进行反思，让学生通过建立学习文件夹对自主学习进行监控，及时调整学习计划——这是学生获得自信和自我效能感的延伸，其学习兴趣也会变得更为浓厚。

4.2 合理设计任务，增强学生的自我效能感

本研究结果表明，医科院校英语专业学生的自我效能感较低。广西医科大学外国语学院英语专业的学生以二本线考取，入学时英语成绩并不是很理想，因此，在大学阶段，教师如何在教学中提高学生的自我效能感，是提高学生综合语言能力的一个重要影响因素。自我效能感较高的学生，会更愿意接受任务，并能面对任务的挑战；若其未能很好地完成任务，也能很快地从失败中总结经验，重新接受挑战。而自我效能感较低的学生，可能参与任务的积极性不高，害怕失败。帕贾瑞斯与乌尔旦（Pajares & Urdan，2006）认为，效能感是可以获取、培养和加强的。教师在设计教学任务时，需考虑学生的实际语言水平和自我效能感等个体差异因素，布置层次不同的任务，可以选取具有一定挑战性且和学生实际生活相关的主题，使学生不会因为难度太高而失去信心，自我效能感降低，或因难度太低而无法激发学生的学习动机。此外，教师可以指导学生先设定符合其自身实际的短期目标和长期目标，让学生在达到每一个小目标后都获得成就感。通过师生之间的交流，营造良好、民主的课堂氛围，更有利于完成学习。

在专业教学中，教师不能再遵循单方面灌输的传统英语教学模式，而是要帮助学生建立语言学习的信心，调动学习潜力，积极面对学习挑战。对于学生的培养，一方面是为了满足社会的需求，另一方面是满足学生的个人发展需要。因此，教师在设计任务时，还要综合考虑英语专业人才培养目标、教学大纲、教材等教学相关因素，以学生为本，才能使学生有个人发展空间。在安排任务的准备

环节，教师应提供足够的语言信息缓解学生的焦虑，关注学生是否能顺利完成任务，而不应过多关注语言的准确性。在任务完成的后期阶段，再强调重点的语言知识。在目标任务中，既有对学生总体的基本要求，也有对不同学生的不同要求，才能达到教与学的和谐发展。

5 结语

本研究表明，英语专业的学生对任务型教学模式的态度会受到其学习动机、自我效能感，以及其他每种因素影响的影响。因此，教师在语言教学中不能只关注学生的认知发展，还要关注学生学习的动机，通过提高学生的自我效能感，进而增强学生的内在兴趣动机和个人发展动机。此外，教师还应该为学生树立良好的学习榜样，利用榜样的力量培养学生学习的积极态度，帮助学生树立通过努力提高综合语言能力的信心。

参考文献：

［1］Krashen, S. *Input Hypothesis : Issues and Implications.* London & New York : Longman, 1985.

［2］Pajares, F.& Urdan, T. *Self efficacy beliefs of adolescent.* Greenwich, CT : Information Age Publishing, 2006.

［3］岳守国.任务型语言教学法：概要、理据及运用［J］.外语教学与研究，2002（5）：364-367.

［4］程可拉.威莉斯任务型学习模式评析［J］.天津外国语学院学报，2006（1）：63-70.

基于项目化教学模式的
科技英语翻译项目化教学设计

谭　英①

摘　要： 经济全球化和科技飞速发展引发许多产业的调整和改革，社会对科技翻译人才的需求也因此产生了重大的变化。传统的科技翻译教学使翻译员在翻译实践中常常感到所学和所用严重脱节。项目化教学让学习者通过完成翻译任务，学习搜索和利用资源来解决翻译问题。本文以一学期共 48 课时的课程进行项目化设计，以外商来访本地某企业为背景，设计为接待外商来访的翻译综合项目，下设商务翻译和科技翻译两个子项目。

关键词： 科技翻译；项目化教学；教学设计

·1　概述

21 世纪的中国面临着经济和科技飞速发展而带来的各种挑战与机遇，社会的发展必然带来产业的调整与发展，对翻译人才的需求也因此产生了重大的变化。今天的中国需要大量能将外语与其他学科如科技、外交、经贸、法律等具体专业领域相结合的复合型翻译人才。科技翻译，特别是科技汉译英的发展，对中国现代化以及对外交流发展起着至关重要的作用。传统的科技翻译教学，以教师为中心，围绕着教学材料，通过讲解和分析单句翻译或简单范例来教导学生学习科技翻译理论和技巧。这种教学方式下培养出来的翻译员，在面对晦涩难懂的真实科技翻译的语料时容易感到无所适从。

项目化教学（Project-based Learning，简称 PBL）是一种以学生为中心的教学方法，要求学生通过独立或合作完成任务，利用必要的学习资料，解决现实中科技翻译问题，从而获得更深入的知识和更扎实的解决问题的能力。从 20 世纪二三十年代起，项目化教学在国外的语言教育领域被广泛使用，其对语言习得的

---

①谭英：桂林理工大学讲师，研究方向为特殊用途英语。

影响主要体现在培养学生的学习动机、兴趣、信心及学习者自主性，提高学生解决问题的能力与批判性思维能力，开发学习者的语言学习技能和策略等方面。通过项目化教学，学习者可以掌握科技翻译人员的学习策略，不仅具备良好的语言功底、深厚的专业技术、相当的文化储备，而且具备对相关领域信息动态敏锐的洞察力，精通各种翻译硬、软件，熟练运用网络资源工具等，成为一名合格的科技翻译人员。

2 项目化设计

自从约翰·杜威（John Dewey）提出学习项目化的理念之后，项目化教学就成为教学法研究中重要的一个领域。它让学生在学习的过程中能获得真实的实践体验，这是传统课堂教学和学术研讨会无法做到的。在项目实施过程中，学生可以学习如何应对现实问题以及团队合作。在 IT 行业中，项目化教学设计常见于多学科多部门共同组建工作团队（Dewey，1966：2）。达尔波姆（Dahlboom）认为这种项目化合作在项目参与者异地并且都从事与网络相关工作时得以实现（Dahlbom，1998：36）。温格（Wenger）则认为，学习与实践是紧密相连密不可分的，这一理论就是项目化设计的基础（Wenger，1998：24）。

项目化教学让学生获得以下三种能力。

一是团队精神。学生在项目实施过程中学习如何与团队合作、组织和协调。项目团队一旦建立，团队成员之间互相沟通交流，确认彼此的分工、任务和目标，并对一些项目中的难点进行沟通。每个成员对自己所负责的工作模块承担责任，积极采取行动完成任务。

二是方法和策略。学习者在项目中将学到包括寻找问题、搜集相关信息、数据整理统计、时间分配、项目写作、项目成果展示等技巧。

三是职业化的能力。职业化的能力指的是所翻译内容所属的专业领域，如工程、软件设计，以及应用领域，如经济学、教学法、新闻传播学。这些职业化的素养培养了学生应对未来工作中遇到的行业分工的能力，在具体行业背景下实施翻译项目的能力。

同时，教学项目还可以创设一个环境，让学生按照自己的兴趣去开发职业技能，而不是为了应试，这个学习过程本身对学生就非常具有意义。

3 基于项目化教学模式的科技英语翻译教学设计

笔者以一学期共 48 课时的课程进行项目化设计，项目难度循序渐进，旨在培养和提高学生语言能力和跨文化交际能力，培养分析问题与解决问题的逻辑思维能力，自主学习能力和自我检查与评价的能力，严谨踏实的翻译职业素养和团队合作精神。

项目以外宾来访本地某企业为背景，设计为接待外商来访的翻译综合项目，项目按照迎接外宾、参观公司、产品推介、商务合作洽谈、商务晚宴和观光的流程进行，翻译内容包括商务名片、公司简介、产品目录、产品手册、安装说明、购销合同、招待菜谱等。

整个项目实施分成四个阶段。

3.1 项目管理阶段

学习者在项目管理阶段要对整个翻译综合项目进行管理，树立翻译的职业意识，根据企业的实际翻译需求进行译前准备工作，复习已学过的翻译理论知识，如英汉互译理论和技巧、对可能涉及的文本进行文体分析，根据文本的不同文体特征，找出相应的适当翻译策略和方法。这个阶段的学习目标是培养学习者的非语言能力和翻译专业知识，为后续的翻译和评估提供理论基础。

3.2 划分小组阶段

学生 4—6 人为一组，以小组为单位，确定具体的项目任务。企业所需要的科技翻译内容涉及面广，包括商务接待、企业简介、产品简介、知识产权、法律法规等。本阶段学生可分组，各小组根据客户要求制订出详细的实施计划、项目流程、格式要求、审校程序、项目进度表等，小组成员要有明确的分工，组内按照翻译、审校、定稿的流程实施项目。

3.3 项目实施阶段

各小组在确定项目实施计划之后，开展具体的项目实施。首先，借助图书馆、企业官网、在线搜索引擎等资源，查找和建立翻译项目所需要的语料库，特别是与企业、产品、技术、法律法规相关的专业词汇和表达方式，为具体的翻译活动提供参考。其次，根据外商访问企业的行程和企业实际要求，对需要翻译的文本进行分析，查找国内外同类企业或同类产品的相关平行文本，为翻译活动提供参考。再次，在完成以上准备工作之后即可开始翻译内容少的文本，如名片、企业简介可个人独立完成，内容比较多的文本如企业外宣手册、产品说明书、用户手册、合同、法规条文等可开展合作式的翻译，由多人共同合作完成。最后，统筹译文的行文风格，对全文进行校对。

课堂上，学生要展示各自小组的翻译作品，对每一项翻译任务进行分析，阐述翻译中遇到的问题，并介绍本小组的翻译策略，其他小组参加讨论并提出修改意见，最后把讨论结果形成文字，统一修改有问题的译文。

在这个过程中，教师要承担多重角色。教师要扮演项目中的客户，从企业的角度向翻译员提出具体的要求。同时，教师也是翻译方法、策略的讲解人，在教学中介绍和展示不同文体风格的文本适用不同的翻译策略，提醒学生在各个环节中应当注意哪些问题，容易犯哪些错误。教师也是课堂讨论的参与者，倾听学生的陈述，做学生中间的沟通桥梁和协调人，在讨论中引导学生把翻译理论和翻译实践结合起来，把翻译技巧和企业需求结合起来，指导学生树立职业意识，完成翻译项目。

3.4 项目评估阶段

项目结束后，每个小组把完成的译文整理成册，制作封面、目录、译文对照稿、语料库，并标注出每个小组成员具体负责的模块，提交电子文档以供评估。教学评估由学生自评和教师评价两个部分组成，注重翻译任务完成过程中学生所展示的进步，善于质疑和创新精神及团队合作精神。课程考核成绩包括期末理论考核（30%）、过程考核（40%）和成果考核（30%）。其中过程考核由敬业精神、团队合作精神、理解能力、现场应变能力、语言表达能力5个部分组成。成果考核以项目单元为单位，考核学生的译文质量，以教师评分为主。

整个学期科技翻译项目化教学设计安排如表1所示。

表1　科技翻译项目化教学设计学期安排

授课顺序	教学主要内容	教学内容明细	课时（节）	所属子项目
1	项目管理和分工	1. 项目介绍 2. 项目组建立 3. 项目组工作内容确定 4. 项目组分工	2	
2	接待客户	1. 名片的翻译 2. 机场、交通工具的翻译 3. 企业名称、商号和品牌的翻译	4	商务翻译
3	商务活动	1. 菜单的翻译 2. 职称、头衔的翻译 3. 酒会致辞、欢迎词、祝酒词的翻译	4	商务翻译
4	参观企业	1. 企业简介的翻译 2. 本地投资环境的翻译 3. 本地和本国投资环境、政策的翻译	4	商务翻译
5	产品推介	新产品推介的翻译	4	科技翻译
6	产品简介	1. 产品性能的翻译 2. 产品操作的翻译	4	科技翻译
7	说明书	产品说明书的翻译	4	科技翻译
8	产品安装手册	产品安装手册的翻译	4	科技翻译
9	产品维修手册	1. 产品维护说明书的翻译 2. 产品保修卡的翻译	4	科技翻译
10	企业合作	1. 企业合作协议的翻译 2. 购销合同的翻译	6	科技翻译
11	企业技术转让	技术转让协议的翻译	4	科技翻译
12	商务观光	景区景点简介的翻译	4	商务翻译

整个教学过程中注重学生翻译能力培养,有层次、有侧重地提高学生的翻译水平。学生在商务翻译课程学习的过程中,经历了听老师讲解翻译理论与技巧,阅读教材及翻译资料,看同伴讲解实践经验,将自己的翻译实践经验展示给同伴,小组讨论修改翻译稿,将小组讨论的最终翻译稿展示给全班同学等环节,依次反复,学生的翻译能力处于螺旋式上升状态。

与以往的传统英语翻译教学相比,项目化教学法实现了教学过程以教师为中心到以学生为中心的转变,使学生成为翻译活动的主角,而教师起到的是指导作用;实现了以课本为中心到以项目为中心的转变,学生围绕各自的项目展开探究式、研究式学习;实现了以课堂为中心到以实际操作为中心的转变,使学生以小组为单位活跃在课内、课外的翻译活动中。

4 小结

项目化学习在西方国家兴起已有一段时间,但是在我国,将项目化设计应用于高等教育的实践还相对缺乏,还受到诸多因素的制约。项目化教学设计需要的不仅仅是一间教室、一本教材,还需要富有实践经验的教师和基于互联网的教学环境,以及大量与社会实践紧密结合的教学材料和项目。目前,将项目化教学法与翻译教学结合起来,在我国高校翻译教学尤其是科技翻译教学中的应用仍然很少,还需要大量的硬件和软件方面的投入。模拟真实翻译实践进行翻译项目教学,对学习者而言,不仅提供了学习翻译理论和方法的机会,还提出了利用电子翻译工具结合社会实际需求灵活应用翻译理论和方法的要求,在实践中学习,把理论与实践紧密结合,这种方法值得更多的研究和尝试。

参考文献:

〔1〕Dahlbom, B. *From Infrastructure to Networking, Proceedings of the 21st Information Systems Research Seminar in Scandinavia (IRIS 21)*. Saelby, Denmark, 1998.

〔2〕Dewey, J. *Democracy and Education:An Introduction to the Philosophy of Education*. Free Press, New York, USA, first published 1916, 1966.

〔3〕Wenger, E. *Communities of Practice:Learning, Meaning, and Identity*. Cambridge University Press, UK, 1998.

多义词的语用充实与日语词汇学习的语用意识

徐俪玲① 卜朝晖②

摘　要：多义词是指一个词拥有两个或者两个以上的义项，且义项之间存在相互联系。不论是初级学习者还是高级学习者，对日语多义词的学习都是一大难题。本文从词汇语用学的视角出发，结合实例对多义词的语用充实现象进行了说明。为了顺利进行日语交流和沟通，日语学习者需要提高语用意识，结合语境进行语用加工，才能正确理解和使用多义词。

关键词：多义词；语用充实；日语词汇；语用意识

1　引言

"在日语里面，陀螺转、水车转、地球转这三个词均用'まわる'或者'めぐる'来描述，日语是一种词汇贫乏，构造不全的语言"（谷崎润一郎）。要用如此贫乏的词汇描述各种精彩生活，由此而派生出大量多义词。多义现象大大地丰富了日语词汇，但也成了日语学习者的一大难关。如今的日语教学模式，仍然太过重视词汇的原型意义教学，而忽视了词汇的语用意义，造成众多日语学习者倾向于机械性记忆单词，却无内涵性理解，不仅无法运用自如，而且遗忘率高。在语言交际中，随着语境的变化，词汇的语用意义会发生不同程度的变化，在词汇运用中根据特定的语境意义，构建重组词汇意义，是非常有必要的。本文从词汇语用学视角分析日语多义词的语用充实现象，说明如何利用语境来更好地理解和使用日语词汇，以期为日语学习者提供一个可供参考的日语学习方法。

---

①徐俪玲：广西大学外国语学院硕士研究生，研究方向为日语语言文学。

②卜朝晖：广西大学外国语学院教授、硕士生导师，研究方向为日中（机器）翻译、日中语言对比研究、日中文化交流。

2 词义的语用充实

词义本身就有多义性，在不同的语境下，其表达意义多呈现唯一性特征。在特定语境中，听话人要对说话人的话语进行语用推理，这一过程，称为"语用充实（Pragmatic Enrichment）"或"语用强化（Pragmatic Strengthening）"。

词汇语用学（Lexical Pragmatics）由德国布卢特纳（Blutner）教授提出，以词汇的原型意义和语码信息为基础，综合语用条件因素、语境和其他相关学科的知识，对词汇和结构在特定语境中的语用化现象进行动态研究（孙智慧，2009：103）。在词汇语用学的理解中，词汇不单是指词汇本身的意义，而且还涉及词汇在不同语境下的意义，语境发生变化，词义就会发生相应的变化。词义的理解不是简单的编码与解码的过程。在语境中，词汇的运用是多意义的，不能简单地与其原型意义画上等号，词汇信息具有一定的模糊性和概括性。对在语境中的词汇作出一定理解时，要对语义进行不同程度的加工。词汇语用学认为，词汇的表征具有语义上的不明确性，理解语义不明确的词汇需要结合语境和百科知识进行必要的语用充实（陈新仁，2005：5）。包括在特定的语境中，语句结构、词语以及整个话语的语用收缩、语用扩充等。词汇的语用收缩和语用扩充都是对词汇意义的信息加工，特别是对话语理解中的特定词汇信息，通常是对那些语言使用中不确定的词义的语用处理（冉永平，2005：344）。

3 多义词的定义

多义词是一个词有两个或者两个以上的义项，而且这些义项之间存在着相互联系（鹫见幸美，2015：81-96）。例如，"馬鹿"在以下句子中就包含了不同却又有联系的意义。

例1. 馬鹿だねきみも。

例2. 鼻が馬鹿になった。

例3. 毎日のむだ使いは馬鹿にならない。（《讲谈社日汉汉日词典》：378）

例1的"馬鹿"为原型意义，形容智力活动比一般人要迟钝的人。例2中，是在感冒生病的语境中，结合此种状况下鼻子的状态，我们可以推断出是形容人体的鼻子失灵，暂时失去机能的意思。由形容一种类别的人扩展到形容某种状态，词义得到了语用扩充。同样的，例3中指不能轻视、忽视的意思也是一种语用充实。词汇在具体使用中，经过语用充实后，所表现出来的就是根据上下文或是语境的交际信息，而不再是词典意义的直接再现，是其原型意义在特定语境下的弱化或扩展。多义词的各个义项保持着一定的联系，由基本义项通过词义的扩大、缩小、修辞、转义等引申出一系列义项。例1至例3中"馬鹿"的意义经过辐射和连锁等方式，由原型意义派生出其他意义，义项之间存在着必然联系，而并非孤立存在。在理解多义词的基础上，不论是语用扩充还是语用收缩，都需要在特定语境下选择相应的多义词意义，寻求其最佳语境意义。

在特殊语境的作用下，所表现出来的词汇的临时意义，让词语本身的不明确性、多意义性转向了能够表达说话者意图的交际目的。在词汇运用过程中，要结合词汇本身意义和具体语境的运用方式，运用百科知识、语用机制，将词义进行语用学加工，作出多因素制约的判断和确定，这在词汇学习中是十分重要的。

4 多义词的两种语用充实

多义词本身具有一词多义的性质，但在不同的语境下，其表达意义多呈现唯一性特征。多义词的语用充实在具体的应用中，包括语用扩充和语用收缩。词汇意义表达的多样性，使得词汇这个对意义进行承载的结构，有着意义上的含糊性和概括性，在词汇的使用中有着一定的语境顺应性，因而理解话语时听话人必须进行语用加工（冉永平，2006：61）。

4.1 多义词的语用扩充

词义的语用扩充是"原型意义或常规意义的弱化、延伸"（冉永平，2005：346）。在实际交际语境的词语运用中，所表现的通常不是其本身的意义，也不是具体使用时词汇组合的总体意义，而是对词语的原型意义进行弱化或扩充。在特定语境中，对词汇意义的选择，并不是随意挑选词汇松散结构的意义，而是词汇类别上的扩展和延伸。这说明，交际中存在词义或结构意义的语用扩充。如"読む"，在实际运用中，就存在着多重且彼此间有内在联系的意义。

例 4. 大声で教科書を読む。

例 5. 株価の動きを読む。

例 6. 相手の心を読む。

例 7. 十手先まで読む。（井口靖，2017：54）

例 4 中的"読む"是词语的原型意义，即出声地念，朗诵的意思；例 5 中的"読む"是看、阅读的意思；例 6 中的"読む"是揣度、体察的意思；例 7 中的"読む"是考虑下棋的步数的意思。由以上例句可以发现，在不同语境中，经过语用扩充，词语的原型意义被弱化和具体化。词语在实际交际中的意义表达更加笼统、宽泛，词语意义发生扩张，其传递的信息不再拘泥于词典意义，而是特定语境下词语原型意义的语用弱化或扩散。

特定语境下对多义词的理解，见例 8。

例 8.（歳末大売り出しの店の前で）

母："おかみさん、もう少し勉強しなさいよ。"

子："このおばさん、落第しそうなの。"

在这则对话中，孩子误会了妈妈所说的"もう少し勉強しなさいよ"这句话的含义。"勉強する"的原型意义是"学习"，而在上面的卖场语境中，其在对话里表达的意义是降价、让价的意思。在特殊语境中，听话人要对词汇的扩展意义加以区分。日语多义词的学习，要结合实际语境，同时还要结合日本文化，及动态发展中的词汇意义延伸等进行深入体会。

4.2 多义词的语用收缩

多义词的语用收缩是指"交际中某一词所编码的意义在特定语境中的特定所指，是其意义在特定语境中所指范围或含义的缩小"（冉永平，2005：346）。在实际运用中，词语原型意义范围缩小。词语的词典意义所承载的信息可能具有很强的概括性或含糊性，在具体语境中，理解词语意义要具有语境顺应性，听话人必须对词语进行语用加工。语用收缩使得词汇结构意义更为语境化和具体化，以下为语用充实中多义词语用收缩的例子。

例 9. 顔を水面につける。

例 10. 電気をつける。

例 11. 味をつける。

例 12. 記事に解説をつける。

例 13. 習慣をつける。

例 14. 部屋に電話をつける。

例 15. 折り合いをつける。（鷺見幸美，2017：34）

上述例子中，"つける"的原型意义是使物与物挨着、不分离的意思，具有较强的概括性和模糊性。但在不同语境中，其词义发生了语用收缩，"つける"在上述各个句子中所表达的意思也随着具体语境而变化。例 9 意为使脸接触水面；例 10 意为开灯；例 11 意为调味、提味；例 12 意为附上解说；例 13 意为养成习惯；例 14 意为安装电话；例 15 意为讲和、调解。在上述例子中，"つける"在不同语境中都发生了语用收缩，使物与物挨着、不分离的原型意义，在例 10、例 15 中，随着实际语境中更为具体化。在实际交际过程中，语用收缩意味着在不同语境中，词汇传达出比起编码意义更加具体，比起延伸所指范围更小的含义。

特定语境下对多义词的理解。

例 16 如下：

A："生活はどうなの？"

B："大変だね。口が多いので、生活に困っている。"

"口"的原型意义是"嘴"的意思，如口を開けてください（中文意为请张嘴）。在这个对话里，该词语进行语用收缩的方向受到特定语境的语用信息制约，"口"就不再是"嘴"意思，而是"抚养人数"。

特定语境下对多义词的推断，见例 17、例 18。

例 17. 健康のために、野菜をたっぷり取ったほうがいい。

例 18. 彼女はたっぷりした服が好きだ。

《广辞苑》（第 6 版：1753）对副词"たっぷり"这样解释："満ちあふれるほど十分にあるさま。十分でゆとりのあるさま。"，即数量充足、相当多的意思。根据上述例 17 中的具体语境，可以理解"たっぷり"为大量的意思；而在例 18 中，由于修饰的对象变成了衣服，在这个句子中，"たっぷり"解释为宽松的意思。

　　面对不同语境时，听话人会对整个话语进行语用加工和对该词语进行语用收缩的条件是不一样的。听话人对相关语用信息的收缩要有明确的导向，否则话语理解会难以实现。仅根据原型意义进行交际信息的语用选择是有缺陷的。

5　日语词汇学习的语用意识

　　结合以上实例，我们看到了在语言交际中如何利用语境进行词语的语用充实，并使之顺利达到交际目的。词语的词典意义或是原型意义是非语境意义，而在语言学习过程中，词汇的语用意义是动态发展，并源源不断地涌现的，因此，语境对词汇语用意义的理解非常重要。每一种语言都承载着一个民族的文化内涵，对词义的理解决不能离开词语所在的文化环境。

　　在日语学习过程中，我们要克服孤立地机械地学习词汇词典意义的传统习惯，要根据具体语境，在词与词之间、词与文化之间尽可能建立联系，提升对词汇学习的语用意识，避免造成语用失误，能进行地道、得体的日语话语交际。

5.1　语言语境中的词汇学习

　　语言语境，也称语言语境，即篇章内部的环境，或称上下文，是词、短语、语段或篇章的前后关系，或者是约定俗成的搭配。语义与语境密切相连，离开语境就无法把握词的确切含义。日语中有着大量多义词，其具体意义需要根据上下文或实际语境进行推断而定。

　　例 19 如下：

　　A："吉田先生が大好きだよ。"

　　B："どうして？"

　　A："点数が甘いから。"

　　多义词"甘い"的原型意义是甜的意思，如果将其原型意义直接套进"点数が甘いから"中，得到的只能是"分数是甜的"这样不合理的解释。结合上下文，我们可以推断出"甘い"在例句中是宽容、不严格的意思。

　　例 20. 船をつくる。

　　例 21. 金をつくる。

　　例 22. 声をつくる。

　　例 23. 顔をつくる。（《广辞苑》第 6 版：1868）

　　例 20 中"つくる"的原型意义是创造、创建的意思，其他例句是其用法上的进一步充实。例 21 的"つくる"表示筹措、安排，还蕴含了煞费苦心的感情色彩；例 22 的"つくる"表示故作、假装的意思，包括了本来不是那样却故意作出的意思；例 23 的"つくる"是化妆、打扮的意思。

　　在学习词汇时，我们要善加利用语境线索推测词义，通过语用收缩或语用扩充，选择多义词的最佳语境意义。

5.2 文化语境中的词汇学习

学习一门语言，必须以其文化背景为依托，才能正确理解和使用。由于文化背景、生活习惯、宗教信仰和价值观等多方面因素的影响，中国和日本两国的文化认知的语境不同，看待和观察事物的视点就会存在差异。例如，中国和日本两国表示颜色的词存在着各自独特的文化内涵。

例 24. 青い空。

例 25. 顔が青くなる。

例 26. 考えがまだ青い。（《广辞苑》第六版：13）

在例 24 中，"青い"是蓝色的意思，是原型意义。在例 25 中，"青い"表示脸色没有血色的样子、苍白的意思，不同于汉语使用白色形容脸色不好的习惯。例 26 中的"青い"表示不成熟的意思，使用颜色词形容一个人的思维，是日语独有的表达方式。

在使用身体部位词表达感情色彩方面，中国和日本两国也有不同。比如，"腰"这个汉字，在中、日两国的语言中，这个汉字在运用和表现也有不同。

例 27. 腰を抜かす。

例 28. 腰を押す。

例 29. 腰を折る。（《广辞苑》第六版：1007）

"腰"一词在中文中最常让人联想为人物的形态特征，如"笑得直不起腰"。日语中的"腰"如例 27，则表达的是吃惊的意思。例 28 意为"撑腰"与中文表达较为相近，但是，例 29 尽管可以翻译成"折腰"，却没有中文"折腰"一词所表示的感慨、惋惜的感情色彩。

6 结语

本文从词汇语用学的视角出发，结合实例对多义词的语用充实现象进行了说明。由于国内日语学习者的日语学习主要还是在母语环境中进行，因此，缺乏结合语言语境以及文化语境分析和使用词汇的能力。在日语学习过程中，我们要积极培养自己的语用意识，注意总结、分析多义词在不同语言语境中的意义，并有机结合日本文化进行词义的语用充实。这样，不仅能提高自我学习兴趣，还可以了解日本文化和历史，提高自己的语用能力。

参考文献：

[1] 陈新仁.国外词汇语用学研究述评 [J].外语研究，2005（5）：5-9.

[2] 冉永平.词汇语用学及语用充实 [J].外语教学与研究，2005（5）：343-350.

[3] 冉永平.翻译中的信息缺失、语境补缺及语用充实 [J].外国语（上海外国语大学学报），2006（6）：58-69.

[4] 孙智慧.词汇语用学和多义词的语用充实 [J].安徽农业大学学报（社会科学版），2009（4）：103-107.

［5］ 相原茂.讲谈社日汉汉日词典［M］.北京：商务印书馆，2016.

［6］ 新村出.广辞苑（第6版）［M］.上海：上海外语教育出版社，2012.

［7］ 朱欣雨.从动物相关谚语看中日文化差异［J］.科技视界，2015（6）：89-90.

［8］ 井口靖.コーパスに基づく多義語の分析：日本語"読む"とドイツ語lesenを例として［J］.三重大学教養教育機構研究紀要，2017（3）：53-62.

［9］ 鷲見幸美.中国語を母語とする日本語学習者による多義動詞の使用：KYコーパスに見られる使用意義の広がり［J］.名古屋大学大学院国際言語文化研究科，2015（1）：81-96.

［10］ 鷲見幸美.多義動詞"ツケル"の指導についての一試案：話し言葉における日本語母語話者の使用実態を踏まえて［J］.名古屋大学大学院国際言語文化研究科，2017（2）：33-46.

其他研究

广西方言研究及其传承保护路径

——以白话为例

吴晓静①

摘　要： 由于社会不断发展，汉族社会在发展过程中出现过不同程度的分化和统一，因此汉语逐渐产生了方言。广西是一个多方言地区，对于广西人来说，方言既是老祖宗留下的文化遗产，也是自己的根。方言随着社会发展不断融合、变迁。广西各民族各地区的方言虽相互交流、共同发展，但其发展很不平衡，导致部分方言处于濒危状态，这一现实应当引起人们的关注。本文通过采集广西较为代表性的方言——白话的现状作为讨论对象，对其进行整合分析，并借鉴其他文化保护措施提出对广西白话的保护建议，以期提高广大青年对广西方言的认识和积极继承方言的意识。

关键字： 广西方言；方言保护；白话

1　前言

在地大物博的中国土地上，汉语和众多少数民族语言并存，在中国民族发展中熠熠生辉。广西是多民族聚居地，境内主要有壮族、汉族、瑶族、苗族、侗族、仫佬族、毛南族、回族、京族、彝族、水族、仡佬族12个世居民族，另外还有其他民族成分。作为少数民族聚居地，广西拥有众多种类的方言，各族人民操各民族语言和平共处。广西各族人民使用各自的民族语言进行交流，不断碰撞融合，使得广西方言呈现出别具一格的语言面貌。各民族几乎都有属于本民族的语言，有的民族甚至还使用几种语言。广西所蕴藏的语言的富矿，值得我们去探索，并为其发展作出相应努力。

---

①吴晓静：桂林理工大学外国语学院硕士研究生，研究方向为语言与文化。

2 研究现状

2.1 国外研究现状

地理语言学兴起于 19 世纪后期。德国语言学家格奥尔格·文克尔（Georg Wenker）于 1876 年进行方言调查并绘制方言地图。作为早期的地理语言学代表，法国语言学家吉叶龙（Jules Gilliéron）对 650 个法语方言点进行了调查，编写出版了《法国语言地图集》（1902—1914 年和 1920 年）12 册。随着科技进步与地理语言学的发展，大量的语言地图集陆续在欧美各国出版。西方方言研究者将地理信息系统技术引入到方言研究中，并制作方言电子地图，如美国语言学家威廉·拉波夫主持编制的《北美语言地图》及其光盘版（北美语言地理信息系统）。

2.2 国内研究现状

国内在方言地理学的研究上，最早可追溯到西汉时期扬雄的《方言》。中国的方言地理学的研究虽远早于西方国家，但利用地理信息系统对方言进行研究却显得迟缓了许多。2001 年，北京语言大学曹志耘带领的"汉语方言地图集"课题组启动了汉语方言地图集课题研究，获得了教育部"十五"规划项目，并于 2008 年 11 月出版了《汉语方言地图集》。2004 年，北京语言大学张维佳在《方言研究与方言视图的数字化》中初次提出汉语方言地理信息系统的观点。国内的语言学者对广西方言进行了较为广泛的研究，如 2007 年，谢建猷的专著《广西方言研究》（上、下册）；2012 年，由政府统筹组织专家团队开始建设中国语言资源有声数据库广西库。

进入 21 世纪以来，大专院校的师生群体成了方言研究的主力军。由于各大院校方言硕士点的设立与学科建设，各地方言研究机构和人员的发展壮大，各地文化交流的不断发展，使得各地方言研究学术活动不断活跃，各界学者不断拓宽方言研究领域，各地的方言研究成果日益更新，如利用统计学的计量分析方法对方言日常词汇相似度、相关度、沟通度、相关系数、差异性进行定量统计分析，由此更细致、更精确地反映方言之间的接触事实与接触程度。通过使用计量分析方法，计算出调值、声值、韵值、音类分混特征等相关系数，随后再进行相关分析，陈小燕揭示了广西贺州本地话与周边汉语方言的语音亲疏关系。利用方音数据库，进行方音演变特征的数量考察，特征量化、相关计算，利用 SPSS 统计软件对各方言特征数据进行聚类分析，并直接绘出聚类图，陈海伦观察并分析了粤语与桂南平话的关系。其他汉语方言的研究也取得不少新成果。2010 年，在广西社会科学优秀成果评奖中，就有 60 多项是语言学研究成果申报项目。

3 白话方言的分布

白话，是粤语的俗称，在广西壮族自治区约有 2500 万人使用，主要分布在广西东南部。以桂东北的贺州至沿海的钦州为白话分界线，该线东南以白话为主要语言，该线西北说白话的地区分布较分散，且数量不多。分为广府片、邕浔片、钦廉片、勾漏片 4 个片区。广府片白话内部差异较小，与广州话最为接近，主要分布在梧州市城区、旧苍梧县城、贺州市八步区城区及附近，以及平南县大安、丹竹、武林等镇及其附近。邕浔片白话与广州话比较相近，以南宁市、桂平市为主要代表点。邕浔片白话主要流行于邕江、浔江两岸交通便利的城镇。因历史原因（地域分区不断变化），钦廉片白话与广州话相近，有许多共同点，主要分布在钦州市、合浦县等市县和圩镇及其附近。勾漏片白话与广州话相差较大，且主要分布玉林市、贵港市两地的广大农村地区。

这 4 个片区的白话，各有各的特点。广府片白话以梧州话作代表，声调有 8 个。20 世纪 80 年代后因外来人口大量拥入南宁市，加上政府推广普通话，导致邕浔片白话的分布区域由南宁市逐渐迁移到桂平市及其下属乡镇。邕浔片白话的主要特点：一是有舌尖元音 [ɿ] 或 [ʮ]，如南宁市、桂平市是 [ɿ]，平南县是 [ʮ]，都只跟 [ts-] 组声母相拼（通俗来说，就是听起来像普通话 zi、ci、si 的音）。二是部分有边擦音 [ɬ] 或其变体齿间音 [θ]，如心、新两字的发音。钦廉片白话以钦州白话和廉州话为代表，钦廉片白话的声调数有 7～8 个，主要分布在包括钦州市及其下属县区、北海市、合浦县、防城港市等地。其主要特点：一是没有撮口呼 [y]（即普通话的 ü）。二是古全浊声母今读塞音和塞擦音的字基本送气。三是有边擦音 [ɬ]。勾漏片白话是广西汉语方言中形成最早的，也是 4 个片区白话中使用人口最多的，主要分布在玉林市、梧州市两地的农村或者城镇。勾漏片白话音系复杂，声调有 10 个（是广西汉语方言中声调最多的），因其词汇特点鲜明且音系复杂，所以勾漏片白话与广州话差别巨大。其主要特点：一是有汉语中极为少见的 [b] [d] 全浊声母或内爆浊声母。二是精清与端透合流（此为勾漏片白话的普遍特点）。三是古浊声母不论平仄都不送气。四是有边擦音（或齿间音）。五是多数有连续变调。

目前，在对广西汉语方言的研究过程中，笔者发现有以下问题亟待解决：首先，海量方言数据亟须处理。到目前为止，由于缺少相关的技术介入，广西汉语方言的研究调查数据仍散见在各书中，并没有得到很好的整理和利用。其次，方言数据需要进行维护更新。原有的数据需要重新修订和维护，而新的研究成果和最新的信息需要输入系统加以储存、维护和分享。再次，无法实现嬗变轨迹的动态显示，尤其是方言随时间变化嬗变的轨迹。现有方言研究材料根本无法显示方言的历时动态演变情况。最后，缺失调查对象。由于能说纯正白话的老年人越来越少，以及人口流动日益频繁，导致许多本来以白话为母语的人都无法说出纯正的白话。

4　传承保护建议

广西白话的传承主要以民间传播为依托，体现了语言文化广泛的融合性和民众参与的广泛性，具有较高的学术研究价值和社会价值，有助于白话的保护、传承与发扬。故此，我们必须通过现代科技对它加以保护、传承。为更好地保护白话这一独特的语言，笔者就当前传承保护广西白话提出了一些保护建议。

第一，当地政府部门应该加大资金投入，用于对白话的普查、传承培训和组织参加地方表演等。地方相关文化部门应该尽早完善白话资料的整理和建档，尽早建立关于各地白话的影视资料库。如对现如今仍然健在的、熟悉地方白话的老人进行采访，并对他们熟知的内容进行录像，最大限度地还原当地白话的真实现状；用高清相机拍摄当地白话的现存文字资料，并记载它们的故事；对于一些地区每年都会举办独具特色的白话节目表演和粤剧表演，当地相关文化部门应加大宣传力度，扩大其社会影响，正确引导民众，把当地方言的真实意义再现。

第二，建立和完善相关的法律制度，制定相应措施做好白话的口头以及字面传承保护工作。建立地方方言文化协会，建立白话传习基地，在各地中小学校因地制宜开设学习白话的基础语言学习班。

第三，设立白话文化遗产日，举办白话小品、配音秀等活动，以节日的形式推动当地经济发展。如在南宁市举办白话歌曲表演、小品比赛、民歌比赛等；在桂平市可以结合桂平西山这一旅游景点进行相应的白话宣传表演；在钦州市、北海市、防城港市等地可以结合当地丰富的滨海旅游资源进行相应形式的宣传白话的活动。

5　意义

广西拥有研究方言得天独厚的条件，值得加以保护并研究。研究与保护广西方言意义有以下几点：第一，为在广西进行普通话推广活动做服务。只有通过研究广西方言，才能找出广西方言与普通话之间的对应关系，从而更好地指导人们事半功倍地学好普通话；通过对广西方言的研究，找出影响当地适龄儿童语言学习的因素，以便更好地在全区进行普通话推广活动，可以更好地促进当地的教育事业的发展。第二，保护当地方言，让其得以流传。白话的许多特征都与古汉语相似，研究广西白话，能更好地研究汉语史，在研究广西方言的同时可以更好地推动地方人民对当地方言的认识并提高其重视程度。第三，促进语言接触理论的研究。广西少数民族人口众多，是语言接触十分频繁的地区，深入研究广西的语言关系，通过对广西方言进行系统研究，建立语料库并对收集的音频材料进行分析，可以丰富语言接触理论的研究。第四，为多彩的广西文化建设做出贡献。不同的民族语言承载了相应的民族文化。广西民族语言众多，承载着各民族丰富多彩的文化，对广西各种方言所承载的非物质文化进行更深层次地挖掘和系统地整理，有助于广西文化的建设。第五，促进当地的文化发展。通过对广西方言进行调查研究，可以更好地在广西各地推广普通话，使得广西方言使用地区更好地与其他地区接轨，促进当地文化经济等各方面的发展。第六，拯救和保护濒危方言。由于社会经济的快速发展，广西方言受到极大冲击，甚至部分方言已失传，因此要记录与保存濒危方言语料，以便更好地保护与开发利用非物质文化遗产中的方言资源。

方言维系的不仅是乡音，更是乡土文化的重要载体。方言不仅作为语言工具存在于生活中，还与一个地域的民俗和文化有着千丝万缕的关系。保护乡音土语的意义重大，保护方言的任务刻不容缓。作为广西的年轻人应该做方言的继承者，把我们的广西方言传承下去，发扬光大。

参考文献：

[1] 陈曼平.第二轮方言志编纂如何突出时代特征：基于对第二轮《广西通志·汉语方言志》编纂的思考 [J].中国地方志，2012（1）12-14.

[2] 陈滔.广西北海市五个粤方言点语音研究 [D].广州：暨南大学，2002.

[3] 程刚.广西语言态度研究 [D].南宁：广西大学，2003.

[4] 邓玉荣.广西壮族自治区各民族语言间的相互影响[J].方言，2008（3）65-68.

[5] 李连进.勾漏片的方言归属 [J].民族语文，2005（1）34-41.

[6] 李连进.平话的分布、内部分区及系属问题 [J].方言，2007（1）71-78.

[7] 李荣.汉语方言的分区 [J].方言，1985（3）161-162.

[8] 梁敏，张均如.广西平话概论 [J].方言，1999（1）24-32.

[9] 梁金荣.桂北平话语音研究 [D].广州：暨南大学，1997.

[10] 彭敏.广西博白地佬话比较研究 [D].南宁：广西师范学院，2011.

[11] 肖自辉，范俊军.语言生态的监测与评估指标体系：生态语言学应用研究 [J].语言科学，2011（3）270-280.

[12] 谢建猷.广西平话研究 [D].北京：中国社会科学院研究生院，2001.

[13] 余秀忠，钟梓强.广西贺州的几种濒危汉语方言[J].钦州学院学报，2015（10）62-66.

[14] 曾春花，覃凤余.广西汉语方言语法研究的现状[J].百色学院学报，2009（2）99-105.

[15] 张均如，梁敏.广西平话 [J].广西民族研究，1996（2）：3-4.

[16] 钟梓强，邓玉荣.贺州市近郊鸬鹚屋的语言生活 [J].文化遗产，2010（1）：140-145.

中日穿戴动词对比研究

吴祥博①　　卜朝晖②

摘　要：衣食住行是人类生存的基础，衣作为其中重要的环节，在各个民族的思想文化中占有重要地位，而由此产生的穿戴词语也很丰富。本文以汉语中高频使用的且具有代表性的穿戴动词"穿、戴"和日语的"着る、かぶる、はく、はめる"等穿戴动词为研究对象，运用语料库对其进行实例统计分析，进而总结出中日穿戴动词之间的异同点。希望本研究能对正确区分使用汉语和日语的穿戴动词提供相应的参考。

关键词：穿；戴；中日对比

1　引言

中国与日本两国表穿戴的动词都比较丰富，其中《现代汉语词典》中表穿戴的动词就有"穿、戴、挎、带、佩、系、绑、别、缠、打、围、簪、扎、套、登、罩、披"17个（张琼琼，2001：36-37），而日语中通过查阅《大辞林》（第3版，2006）至少有"着る、はく、かぶる、はめる、する、つける、かける、しめる、結ぶ、巻く、はおる"11个。另外，通过查阅文献资料可知，日本关于穿戴动词的研究比较少，如《着脱動詞の対照研究——日本語・中国語・英語・スウェーデン語（瑞典语）・マラーティー語（马拉塔语）の比較》（當野能之、吕仁梅，2003：127-141）；中国虽然有一些关于穿戴动词的研究，如《说"穿"道"戴"》（钟应春，2006：42-43）、《"穿""戴"与"穿戴"分析之比较》（易丹，2010：26-27），但是从语料库角度出发进行的研究很少见。关于中国与日本两国有关穿戴动词的对比研究，无论是日本还是中国都相当少见。所以本文以汉语和日语中高频使用且具有代表性的穿戴动词

---

①吴祥博：广西大学外国语学院硕士研究生，研究方向为日中语言对比研究。
②卜朝晖：广西大学外国语学院教授，研究生导师，研究方向为日中（机器）翻译、日中语言对比研究等。

"穿""戴""着る""かぶる""はく""はめる"为研究对象，运用汉语语料库①和日语语料库②从以下 3 个方面考察中国与日本两国穿戴动词。

(1) 分析汉语中"穿"与"戴"的区别。

(2) 分析日语中穿戴动词"着る""かぶる""はく""はめる"的异同。

(3) 对比分析中国与日本两国穿戴动词。

另外本文在考察研究对象时只考察现代汉语和日语中表"穿衣戴帽"这一基本词义，不涉及比喻义、惯用语、古语等。

2　汉语穿戴动词"穿、戴"的考察

本节主要考察汉语穿戴动词中"穿、戴"这两个动词的特点。检索用的语料库为北京大学汉语语言学研究中心的 CCL 语料库（Center for Chinese Linguistics PUK，以下简称 CCL 语料库）中的现代汉语语料库，收集"穿、戴"动词所搭配的词语或者"穿、戴"的对象，通过分析收集的这些对象，进而考察"穿"与"戴"的特点。考察"穿、戴"的词义，通过查阅词典可知，动词"穿"与"戴"都具有多种词义，比如，"穿"的词义有"穿破、贯穿、看穿、识破"等；"戴"的词义有"尊敬、爱戴"等。但本文只考察"穿衣戴帽"这一词义，所以其他义项在此不表述。据《现代汉语词典》（第 7 版，2016）中的解释，穿即把衣服鞋袜等物套在身体上；戴即把东西放在头、面、颈、胸、臂等处。为了明确"穿、戴"这两个动词的特点，本文运用语料库收集了"穿"与"戴"的对象，并对这些对象进行了整理。日本语言学者金田一春彦博士（金田一春彦，1992：49-53）曾在"日本文化と日語"这一学术讲座中提到可以将人体看作地图，以肚脐为分界线将人体分为上下两部分。受到人体地图的启示，本文将收集"穿、戴"的对象按照人体部位进行整理，简单概括如表 1 和表 2 的内容。与金田一春彦提出的人体地图稍有不同，本文将人的身体分为"头部、上半身、下半身、脚部"四个部分。由于衣服类词汇中有军装、婚纱等，因此在整理时加了"全身"一项。

首先通过检索"穿"一词，按照使用频次高低排序（由高到低）共出现30584 个词条，本文只考察前 1000 条。因为 1000 条记录过多，所以在此不一一记述，只进行简单概括，详见表 1。

---

①汉语语料库：CCL 语料库检索系统(网络版)；网址：http://ccl.pku.edu.cn：8080/ccl_corpus/pattern_search.jsp.

②日语语料库：NINJAL-LWP for BCCWJ（简称 NLB）；为了方便检索现代日本语书面语均衡语料库（少纳言），由日本国立国语研究所和 Lago 研究所共同开发的在线检索系统；网址：http://nlb.ninjal.ac.jp/.

表1 "穿"的对象及其在人体的分布位置

动词	"穿"的对象	在人体的分布位置
穿	毛衣、卫衣、衬衫、吊带、外套、内衣（胸罩等）、羽绒服等	上半身
	牛仔裤、超短裙、短裤、棉裤、秋裤、内裤等	下半身
	鞋、靴子、袜子、丝袜、长筒袜等	脚部
	衣服、军装、西服、旗袍、制服、婚纱等	全身

分析表1，可以概括出与"穿"一词搭配的名词有以下特点。

（1）没有出现位于人体头部的对象，而是套在头部以外的身体部位。

（2）覆盖面积相对较大，能完全覆盖身体某个部位。比如，袜子穿在脚部，虽然脚部面积较小，但是袜子却能完全覆盖住整个脚部。

（3）比较牢固地附着于身体某部位，自然情况下不易掉落。

（4）具有防寒、遮羞等作用。汉语中有"盛装出席"一词，这个词含有精心穿着打扮是对别人的一种尊重之意。人们日常要穿衣服遮羞而非裸体，也同样是对他人的一种尊重，是一种基本礼仪。

（5）涵盖范围较广，基本上所有的衣服类名词都可以使用动词"穿"。

（6）具有必要性。这是与"戴"相比较而言，人可以不戴帽子、首饰，但是必须穿衣物。

其次考察"戴"一词的情况。在CCL语料库中的现代汉语语料库检索"戴"一词，共18327个词条，本文只考察高频次的前1000条。并将考察对象分类概括为表2。

表2 "戴"的对象及其在人体的分布位置

动词	"戴"的对象	在人体的分布位置
戴	头花、凤冠、发卡、帽子、眼镜等	头部
	戒指、镯子、护腕、手铐、枷锁、项链等	上半身
	护膝等	下半身
	脚链、铰链等	脚部
	红花、肩章、臂章、胸针等	装饰在服饰上

分析表2，可知"戴"一词的对象具有以下特点。

（1）可用于身体各个部位。

（2）覆盖面积较小，未将身体某个部位完全覆盖。

（3）具有装饰、象征身份作用。

（4）具有不必要性、次要性，可戴可不戴。

（5）附着于身体、所穿衣物的某部位，在自然情况下有脱落的可能性。

（6）使用范围比较广，具有装饰、象征作用的词汇都可以用动词"戴"。

对比分析"穿、戴"这两个动词的特点可知，与"穿"相比，"戴"的覆盖面积较小且不能完全覆盖身体某一部位，并且"穿"有包裹的含义，附着在身体某部位上较为牢固也不易脱落。另外，"戴"具有装饰等作用，与"穿"相比其后所跟的词汇对人们着装来说是不必要的，可戴可不戴。"穿"与"戴"两词使用范围较广，汉语中"穿、戴"动词共有 17 个，可与所有衣物类名词搭配使用。

3 日语穿戴动词"着る、かぶる、はく、はめる"的考察

本节主要考察日语穿戴动词"着る""かぶる""はく""はめる"等词的特点。与汉语"穿""戴"两动词的考察方式相同，本文使用由日本国立国语研究所和 Lago 研究所共同开发的在线检索系统 NLB 进行实例考察。运用 NLB 检索系统收集"着る""かぶる""はく""はめる"这些动词的搭配对象并分析，进而考察日语穿戴动词的特点。考察日语穿戴动词的词义，可以看出日语穿戴动词"着る""かぶる""はく""はめる"也都是多义动词，而本文只考察穿戴这一意思，其他义项在此不表述。据《大辞林》（第 3 版，2006）解释：

着る：身に付ける。ア、衣服を身に付ける。まとう。イ、袴、足袋などをつける。はく。ウ、帽子、笠、兜などをつける。かぶる。

着る：附在身上。a.把衣服套在身上，缠绕。b.穿裤子、袜子等。此时与はく（穿）意思相同。c.戴帽子、斗笠、头盔等。此时等同于かぶる（戴）。

かぶる：上にかけて覆う。頭の上にのせる。（搭在上面覆盖住，顶在头上。）

はく：足を通して下半身につける。足袋、靴下などを足につける。（经脚套在下半身上。把布袜、袜子等套到脚上）

はめる：ぴったり合うように物を入れる。（把东西装进去使其完全吻合。）

3.1 "着る"

为了明确日语穿戴动词的特点，笔者运用 NLB 在线检索系统考察"着る"一词。输入"着る"进行检索，其中"～+を着る"即"穿～"共 4232 个词条，名词中除宾语为"人名、それ、何"等非衣物类词、指代不清等 678 个词条外，剩余 3554 个词条，可总结概括为表 3。

表 3 "着る"的对象及其在人体的分布位置

动词	"着る"的对象	在人体的分布位置
着る	コート、セーター、ベスト、タンクトップ、マント、Tシャ	位于上半身
	袴、ボトムス	位于下半身
	洋服、着物、ドレス、スーツ、制服、パジャマ、振袖	全身

由表 3 可知 "着る" 一词的对象分布在上半身、下半身、全身，为衣物类名词，所覆盖的面积较大。所以分析表 3 可知 "着る" 一词具有以下特点。

（1）头部、脚部相关的衣物类名词不使用动词 "着る"。

（2）覆盖身体面积较大，能将身体某一部位完全覆盖。

（3）一般不与下半身衣物搭配使用。虽然可与下半身衣物搭配使用，如表 3 中所示 "袴（和服裤裙）"、"ボトムス（下半身衣服）"，但是日语中没有 "ズボン（裤子）""パンツ（内裤、裤子）を着る" 的说法，所以除了 "袴（和服裤裙）""ボトムス（下半身衣服）を着る" 特殊用法以外，"着る" 不用于下半身衣物。

（4）具有广义上的穿衣服这一意思，能代表衣食住行中的衣。比如，"着物を着る" 有两种含义：一是穿衣服，二是穿和服。

3.2 "はく"

接着考察 "はく"。笔者在 NLB 检索系统输入 "はく" 一词，其中 "～+をはく" 共 1142 个词条，除去非衣物类名词、指代不清等外，还有 988 个词条，可分类概括为表 4。

表 4 "はく" 的对象及其在人体的分布位置

动词	"はく"的对象	在人体的分布位置
はく	スカート、ズボン、パンスト、ショツ、トレパン、キュロット	位于下半身
	ブーツ、足袋、靴、草履、ハイヒール、雪沓、スニーカー	位于脚部

由表 4 分析可知，"はく" 一词具有以下特点。

（1）只能用于下半身衣物、脚部鞋袜等。

（2）覆盖面积较大，能将某一身体部位完全覆盖。

（3）具有单向方向性，且为从下往上。所谓方向性就是指在我们在穿戴与 "はく" 搭配使用的衣物类名词时，我们穿衣的动作具有方向性。比如，在穿裤子时，经过脚部从下往上穿。

3.3 "かぶる"

此小节考察 "かぶる"。在 NLB 检索系统输入 "～+をかぶる" 一词，得到 1760 个词条，其中除去非衣物类名词、指代不清等 846 个词条，其余 914 个名词可分类概括为下表：

表5 "かぶる"的对象及其在人体的分布位置

动词	"かぶる"的对象	在人体的分布位置
かぶる	兜、笠、ベール、カツラ、仮面、ヘルメット、帽子	位于头部
	シャツ、セーター	位于上半身
	スカート（を頭からかぶる）	位于下半身
	レインコート（を頭から）、ドレス（を頭から）	全身

由表5"かぶる"的对象可知，与"かぶる"搭配使用的名词为附着于头部的帽子、假发等，以及穿在上半身的毛衣、上衣类名词。而我们在穿毛衣、戴帽子时，都是从头部向下穿毛衣或戴帽子。所以"かぶる"一词具有从上向下的方向性。另外表5中还有穿在下半身、覆盖全身的衣服类名词。根据日语中穿戴动词的使用习惯可知，"スカート（裙子）、ドレス（连衣裙）、レインコート（雨衣）"一般与"着る""ストッキング"与"はく"搭配使用，而不用"かぶる"，在日本国立国语研究所下辖的少纳言语料库中检索"かぶる"时发现，有"かぶる"与"スカート（裙子）、ドレス（连衣裙）、レインコート（雨衣）、ストッキング（长筒袜）"共同使用的例句。例如：

(1) "レースに覆われた象牙色のドレスを頭からかぶる……"

(2) "由紀のスカートを頭からかぶる……"

(3) "簡単な透明のレインコートを頭からすっぽりかぶると……"

通过观察分析这些例句发现它们都有一个共同点，即都有"を頭から"这一限定短语，意为"从头上（穿），穿过头部套在身上或头部"。所以当"かぶる"与这些词汇共同使用时意为从头部套穿裙子、雨衣等，这说明"かぶる"一词具有方向性且为从上到下。由表5分析可知"かぶる"一词具有以下特点。

(1) 一般不与脚部、下半身衣物类名词搭配使用，适用于头部、上半身衣物类名词。

(2) 具有从上到下的方向性。即穿戴的动作为从上到下。

3.4 "はめる"

本节中对"はめる"进行考察。在 NLB 检索系统输入"はめる"，"~+をはめる"共 471 个词条，其中除去指代不清等，共剩下 216 个词条。将其"戴"的对象总结概括为表6。

表6 "はめる"的对象

动词	"はめる"的对象
はめる	手袋、籠手、指キャップ、指輪、ブレスレット、コンドーム、サポータ、腕カバー、コンタクトレンズ

"はめる"一词其后宾语为戒指、手镯、护腕、隐形眼镜等具有装饰、保护身体等作用的首饰、工具类名词，覆盖面积较小且可位于身体各个部位，所以在此并未对"はめる"的对象按照身体部位进行整理。在考察"～+をはめる"例句时发现其中使用频次为 1 的句子"毛編子の靴を小さな足にぴっちりはめる"，这句话的意思为"这双棉毛鞋子适合小脚"。虽然在这句话中"はめる"的宾语为鞋子，但是此时"はめる"的意思更强调的是"契合、吻合"之意，而不是行为动作上的穿戴之意，所以在此不归类到穿戴之意。

通过分析表 6，可将"はめる"一词的特征总结如下。

（1）其后所接的宾语覆盖面积较小。

（2）具有次要性。如戒指、手镯等，在生活中可戴可不戴。

（3）能嵌入身体某部位或者与身体某部位完全吻合。如戒指、手镯等，戴在手指、手腕上；隐形眼镜能嵌入眼睛内。

由上述分析可知，日语的穿戴动词"着る""かぶる""はく""はめる"之间的区别为"着る""はめる"不具有单向方向性；"かぶる""はく"具有单向方向性；"着る""かぶる""はく"其后名词为衣物类名词；"かぶる"适用于上半身和头部，且方向性为从上到下；"はく"适用于下半身和脚部，且方向性是从下到上；而"はめる"其后名词为首饰类、防护身体类的名词，且覆盖面积较小。

4 中日穿戴动词的对比

通过上述分析可知，中日穿戴动词其后所接名词都表示套在、附着在身上。汉语中的"穿、戴"这两个动词使用较为广泛，"穿""戴"可代替其余所有动词，与所有衣物类、首饰类等名词搭配使用。"穿"其后所接名词为衣物类，"戴"其后所接名词为首饰、装饰性名词。而日语中的穿戴动词相对来说分得更为细致，当穿戴的对象为衣物类名词时，日语中有"着る""かぶる""はく"这三个动词与其搭配使用；"着る"一词适用于上半身衣物及全身衣物，如毛衣、制服等；"かぶる"一词适用于上半身衣物；"はく"一词适用于下半身衣物；当对象为帽子在日语中使用"かぶる"一词；对象为首饰类的名词时使用"はめる"一词。汉语中"穿""戴"这两个动词都没有单向方向性，而日语中"かぶる""はく"这两个词有单向方向性。"かぶる"一词为从上到下，除"帽子をかぶる、ドレスを頭からかぶる"这些都能说明"かぶる"一词具有方向性外，语料库中的"馬鈴薯は水をひたひたにかぶるくらい入れて、気長に煮る。"（将水加至刚好没过马铃薯，慢慢煮。）水从上向下浇，覆盖马铃薯；"土をかぶっているので、まだ絶対確実とは言えない"（因为被土覆盖，还不能完全确定）土从上面覆盖；"雪を被った綺麗な富士です。"（被雪覆盖的美丽富士山。）雪落下覆盖富士山；在这些句子中"かぶる"虽然不是穿戴的意思，但是也能说明"かぶる"一词具有从上到下的方向性。而"はく"与"かぶる"的方向相反为从下到上。

在对比中日穿戴动词时可发现，"穿"对应日语中的"着る""かぶる""はく"，比如，穿毛衣可译为"セーターを着る/かぶる"，穿裙子可译为"スカートをはく"。"戴"对应日语的"かぶる""はめる"，当所"戴"的东西为帽子、面具等时对应"かぶる"，当戴的东西为手镯、戒指等首饰时对应"はめる"。

5 结语

本文借助语料库和在线检索系统考察分析了中日穿戴动词，明确了中日穿戴动词的特点。中日穿戴动词其后接名词都表示套在、附着在身上。汉语中的"穿、戴"这两个动词使用的较为广泛，"穿""戴"两动词可代替其余所有动词，与所有衣物类、首饰类等名词搭配使用。"穿"后名词为衣服类，"戴"后名词为首饰、装饰性名词。而日语中的穿戴动词相对来说分得更为细致，当穿戴的对象为衣服类名词时，"穿"对应日语中的"着る""かぶる""はく"这三个动词，而其中"着る"一般用于"上衣类"的穿着；"はく"用于"裤子、裙子、鞋子"等"下半身类的衣物"等；当穿戴的对象为帽子、首饰时，汉语的"戴"对应日语的"かぶる""はめる"。另外汉语中"穿""戴"这两个动词都没有单向方向性，而日语中"かぶる""はく"两个词有单向方向性。本文不足之处在于并未对汉语和日语中的全体穿戴动词进行考察，而这将作为今后的一个研究方向。希望本文能为相关研究提供些许参考，也希望对汉语或日语初学者在学习汉语或日语时能正确使用穿戴动词有所帮助。

参考文献：

[1] 吕叔湘.现代汉语词典（第7版）[Z].北京：商务印书馆，2016.

[2] 易丹."穿""戴"与"穿戴"分析之比较[J].文教资料，2010（34）：26-27.

[3] 张琼琼.汉英穿戴语义场对比研究.[J].语文学刊，2001（2）.

[4] 钟应春.说"穿"道"戴"[J].现代语文：语言研究.2006（9）：42-43.

[5] 金田一春彦.日本文化と日本語[J].神戸大学医学部神緑会学術誌，1992（6）：44-55.

[6] 當野能之.吕仁梅.着脱動詞の対照研究[J].世界の日本語教育，2003（9）：127-141.

[7] 松村明.スーパー大辞林（第3版）[M].东京：三省堂，2006.